**문화와
역사로
만나는**
우리 나무의 세계 2

박상진

우리나라 나무 문화재 연구 분야 국내 최고 권위자인 박상진 교수는 1963년 서울대학교 임학과를 졸업하고 일본 교토대학 대학원에서 농학박사 학위를 받았다. 산림과학원 연구원을 거쳐, 전남대학교 및 경북대학교 교수를 지냈고, 지금은 경북대학교 명예교수로 있다. 나무의 세포 형태를 공부하는 목재조직학이 주 전공인 저자는 일찍부터 나무 문화재를 과학적으로 분석하는 일에 매진해왔다. 해인사 팔만대장경판, 무령왕릉 관재, 고선박재, 사찰 건축재, 출토목질유물 등의 재질 분석에 참여했다. 2002년 대한민국 과학문화상을 수상한 바 있으며, 2007~2009년에 걸쳐서 문화재청 문화재위원(천연기념물 분과)을 역임했다.

현재는 한국의 사계를 수놓는 주요 수목 및 천연기념물 문화재 나무를 통해 우리 문화와 역사 속에서 나무 이야기를 찾아내고, 각종 매체를 통하여 관련 사진과 글을 직접 기고하고 있다. 저서로는 《나무에 새겨진 팔만대장경의 비밀》(김영사, 2007), 《역사가 새겨진 나무이야기》(김영사, 2004), 《나무, 살아서 천년을 말하다》(랜덤하우스중앙, 2004), 《궁궐의 우리나무》(눌와, 2001), 《朝鮮王宮の樹》(世界書院, 2005), 《우리 문화재 나무 답사기》(왕의서재, 2009) 등을 비롯해 전문서인 《목재조직과 식별》(향문사, 1987) 등 여러 권이 있다.

이메일: sjpark@knu.ac.kr

문화와 역사로 만나는 우리 나무의 세계 2

저자_ 박상진

1판 1쇄 발행_ 2011. 1. 27.
1판 6쇄 발행_ 2021. 11. 26.

발행처_ 김영사
발행인_ 고세규

등록번호_ 제406-2003-036호
등록일자_ 1979. 5. 17.

경기도 파주시 문발로 197 우편번호 10881
마케팅부 031)955-3100, 편집부 031)955-3200, 팩스 031)955-3111

저작권자 ⓒ 2011 박상진
이 책의 저작권은 저자에게 있습니다.
저자와 출판사의 허락 없이 내용의 일부를 인용하거나 발췌하는 것을 금합니다.

값은 뒤표지에 있습니다.
ISBN 978-89-349-4692-2 04900
　　　978-89-349-4700-4(세트)

홈페이지_ www.gimmyoung.com　　　블로그_ blog.naver.com/gybook
인스타그램_ instagram.com/gimmyoung　　이메일_ bestbook@gimmyoung.com

좋은 독자가 좋은 책을 만듭니다.
김영사는 독자 여러분의 의견에 항상 귀 기울이고 있습니다.

문화와
역사로
만나는

우리 나무의 세계

②

박상진

김영사

차례

2
가로수로 심는 나무

가죽나무 · 8 감탕나무 · 13 먼나무 · 17 계수나무 · 21 구실잣밤나무 · 27 까마귀쪽나무 · 31 낙우송 · 35 메타세쿼이아 · 39 느티나무 · 43 단풍나무 무리 · 48 단풍나무 · 49 고로쇠나무 · 54 복자기 · 59 신나무 · 63 버드나무 무리 · 67 버드나무 · 68 수양버들 · 73 왕버들 · 78 호랑버들 · 83 사시나무 무리 · 87 사시나무 · 88 은사시나무 · 92 미루나무 · 96 벽오동 · 100 산벚나무 · 106 왕벚나무 · 112 아까시나무 · 117 은행나무 · 122 이나무 · 128 이팝나무 · 132 칠엽수 · 137 튤립나무 · 142 플라타너스(버즘나무) · 146 회화나무 · 152 후박나무 · 158 히말라야시다 · 162

정원수로 가꾸는 나무

개비자나무 · 170 광나무 · 174 쥐똥나무 · 178 괴불나무 · 182 굴거리나무 · 187 금송 · 192 꽝꽝나무 · 196 나도밤나무 · 200 남천 · 204 노박덩굴 · 208 다정큼나무 · 212 담쟁이덩굴 · 216 돈나무 · 222 마삭줄 · 226 목서 · 230 반송 · 235 처진소나무 · 239 백량금 · 243 자금우 · 247 비목나무 · 251 사스레피나무 · 255 사철나무 · 260 송악 · 266 위성류 · 271 작살나무 · 275 주목 · 280 팔손이나무 · 285 피라칸다 · 289 측백나무 · 293 호랑가시나무 · 298 화살나무 · 303 회양목 · 307

1
꽃이 아름다운 나무

개나리 · 계요등 · 국수나무 · 꽃사과나무 · 노린재나무 · 누리장나무 · 능소화 · 동백나무 · 덜꿩나무 · 등나무 · 때죽나무 · 쪽동백나무 · 매화나무 · 명자나무(명자꽃) · 모감주나무 · 모란 · 목련 · 무궁화 · 박쥐나무 · 박태기나무 · 배롱나무 · 백당나무 · 병꽃나무 · 산딸나무 · 산사나무 · 생강나무 · 서향 · 수국 · 수수꽃다리 · 실거리나무 · 아왜나무 · 야광나무 · 영산홍 · 철쭉 · 자귀나무 · 장미 · 조팝나무 · 족제비싸리 · 진달래 · 찔레꽃 · 팥배나무 · 풍년화 · 해당화 · 협죽도 · 황매화

과일이 열리는 나무

가래나무 · 호두나무 · 감나무 · 고욤나무 · 개암나무 · 귤나무 · 까마귀밥나무 · 능금나무 · 다래나무 · 키위 · 대추나무 · 돌배나무 · 머루 · 포도나무 · 멀꿀 · 으름덩굴 · 모과나무 · 무화과나무 · 천선과나무 · 밤나무 · 보리장나무 · 복사나무 · 비파나무 · 살구나무 · 석류나무 · 앵두나무 · 자두나무

재목으로 쓰이는 나무

가시나무 · 314 굴피나무 · 319 너도밤나무 · 323 녹나무 · 327 느릅나무 · 331 말채나무 · 337 멀구슬나무 · 342 물푸레나무 · 346 비자나무 · 352 삼나무 · 356 서어나무 · 360 소나무 무리 · 365 소나무 · 367 곰솔 · 374 금강소나무 · 378 리기다소나무 · 382 잣나무 · 386 솔송나무 · 391 오동나무 · 395 일본목련 · 400 잎갈나무 · 405 자작나무 무리 · 410 거제수나무 · 411 자작나무 · 415 사스래나무 · 420 박달나무 · 424 전나무 · 429 조록나무 · 435 참나무 무리 · 439 굴참나무 · 443 상수리나무 · 446 졸참나무 · 449 갈참나무 · 452 신갈나무 · 456 떡갈나무 · 459 참식나무 · 462 편백 · 467 피나무 · 471

만나기 어려운 귀한 나무

가문비나무 · 478 가침박달 · 482 개느삼 · 485 구상나무 · 489 담팔수 · 493 댕강나무 · 497 등칡 · 501 만병초 · 505 망개나무 · 509 미선나무 · 513 백송 · 517 붓순나무 · 521 비쭈기나무 · 525 소귀나무 · 529 시로미 · 533 오구나무 · 537 팥꽃나무 · 541 황근 · 545 후피향나무 · 549 히어리 · 552

찾아보기 · 556

약으로 쓰이는 나무

개오동나무 · 겨우살이 · 골담초 · 구기자나무 · 꾸지뽕나무 · 딱총나무 · 마가목 · 머귀나무 · 무환자나무 · 복분자딸기 · 붉나무 · 산수유 · 소태나무 · 순비기나무 · 오갈피나무 · 오미자 · 음나무 · 인동덩굴 · 주엽나무 · 헛개나무

생활에 쓰이는 나무

갈매나무 · 갯버들 · 노각나무 · 노간주나무 · 닥나무 · 대나무 무리 · 대나무(왕대) · 이대 · 조릿대 · 대팻집나무 · 두릅나무 · 뽕나무 · 사위질빵 · 삼지닥나무 · 소사나무 · 쉬나무 · 싸리나무 · 예덕나무 · 오리나무 · 옻나무 · 차나무 · 참죽나무 · 청미래덩굴 · 초피나무 · 치자나무 · 칡 · 탱자나무 · 팽나무 · 푸조나무 · 향나무 · 황벽나무 · 황칠나무

가로수로 심는 나무

/

가죽나무 / 감탕나무 / 먼나무 / 계수나무 / 구실잣밤나무 / 까마귀쪽나무 / 낙우송 / 메타세쿼이아 / 느티나무 / 단풍나무 무리 / 단풍나무 / 고로쇠나무 / 복자기 / 산나무 / 버드나무 무리 / 버드나무 수 / 양버들 / 왕버들 / 호랑버들 / 사시나무 무리 / 사시나무 / 은사시나무 / 미루나무 / 벽오동 / 산벚나무 / 왕벚나무 / 아까시나무 / 은행나무 / 이나무 / 이팝나무 / 칠엽수 / 튤립나무 / 플라타너스 (버즘나무) / 회화나무 / 후박나무 / 히말라야시다

가죽나무

가죽나무는 인가 주변에서 흔히 만날 수 있다. 훌쩍 높이 자라 여름날이면 시원한 그늘을 만들어준다. 그러나 가죽나무의 한자 이름인 '저(樗)'는 쓸모없는 나무의 대표로 알려져 있다. 여기에 참나무를 뜻하는 '역(櫟)'자를 붙여 '저력(樗櫟)'이라고 하면 재주도 없고 쓸모도 없는 인재라는 뜻으로 자기를 낮추어 말할 때 쓰는 말이다.

사정이 이러하니 가죽나무는 사람들의 사랑을 받을 수가 없었다. 사람들 곁에 함께 살면서도 돌보지 않는 천덕꾸러기 신세가 되었다. 하지만 강인한 생명력은 씨와 뿌리로 왕성하게 뻗어 빈터가 생기면 어디에서건 자라기 시작한다.

과연 가죽나무는 쓸모없는 나무일까? 천만의 말씀이다. 자람이 빨라 재질이 좀 떨어지기는 하지만, 형편없는 나무의 대명사가 될 정도는 아니다. 목재는 황백의 밝은색을 띠며, 판자를 켜면 물관 배열이 아름답게 나타난다. 흠이라면 건조가 좀 어렵다는 정도인데, 목재가공 기술이 발달한 요즈음 세상에는 없어서 못 쓴다. 나무의 모양새는 가지가 옆으로 잘 뻗어 제법 품위를 갖추고 있으며, 공해에도 강하여 요즈음에는 가로수로서 새롭게 평가받고 있다. 옛사람들이 가죽나무가 이렇게 쓸모없는 나무라고 한 데는 《장자》〈외

◀ 경복궁 영추문 쪽 담 안에서 자라고 있는 초여름의 가죽나무 (2010.06.01.)

황백색의 꽃이 6월 초순에 핀다(2005.06.05. 경북대)

편)의 '산목(열어구)'에 혜자와 장자의 대화 내용 때문으로 보인다.

내가 사는 곳에 엄청나게 큰 나무가 있네. 사람들은 그 나무를 보고 가죽나무라 하더군. 나무 등치가 옹이투성이라 먹줄조차 댈 수가 없고, 가지는 꾸불꾸불해서 자로 잴 수조차 없는 형편이네. 그 때문에 길가에 서 있어도 목수들이 거들떠보지를 않네.

여기서 말하는 저(樗)는 우리가 알고 있는 가죽나무는 아닌 듯하다. 옹이가 많지도 않고 가지가 꾸불꾸불하지도 않다. 가죽나무라는 특정 나무가 아니라 아마도 나쁜 나무의 포괄적인 뜻으로 '가죽나무 저(樗)'를 쓰지 않았나 싶다.

얇은 날개열매(시과)가 달리며, 가운데에 씨앗이 하나씩 붙어 있다(2009.05.03. 포항 내연산)

　가죽나무는 원래 우리나라 토종나무가 아니다. 들어온 시기는 확실하지 않으나 기록이나 자람새로 보아 적어도 수백 년 전에 중국에서 들어와 정착한 것 같다. 나무껍질은 회갈색으로 어릴 때는 갈라지지 않으나, 나이를 먹어가면서 거의 흑갈색으로 진해지고 얕게 세로로 갈라진다. 가죽나무의 다른 이름은 '호목수(虎目樹)'인데, 나무에 붙어 있던 잎자루 자국이 마치 '호랑이 눈 같다'는 뜻이다. 백제 때 있었던 놀이의 하나로 '저포(樗蒲)'란 것이 있다. 모양이 주사위와 비슷하며, 뒷면이 가죽나무 잎 자국과 비슷하여 이런 이름이 생겼다고 한다. 가죽나무의 잎은 한 대궁에 여러 개가 달리는 겹잎이며, 아주 큰 톱니가 2~3개 있다. 이 톱니의 끝을 만져보면 딱딱한 알맹이가 만져지는데, 간단히 사마귀라고 생각하면 알기 쉽다. 가죽나무에서 나는 약간 고약한 냄새의 근원지가 바로 이 사마귀다. 나는 가죽나무의 사마귀를 만지는 촉감이 너무 좋아 보기만 하면 습관적으로 잎사귀를 떼어내 살살 비벼본다. 죽어서 가죽나무 목신(木神)에게 혼이 나지 않으려면 지금부터라도 나쁜 손버릇을 고쳐야 할 것 같다.

가죽나무와 참죽나무는 과(科)가 다를 만큼 한참 거리가 있는 나무이나 생김새가 아주 비슷하다. 잎에 사마귀가 달려 있고, 나무껍질이 갈라지지 않은 것이 가죽나무, 잎 가장자리의 톱니가 일정한 간격으로 얕게 나 있으며, 이순신 장군의 갑옷 같은 껍질을 가진 것이 참죽나무다.

경상도와 일부 전라도 지방에서는 참죽나무를 가죽나무라고 부르고, 표준말의 가죽나무는 '개가죽나무'라고 하여 이름에 혼란이 있다. 한자로 저(樗)는 꼭 가죽나무만 일컫는 것이 아니라 때로는 참죽나무라 하여 역시 혼란스럽다.《해동농서》에는 저(樗)라 쓰고 '참죽나무'라는 훈을 달았으며, '두 종류가 있다'라고 하였다. 나무가 실하고 잎이 향기로운 것을 '진저(眞樗, 참죽나무)'라고 하며, 나무가 엉성하고 잎에서 냄새가 나는 것을 '가저(假樗, 가죽나무)'라고 한다는 것이다. 또 가죽나무란 이름은 가짜 중나무란 뜻의 '가중나무'에서, 참죽나무는 진짜 중나무란 뜻의 '참중나무'에서 유래되었다고도 한다. 채식을 하는 스님들이 나물로 먹던 참죽나무와 비교하여 이름만 비슷하고 먹을 수 없다는 뜻으로 가죽나무라고 했다는 것이다.

감탕나무

제주도와 남해안에 걸쳐, 주로 난대림에서 자라는 '감탕나무'란 이름의 나무가 있다. 일반인들에게는 조금 생소한 나무이지만 나무나라에서는 감탕나무과(科)라는, 초본과 목본을 합쳐 3백 종이 넘는 대식구를 거느린 제법 이름이 알려진 집안의 맏형이다. 우리나라에는 먼나무, 호랑가시나무, 꽝꽝나무, 대팻집나무, 수입종인 낙상홍과 함께 '감탕나무속'이란 작은 가계를 만들었다. 서양에서는 '*Ilex*'라고 하여 호랑가시나무를 대표로 내세우는 유명한 집안이다.

가로수로 심는 나무

이들은 꽝꽝나무를 제외하면, 모두 작은 콩알 굵기만 한 빨간 열

콩알 굵기만 한 빨간 열매와 약간 반질거리는 늘푸른 잎이 특징이다(2004.10.25. 남해 미조리)

감탕나무과
학명: *Ilex integra*
영명: Elegance Female Holly, Mochi Tree
일본명: モチノキ
중국명: 全缘冬青
한자명: 細葉冬青, 全緣冬青

매와 반질거리는 도톰한 잎이 특징이다. 감탕나무는 초록 잎을 캔버스로 하여 정열적인 붉은 열매를 사이사이에 숨겨두고, 마치 예쁜 애인을 숨겨 놓고 어쩌다 한 번 보여주듯 바람이 불 때만 감질나게 잠깐씩 얼굴을 내밀게 한다. 그래서 사람들은 일찍부터 감탕나무의 가치를 인정하여 널리 심고 가꾸어 왔다.

감탕나무속의 나무들은 모두 암수가 다르므로 열매가 열리는 것은 당연히 암나무다. 감탕나무는 아름드리나무로 크게 자랄 수 있어서 가까운 친척 중에는 가장 우람한 체격을 자랑한다. 우리나라에는 보길도 앞의 작은 섬 예작도에 줄기둘레 1.7미터, 키 11미터나 되는 감탕나무 한 그루가 천연기념물 338호로 지정되어 있다.

감탕나무의 잎은 어긋나기로 달리고 두터우며 톱니가 없어 매끄럽다. 잎 표면은 짙은 녹색으로 광택이 있고, 잎 뒷면은 연녹색이다. 대팻집나무와 낙상홍은 낙엽수로서 중부지방까지 자랄 수 있으나 나머지 수종들은 상록수이며, 추운 것을 싫어하여 중부지방에서는 볼 수 없다.

감탕나무란 이름은 감탕에서 유래되었다. 감탕이란 아교와 송진을 끓여서 만든 옛 접착제를 말한다. 나무껍질에서 끈끈이로 쓰였던 '감탕'을 얻을 수 있다 하여 감탕나무란 이름이 붙여졌다. 지금이야 우리나라에서 이런 쓰임은 흔적도 없어졌지만, 《남환박물》에서 감탕나무를 '점목(黏木)'이라고 한 것으로 보아 옛날에는 접착제의 원료로 쓰인 자원식물이었음 짐작할 수 있다.

일본인들은 새를 잡는 데 감탕을 사용했다고 한다. 5~6월경 수

◀보길도 앞 예작도라는 작은 섬에서 자라는 천연기념물 338호 감탕나무 고목(2007.08.26.)

액이동이 한창 활발할 때 감탕나무나 먼나무의 껍질을 벗겨 가을까지 물속에 담가둔다. 필요 없는 겉껍질은 분리되거나 썩어버리고 점액물질이 포함된 속껍질만 남는다. 이것을 절구로 찧은 다음 물로 3~4회 정도 반복하여 씻어내면 황갈색의 끈적끈적한 점액물질만 남는데, 이를 정제한 것을 '도리모찌(새떡)'라고 했다. 이름 그대로 새를 잡는 데 이용한 것이다. 그래서 감탕나무의 일본 이름은 원래 새떡나무였으나, 세월이 흐르면서 접두어 '새'가 빠지고 '떡나무'가 되었다고 한다. 물론 일본에서 지금은 사용하지 않지만, 에도시대(1603~1867)에는 통에 넣어 시장에 내다팔기도 할 만큼 흔했다는 것이다. 우리나라에서도 새잡이에 감탕나무 껍질을 사용했는지는 증명할 만한 명확한 자료가 없다.

도리모찌로 새를 잡는 방법은 이렇다. 새가 좋아하는 먹이를 뿌려 놓고 도리모찌를 두껍게 발라둔다. 먹이를 먹으려고 날아온 작은 새들은 서서히 발목까지 빠지는 것을 알아차리고 퍼덕거리다가 결국 날개까지 점액이 묻어서 꼼짝없이 붙잡힌다는 것이다.

어린 시절 내가 본 참새 잡이는 조금 잔혹했다. 지게에 얹어 짐을 담은 '발채'를 높이 한 뼘 남짓한 가느다란 받침목으로 받쳐서 비스듬히 누이고 위에 돌을 올려놓는다. 밑에 먹이를 뿌린 다음 긴 줄을 늘어뜨린다. 문틈으로 망을 보고 있다가 참새가 발채 밑에 들어가면 잽싸게 줄을 잡아당겨 압살시키는 방법이다.

어찌 보면 감탕나무로 만든 도리모찌에 빠져 허우적거리다가 고통스럽게 죽어가는 일본식보다 순식간에 압살시켜버리는 우리의 참새 잡이 방식이 참새 편에서 보면 더 선호할 것 같다.

먼나무

어느 계절에 제주도를 가더라도 육지의 풍광과는 확연히 다르다. 낙엽이 진 겨울날의 제주도는 늘푸른나무로 뒤덮인 산들이 특히 머릿속에 각인된다. 가로수의 풍경도 마찬가지다. 가을이 무르익어 가는 10월부터 이듬해 꽃 소식이 전해지는 3월까지 제주도를 찾은 관광객들은 콩알 굵기만 한 빨간 열매를 수천 개씩 달고 있는 아름다운 가로수에 감탄한다. 관광가이드를 붙잡고 "저 나무 먼(무슨) 나무요?" 하고 물어보면 돌아오는 답이 "먼나무"다. 우스갯소리가 아니라 진짜 이름이 먼나무다. 그래서 먼나무는 '영원히 이름을

가로수로 심는 나무

연보랏빛 작은 꽃이 초여름에 핀다(2004.06.04. 제주)

콩알 굵기의 빨간 열매를 잔뜩 매단 채 겨울을 넘긴다(2007.01.27. 제주)

감탕나무과
학명 : *Ilex rotunda*
영명 : Kurogane Holly
일본명 : クロガネモチ黒鉄黐
중국명 : 铁冬青
한자명 : 黑金橘, 鐵冬靑

모르는 나무'라고도 한다.

멀리서 보아야 진짜 나무의 가치를 알 수 있어서 붙여진 이름일까? 그러나 가까이서 보아도 매혹의 자태를 잃지 않는다. 그보다는 잎자루가 길어 잎이 멀리 붙어 있어서 생긴 이름이라는 이야기가 더 설득력이 있다. 감탕나무는 잎자루가 짧아 잎이 가깝게 붙어 있으므로 생김새가 비슷한 먼나무와 구분하는 기준이 되기 때문이다.

먼나무는 진한 회갈색의 매끄러운 껍질을 가지고 있으며, 약간 반질반질한 느낌이 나는 두꺼운 잎을 달고 있는 늘푸른나무다. 또한 아름드리로 크게 자랄 수 있으며, 우리나라의 제주도를 포함하여 일본 남부에서부터 타이완을 거쳐 중국 남부까지 따뜻한 곳에 자람 터를 마련했다. 대부분의 정원수들은 꽃으로 사람들의 눈길을 사로잡는다. 그러나 먼나무는 여름에 손톱 크기 남짓한 연보라색 꽃이 피기는 하지만 별로 눈에 띄지 않는다.

먼나무의 매력은 꽃이 아니라 열매다. 가을이면 연초록빛의 잎사귀 사이사이로 붉은 열매가 커다란 나무를 온통 뒤집어쓰고, 겨울을 거쳐 늦봄까지 그대로 매달려 있다. 늘푸른나무 천지로 자칫 심심해지기 쉬운 제주의 겨울나무에 악센트를 주는 매력은 먼나무 열매 덕분이다. 암수가 다른 나무로 열매는 물론 암나무에만 열린다.

먼나무가 거의 반년에 걸친 오랜 기간 동안 수많은 열매를 힘들게 매달고 있는 속뜻은 무엇일까? 한마디로 종족보존을 위한 투자다. 아무리 열매를 많이 매달아도 멀리 옮겨가는 수단을 개발해두지 않으면 기껏 어미나무의 주변을 맴도는 것으로 끝이다. 더 멀리

한 아름이 넘는 제주도 서귀포 서홍동의 먼나무 고목(2008.06.26.)

미지의 땅에 자손을 퍼뜨리기 위해서는 새와의 전략적인 제휴가 필요했다. 산새 들새는 겨울 내내 배고픔에 시달린다. 겨우살이에 필요한 만큼 오랫동안 먹을거리를 제공할 터이니 대신 씨를 멀리 옮겨달라는 계약이 성립된 것이다. 아무리 서로에게 이익을 주고받는 계약이라도 상대를 꼬여낼 매력이 있어야 한다. 새들이 색깔을 알아채는 방식은 사람과 비슷하여 파장이 긴 빨간색에 더욱 민감하다. 금세 눈에 잘 띄도록 짙푸른 초록 잎 사이로 수많은 빨간색 열매가 얼굴을 내밀도록 디자인했다. 물론 새의 소화기관을 지나는 사이 씨는 그대로 남도록 설계하는 것도 잊지 않았다. 먼나무의 이런 영특함 덕분에 겨울 제주의 풍광은 더욱 아름다워진다.

계수나무

'계수나무'는 으레 달나라를 연상케 한다. 아득한 옛날부터 민속신앙의 한가운데에 있던 달은 나라마다 여러 가지 신화와 전설을 만들어냈다. 특히 달 표면의 거무스레한 얼룩은 나름대로의 상징성을 갖는다. 우리는 중국의 영향을 받아서 계수나무와 토끼 이야기로 이어진다. 옛날 중국에 오강(吳剛)이라는 사람이 있었는데, 잘못을 저질러서 옥황상제로부터 벌을 받게 됐다. 그는 달나라로 귀양을 가서 계수나무를 도끼로 찍어 넘기는 힘든 일을 계속해야 했다. 그러나 애처롭게도 오강이 계수나무를 찍을 때마다 상처가 난 곳에서 새살이 금세 돋아났다. 오강의 처절한 도끼질은 아직도 계속되고 있지만, 달나라의 계수나무는 베어 넘어지지 않고 영원히 그대로 남아 있다는 것이다.

또 다른 중국의 고대신화에도 달 이야기가 나온다. 항아(姮娥)라는 여인은 남편 예(羿)가 전설적인 신선 서왕모(西王母)로부터 어렵게 불사약을 구해다 놓고 잠깐 외출하자, 혼자서 두 사람 분을 한꺼번에 먹어치우고 그대로 달나라로 도망쳐 버린다. 그녀는 달나라에서 두꺼비가 되었다고도 하고 토끼로 변했다고도 하는 이야기가 있으나, 나중에 달의 여신으로 등장한다. 세월이 지나면서 이런저런 설화들이 뒤섞여서 달 속에 계수나무가 있고, 그곳에서 토끼가

가로수로
심는
나무

계수나무과
학명 : *Cercidiphyllum japonicum*
영명 : Katsura Tree
일본명 : カツラ桂
중국명 : 连香树
한자명 : 桂, 桂樹

떡방아를 찧는다는 내용으로 우리에게 전해지게 되었다.

　달을 대상으로 한 옛사람들의 시나 노래에 계수나무는 수없이 등장한다. 실제로 지구상의 어떤 나무를 형상화한 것인지, 아니면 단순히 상상 속의 나무일 뿐인지 궁금하다. 대부분 옛 문헌에 나오는 계수나무는 실제의 어느 나무라기보다는 좋은 나무, 영광의 나무, 성스러운 나무란 뜻으로 막연하게 동경의 나무로 짐작되는 경우가 많다. 그러나 예를 들어 성종 14년(1483)에 중국 사신 갈귀(葛貴)가 임금에게 "늦가을 좋은 경치에/……계수나무 향기가 자리에 가득하네"라는 시를 지어 올렸다는 내용이 《조선왕조실록》에 나오는데, 여기서 나무의 종류를 짐작해볼 수 있다. 늦가을에 꽃이 피어 강한 향기를 내는 나무는 따뜻한 지방에 정원수로 흔히 심는 '목서'라는 나무다. 중국의 이름난 관광지인 계림(桂林)의 계수나무가 바로 이 목서다. 중국 사람들은 목서 종류를 은계, 금계, 단계(丹桂) 등으로 부르므로 실제의 나무와 연관을 짓는다면 목서가 옛사람들이 말하는 계수나무와 가장 가까운 나무다. 또 15세기 명나라의 화가인 여기(呂紀)의 〈계국산금도(桂菊山禽圖)〉 등 중국의 옛 그림에 나오는 계수나무를 봐도 목서 종류임을 알 수 있다.

　그 외에도 우리 주변에서 흔히 자라는 나무 중 달나라의 계수나무와 혼동되는 이름을 가진 나무가 몇 있다. 그중에서 월계수가 있는데, 그리스 신화에 나오는 다프네(Daphne)는 아폴론에 쫓기다 다급해지자 나무로 변해버렸다. 중국 사람들이 이를 번역할 때 '월계수(月桂樹)'라 했다. 한편 유럽 남부지방에서 자라는 '노블 로럴

가로수로
심는
나무

◀일제강점기 우리나라에 처음 심은 광릉 국립수목원의 계수나무 고목(2002.08.24.)

우리
나무의
세계

〈계국산금도(桂菊山禽圖)〉, 여기, 15C 후반~16C 초반, 100x55.7cm, 북경고궁박물관
중국 명나라의 화조화가로 널리 알려진 여기(呂紀)의 대표적 그림이다. 아래로 국화가 피어 있고 네 마리의 새가 앉아 있는 나무에는 자잘한 하얀 꽃이 한창이다. 흰 꽃과 갸름한 잎 모양으로 보아 지금의 목서임에 틀림없다. 그러나 화제에는 계수나무와 국화 및 산새를 그린 그림이라 하였다. 이처럼 옛사람들이 말하는 계수나무는 실제로는 목서인 경우가 많다.

토구도

(Noble laurel)'이란 실제 나무도 다프네의 나무와 꼭 같은 월계수란 이름을 붙였다. 월계수 역시 '달나라에서 자라는 계수나무'로 알려졌다.

다음으로는 한약재나 향신료로 쓰이며, 중국 남부에 실제로 자라는 '계수나무'가 있다. 톡 쏘는 매운맛을 내고 껍질을 벗겨 계피(桂皮)로 쓰는 계피나무(Cassia)와 한약재로 주로 이용되며, 약간 단맛과 향기가 있는 육계(肉桂)나무가 있다. 이들의 껍질인 시나몬(cinna-mon)은 향신료로 유명한데, 나무 이름에 한 자씩 들어 있는 '계(桂)'자 때문에 이 또한 계수나무가 되었다.

그러나 위에서 설명한 계수나무는 식물학에서 말하는 진짜 계수나무가 아니다. 오늘날 우리 주변에서 심고 가꾸는 실제 계수나무는 달나라와는 아무런 관련이 없다. 단지 일제강점기에 일본으로부터 들어온 수입 나무다. 일본인들은 한자로 '계(桂)'라고 쓰고 '가쯔라'라고 읽는데, 처음 수입한 사람이 글자만 보고 계수나무라고 하여 그대로 공식이름이 되어버렸다.

가로수로 심는 나무

일본 계수나무는 잎이 떨어지는 넓은잎나무로서 키 20미터, 지름이 1미터에 이른다. 나무껍질은 갈색이며, 세로로 얇게 갈라진다. 잎은 작은 손바닥만 한 크기에 거의 완벽한 하트형이 특징이다. 표면은 초록빛, 뒷면은 흰빛이며 가장자리에 둔한 톱니가 있다. 잎자루는 붉은빛이 돌고 마주나기하며 가을에는 노란 단풍이 아름다워 중부 이남에서 관상용으로 흔히 심는다. 꽃은 암수 딴 나무로서 각 잎의 겨드랑이에 한 개씩 핀다. 계수나무 종류는 일본 계수나무

완벽한 하트모양을 갖는 독특한 계수나무 잎(2003.08.24. 경기 광릉)

외에 중국 원산의 한 종류가 더 있다.

계수나무를 중국에서는 '연향수(連香樹)'라고 한다. 캐러멜과 같은 달콤한 향기가 봄에서부터 가을까지 이어져서 붙여진 이름이다. 특히 10월경에 노란 단풍이 들 때쯤이면 향기가 더욱 강해진다. 잎 속에 들어 있는 탄수화물의 일종인 엿당(maltose)의 함량이 높아지면서 기공을 통하여 휘발하기 때문에 달콤한 냄새를 풍긴다.

구실잣밤나무

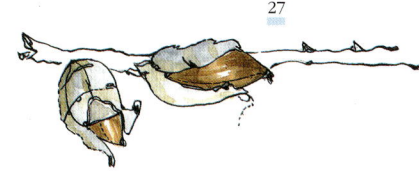

남해안에서부터 제주도에 이르는 난대림에서는 늘푸른 구실잣밤나무를 흔히 만날 수 있다. 참나무과라는 큰 집안에서 잣밤나무속이라는 일가를 이루어 독립한 제법 뼈대 있는 족보가 눈에 띈다. 속(屬)이라고 해봐야 구실잣밤나무와 모밀잣밤나무라는 달랑 두 식구인데, 이 둘은 너무 비슷하게 생겨서 전문가도 헷갈리는 난형난제다.

구실잣밤나무는 후박나무와 함께 난대 상록수 숲에서 활동력이 왕성한 터줏대감이다. 다 자라면 키 15~20미터, 지름이 1미터에 이르는 큰 나무가 된다. 나무껍질은 오래되면 세로로 길게 홈이 생기지만 갈라짐이 고와 편안한 느낌을 준다. 손가락 길이의 도톰하고 좁은 잎은 늘푸른 넓은잎나무에서 흔히 볼 수 있는 모습이며, 잎 뒷면에 연한 갈색의 짧은 털(鱗毛)이 덮여 있는 것이 특징이다. 이 때문에 짙은 금빛이 나므로 구실잣밤나무는 비교적 쉽게 찾아낼 수 있다. 때로는 흰빛을 띨 때도 있다.

구실잣밤나무의 한창 때는 5월 말쯤 꽃이 피는 시기다. 암수 꽃이 같은 나무에 피면서 꽃대가 모두 길게 늘어지며, 수꽃이 훨씬 더 길다. 연노랑의 수꽃은 나무를 뒤덮다시피 잔뜩 피어 멀리서도 금방 찾아낼 수 있다. 조금은 칙칙한 봄날의 상록수 숲을 화사하게 밝

가로수로 심는 나무

꼬리모양의 꽃차례에 연노랑 꽃이 핀다(2004.06.08. 통영 한산도)

참나무과
학명 : *Castanopsis sieboldii*
영명 : Itajii Chinkapin
일본명 : スダジイ
중국명 : 米櫧
한자명 : 柯樹
북한명 : 구슬잣밤나무

혀서 늦둥이들의 잠을 깨워주는 봄의 전령사다. 꽃은 강한 향기가 있는데, 아직 다른 꽃이 충분히 피지 않은 계절이라 벌과 나비의 천국이 된다. 대체로 참나무과는 원시적인 형질이 조금 남아 있는 식물들로서 풍매화가 많은데, 구실잣밤나무는 특별히 충매화로 진화한 것이라고 생각된다.

대부분의 열매가 같은 해 가을에 익는 것과 달리 구실잣밤나무는 해를 넘겨 다음해 가을에 익는다. 새끼손가락 첫 마디만 한 갸름한 열매는 껍질이 우툴두툴하고 끝이 셋으로 갈라진다. 열매껍질 안에는 도토리같이 생긴 길쭉한 씨앗이 들어 있다. 껍질을 벗겨내면 씨앗이 나오는데, 날로 먹어도 밤처럼 고소한 맛이 난다. 옛날 제주도에서는 열매를 주워 모아 저장해두었다가 흉년에 대비했다.《신증동국여지승람(新增東國輿地勝覽)》[1]이나《오주연문장전산고》등의 옛 문헌에는 가시율(可是栗, 加時栗)이란 이름이 나온다. 앞뒤 설명으로 보아 지금의 구실잣밤나무나 모밀잣밤나무를 가리키는 것으로 보인다. 적율(赤栗)이란 이름도 같이 쓰였는데, 아마도 밤나무의 한 종류로 생각한 것 같다. 오늘날 우리가 부르는 구실잣밤나무란 이름은 '가시밤나무'가 변형된 것이 아닌가 짐작해본다.

구실잣밤나무 이야기에는 모밀잣밤나무가 항상 따라 다닌다. 식물학적으로는 구실잣밤나무가 원종(原種)이고 모밀잣밤나무는 변종으로 취급하였으나, 최근에는 둘 다 별개의 종으로 구분하고 있

가로수로
심는
나무

▲구실잣밤나무의 열매와 씨앗(2005.11.09. 광양)

다. 그러나 어디까지나 이러한 구분은 학문적인 이야기이고, 실제로 이 두 나무의 차이점을 찾아내기는 쉽지 않다.

구실잣밤나무는 도토리가 크고 달걀모양의 긴 타원형이며, 가지가 굵고 줄기 껍질도 일찍 갈라지며 더 오래 산다고 한다. 반면에 모밀잣밤나무는 도토리가 작고 짧은 타원형이며, 가지가 좀 가늘고 껍질이 늦게 갈라지며, 병충해에도 약하여 대체로 100년을 넘기지 못하는 경향이 있다고 한다.

최근의 자료에는 구실잣밤나무의 표피세포는 2층, 모밀잣밤나무는 1층이라는 연구결과도 있다. 그러나 어느 것도 명확한 기준이 못 된다. 더욱이 이들은 서로 교배까지 이루어지다 보니 혼혈종이 생기기도 한다. 현재 우리나라의 난대림과 일본에 걸쳐 자라는 것은 대부분 구실잣밤나무이며, 모밀잣밤나무는 매우 드물다. 기록상으로 모밀잣밤나무가 가장 많이 자라는 숲은 통영 욕지도의 천연기념물 343호로 지정된 모밀잣밤나무 숲이다. 그러나 1984년에 지정된 이후, 한 번도 제대로 조사한 적이 없어 신빙성은 떨어진다.

옥편을 찾아보면 구실잣밤나무와 모밀잣밤나무를 합쳐서 '모밀잣밤나무 가(柯)'라고 했다. 그러나 잣밤나무 종류의 대표로 표기하려면 '구실잣밤나무 가'가 올바르다.

까마귀쪽나무

입맞춤이 언제부터 시작되었을까를 생각해보다가 고개를 저었다. 암수가 만나 사랑을 나누는 종족보존 본능의 시작점을 알아보겠다는 것 자체가 멍청한 일인 것 같아서다.

입맞춤에서 나는 소리를 떠올린다면 단연 '쪽'이란 의성어다. 그래서 사람들은 이름에 쪽이 들어간 나무들은 입맞춤과 관련을 지으려 한다. 우리의 옛 나무 타령에도 '입 맞추어 쪽나무'라고 했으니 더욱 그렇다. 쪽이 들어간 나무를 살펴보면 까마귀쪽나무를 비롯하여 쪽동백나무, 다정큼나무의 일부 지방 사투리인 쪽나무 등

가을날 연노랑의 작은 꽃이 잎겨드랑이에 핀다(1999.09.18. 제주)

꽃이 지고 바로 열매가 달리기 시작하여 다음해 가을에 익는다 (2009.09.05. 제주)

녹나무과
학명 : *Litsea japonica*
영명 : Litsea
일본명 : ハマビワ浜枇杷
중국명 : 木姜子
한자명 : 木姜子

이 있다.

　까마귀쪽나무라는 이름을 들으면, 까마귀의 입맞춤으로 붙인 이름일 것이라는 상상에서 좀처럼 놓여 날 수가 없다. 그럼직하지만 입 맞추는 까마귀를 본 적이 없으며, 더욱이 까마귀 입에서 '쪽!' 소리가 난다는 것은 사람들의 상상일 뿐이다. 까마귀쪽나무의 '쪽'은 옛날 염색할 때 널리 쓰이던 쪽풀과 관련이 있는 것으로 짐작된다. 까마귀쪽나무의 열매는 초록색으로 시작하여 다음해 여름에서부터 가을에 걸쳐 푸른 빛깔이 들어간 새까만 색으로 익는다. 이는 쪽을 삶아 염색물을 만들어놓았을 때의 진한 흑청색으로 마치 까마귀 몸체처럼 진한 쪽물과 닮았다. 그래서 쪽보다 더 진한, 까마귀처럼 검은 열매를 가진 나무라는 뜻으로 까마귀쪽나무란 이름을 붙인 것이 아닐까? 하고 짐작해볼 따름이다.

　까마귀쪽나무는 남해안의 섬 지방에서 자라는 늘푸른 넓은잎나무다. 키 7~8미터, 굵기가 지름 한 뼘 정도까지 자랄 수 있다. 그러나 주로 바닷가와 가까운 야산 자락에 터전으로 잡고 있어서 바람과 짠물에 시달린 탓인지 큰 나무를 만나기는 어렵다. 나무줄기는 짙은 적갈색의 매끄러운 껍질을 가지며, 많은 가지가 사방으로 뻗어 둥그스름한 나무 모양을 만든다. 전체적으로 편안한 느낌을 주는 아름다운 나무로서 최근에는 해안도로의 가로수나 해상공원의 정원수로도 많은 관심을 끌고 있다.

　잎은 손가락 3~4개 너비에 손바닥 길이로 긴 타원형에 아주 두툼하게 생겼다. 원래 어긋나기로 붙어 있으나 마디가 짧아 가지 끝에 모여 달린 것처럼 보인다. 잎의 표면은 진한 초록색이고 광택이

가로수로
심는
나무

까맣게 익은 까마귀쪽나무의 열매
(1998.11.10. 제주)

있다. 뒷면은 황갈색의 털이 촘촘히 덮여 있으며 잎맥이 볼록하게 나와 있다. 가장자리에는 테를 두른 듯 조금 굵은 잎맥이 있어서 뒤로 약간 말린다.

까마귀쪽나무의 잎은 두껍고 뒷면의 황갈색 털 등이 특징이라고 할 수 있는데, 이와 비슷한 나뭇잎을 잘 찾을 수 없을 만큼 독특하게 생겼다. 까마귀쪽나무는 암수가 다른 나무로 가을이면 꽃대가 거의 없는 연노랑빛 작은 꽃이 잎겨드랑이에 여러 개씩 다닥다닥 붙어 핀다. 수꽃은 꽃잎이 작고 길게 나온 여러 개의 수술대만 눈에 띈다. 꽃이 피고 바로 열매가 열리지만 익는데는 거의 1년이 걸린다. 손가락 마디 정도로 굵어지고 까맣게 되어 표면이 반질반질해지면 다 익었다는 신호다. 가운데에 한 개의 씨가 들어 있는 장과(漿果)이고, 주위는 약간 달콤한 맛이 나는 까만 즙으로 둘러싸여 있다. 당연히 산새들이 좋아할 만한 열매다. 그래서 익기 무섭게 바로 따먹어버리므로 익은 열매를 보기가 어렵다. 중국에는 꼭 같은 나무는 없지만 까마귀쪽나무 종류를 '목강자'라고 부른다. 일본 이름인 하마네와는 바닷가에서 자라면서 잎의 모습이 비파나무와 닮았다고 하여 붙여진 이름이라고 한다.

낙우송

'왜 낙우송이라고 하나요?', '잎사귀가 비 오듯이 떨어지는 소나무란 뜻인가요?' 어느 학생이 나에게 물어왔다. 낙우송의 우는 '비우(雨)'가 아니라 '날개 우(羽)'이며, 송(松)이 들어갔지만 소나무와는 아무런 관련이 없다. 오히려 삼나무에 가깝다. 중국 이름인 낙우삼(落羽杉)이 더 정확한 이름이다. 그렇다면 왜 이런 이름이 생겼을까? 낙우송은 약간 납작하고 긴 선형(線形)의 잎이 양옆으로 나란히 붙어 있어서 마치 새의 날개모양인데, 가을에 낙엽이 질 때 날개처럼 달린 잎이 전체로 떨어진다고 하여 '낙우송'이란 이름이 생겼다.

가로수로 심는 나무

익기 시작하는 낙우송 열매(2002.06.26. 부산대)

낙우송의 고향은 미국 플로리다 주(州)의 미시시피 강이 멕시코 만으로 흘러드는 저습지다. 태생지가 이런 곳이다 보니 '수향목(水鄕木)'이란 애칭이 있을 정도로 물을 너무 좋아한다. 게다가 축축하고 습한 땅, 심지어 물속에서도 거뜬히 자란다. 그래도 숨은 쉬어야 하니 특별대책을 세운다. 낙우송 아래에는 땅 위로 볼록볼록 솟아 있는 돌기를 흔히 볼 수 있다. 바로 뿌리의 숨 막힘을 보완해주는 공기뿌리다. 하나하나의 모양은 천태만상이다. 우리 눈에는 마치 천불상(千佛像)을 보는 듯 자연이 만들어낸 장관이다. 서양 사람들은 모양이 무릎과 닮았다 하여 '무릎뿌리(knee root)'라고 한다.

물 걱정은 안 하고 사는 나무이니 좋은 점도 많지만, 뿌리가 깊지 않아 바람의 심술에 대비가 필요하다. 오래되면 땅에 닿는 부분은 울퉁불퉁해지면서 땅으로 갈수록 갑자기 더 굵어진다. 덩치가 워낙 거대하다 보니 바람에 넘어져 주위의 꼬마 나무들로부터 웃음거리가 되지 않기 위함이다. 나무 입장에서야 좋겠지만 이런 나무들은 사람이 베서 이용하는 데는 바람직하지 않다.

낙우송은 1920년경 우리나라에 처음 수입되었으며, 바늘잎나무로는 드물게 낙엽이 지는 나무다. 원산지에서는 보통 키 30미터, 둘레 6미터 정도로 자라는데, 큰 것은 키 50미터, 둘레 13미터에 이르는 거대한 몸체를 자랑한다. 또 오래 사는 나무로도 유명하다. 800~3000년에 이르는 나무도 드물지 않게 만날 수 있다.

낙우송은 물에 사는 나무라 목재가 특히 습기에 강하여 서양 사람들은 관재(棺材)로도 쓴다. 전체적으로 목재는 나뭇결이 고우며,

◀물속에 잠긴 상태로도 살아간다(2010.05.20. 경주 배반동)

마치 천불상을 연상케 하는 공기뿌리가 솟아 있다(1998.03.24. 포항 기청산식물원)

가볍고 연하면서 잘 갈라지지 않는다. 판자로 켜서 가구재를 비롯한 각종 기구, 건축재, 선박재 등으로 널리 쓰인다. 그러나 우리나라에서는 나무로 쓰기 위해서가 아니라 정원수로 심는다. 곧바로 자라고 세로로 길게 갈라지는 적갈색의 껍질과 웅장하고도 원뿔 모양의 아름다운 모양새는 공원이나 학교 등 넓은 공간에 잘 어울린다.

　낙우송과 메타세쿼이아는 잎이나 바깥 모양이 매우 비슷하여 혼동하기 쉬우나 잎이 붙어 있는 모양으로 쉽게 구별할 수 있다. 낙우송은 잎과 잎이 서로 어긋나기로 달리고, 메타세쿼이아는 마주보기로 달린다.

메타세쿼이아

메타세쿼이아는 은행나무와 함께 화석나무로 유명하다. 20세기 초 고생물학자인 일본 오사카대학의 미키(三木) 교수는 일본 각지의 신생대 지층에서 발견되는 식물화석, 즉 오늘날 북미대륙에 큰 나무로 자라는 세쿼이아(sequoia)를 닮은 나무에 주목했다. 그는 이 나무가 세쿼이아(sequoia)를 닮기는 했지만 종류가 다름을 확인하고, 1941년 '메타세쿼이아'란 새로운 속명(屬名)을 붙여 학회에 보고했다. 세쿼이아보다는 조금 다른 특성을 가진 나무란 뜻으로 접두어 메타를 붙여 메타세쿼이아란 새로운 이름을 만들었다.

메타세쿼이아는 백악기에서부터 제3기층에 걸쳐 지구상에서 널리 자랐지만, 이제는 화석으로나 만날 수 있는 사라져 버린 나무로 알았다. 그러나 공교롭게도 미키 박사의 메타세쿼이아 발표가 있던 바로 그해, 화석이 아니라 지구상에 여전히 살

가로수로
심는
나무

메타세쿼이아 화석

담양과 순창 사이의 구 도로에서 가을의 풍광을 뽐내는 메타세쿼이아 가로수(2001.11.15.)

낙우송과
학명: *Metasequoia glyptostroboides*
영명: Metasequoia, Dawn Redwood
일본명: メタセコイア
중국명: 水杉
한자명: 水杉
북한명: 수삼나무

아 있음이 확인됐다. 1941년 중국 후베이성과 쓰촨성의 경계지역을 흐르는 양쯔강 상류 지류인 마타오치(磨刀溪) 옆의 한 마을(지금은 湖北省 利川市)을 순찰하던 왕전(王戰)이라는 산림공무원은 사당 부근에서 자라는 큰 나무와 마주쳤다. 키 35미터, 직경이 2.3미터나 되는 이 큰 나무를 아무리 찬찬히 둘러봐도 이름을 알 수 없었다. 그는 처음 보는 이 신기한 나무의 표본을 만들어 남경대학을 거쳐 북경대학에 보냈는데, 다음해 북경대학 부설 생물학 연구소에서 바로 화석에서만 발견되었던 그때 그 나무, 즉 미키 박사가 이름을 붙인 메타세쿼이아라는 사실을 알게 되었다. 정밀 조사를 한 결과 약 4천여 그루가 마타오치 연안에서 자라고 있었다.

 1946년《중국지질학회지》에 '살아 있는 메타세쿼이아'로 세상에 확정 보고되었다. 벌써 200~300만 년 전 지구상에서 없어진 것으로 알았던 메타세쿼이아가 지금도 살아 있다는 것이 밝혀지자 세계의 식물학자들은 커다란 기쁨과 충격을 받았다.

 메타세쿼이아에 대한 본격적인 연구와 번식은 미국의 아놀드식물원 원장인 메릴(Merrill) 박사가 보낸 연구비에 의하여 시작되었다. 우리나라의 메타세쿼이아는 중국에서 바로 들어온 것이 아니라 1950년대에 미국에서 일본을 거쳐 들어왔다. 아득한 옛날 공룡과 함께 살아온 '화석나무'가 지금은 번화한 도시의 한복판에서 온갖 공해를 이겨가며 우리와 함께 산다고 생각하니 무척 대견스럽다.

 메타세쿼이아는 주로 남부지방의 가로수로 심었으며, 담양과 순창 사이의 아름다운 메타세쿼이아 길은 전국적인 명소가 되었다. '물가에서 잘 자라는 삼나무'란 의미로 중국 이름은 '수삼(水杉)'이

메타세쿼이아는 잎이 마주보기로 달리는 점이 어긋나기로 달리는 낙우송과 차이점이다
(2004.09.27. 전주)

며, 북한 이름도 '수삼나무'다. 철자도 어려운 메타세쿼이아라는 영어식 긴 이름보다 간편하고 생태도 쉽게 짐작이 가는 수삼나무가 훨씬 마음에 든다.

나무는 재질이 매우 약하여 힘 받는 곳에는 쓸 수가 없고 펄프재 등의 쓰임새는 가능하다. 그러나 대체로 나이를 먹을수록 생장이 급격히 나빠지는 것을 보면 다른 나무와의 경쟁력을 차츰 잃었던 것으로 보인다. 한때 지금의 소나무 이상으로 지구를 덮고 있었던 왕좌의 자리를 내주고 양쯔강 상류 한쪽으로 밀려나서 인간에게 발견되지 않았더라면 영원히 사라질 뻔했다. 그래서 지금의 메타세쿼이아는 정원수나 가로수로서 사랑받는 것으로도 만족해야 할 것 같다.

메타세쿼이아는 바늘잎나무로서는 드물게 갈잎나무다. 키 35미터, 지름이 2미터까지 자랄 수 있는 큰 나무이며, 적갈색의 나무껍질은 세로로 길게 갈라진다. 나무 모양은 자연 그대로 두어도 긴 원뿔형을 이루어 깔끔하고 단정하다. 바늘잎나무이지만 잎은 납작한 선형(線形)이고, 어린가지에 마주보기로 달려 겹잎처럼 보인다. 적갈색의 가을 단풍도 매력적이다.

느티나무

/

나지막한 동산을 뒤에 두르고 널찍한 들판을 내려다보는 곳, 시골 마을 어귀에 서 있는 아름드리 고목나무 한 그루는 서정적인 우리 농촌의 대표적인 풍경이다. 당산나무나 정자나무로 불리는 이런 나무의 대부분은 느티나무가 차지한다. 아늑한 품 안은 뙤약볕 여름농사에 지친 농민들의 안식처이며, 마을의 크고 작은 일을 결정하는 여론광장이 되기도 한다.

　산림청의 지도 감독을 받아 각 지자체가 지정 및 관리를 하고 있는 고목나무는 현재 약 1만 3천 그루쯤 되고, 그중에서 느티나무가

가로수로 심는 나무

둘레가 여섯 아름이 넘고, 우리나라에서 가장 굵다는 장성 단전리 천연기념물 478호 느티나무의 웅장한 모습(2007.10.23.)

느티나무 단풍은 붉게 물들거나 노랗게 물든다(2006.11.01. 안동 하회마을)

느릅나무과
학명：*Zelkova serrata*
영명：Zelkova Tree, Sawleaf Zelkova
일본명：ケヤキ欅
중국명：榉树, 大叶榉, 櫸树, 玄郎树, 鸡油树
한자명：槐木, 槻木, 欅, 黃榆

7천 1백 그루로 가장 많다. 따라서 고목나무 하면 느티나무다.

  느티나무는 위로는 임금의 궁궐부터 아래로는 백성들의 생활터전까지 심고 가꾸는데 낯가림이 없다. 모두를 다 함께 편안하게 보듬어주는 넉넉하고 편안한 나무다. 이처럼 아름드리 굵기에 이야깃거리가 얽혀 있는 느티나무라면 짧게는 조선왕조, 길게는 고려나 신라인과 삶을 함께 해온 역사 속의 나무다. 우리나라 나무 중 은행나무와 함께 수명이 가장 긴 나무다. 몇백 년은 보통이고 웬만하면 천 년이 훌쩍 넘어간다. 긴긴 세월을 이어오면서 맞닥뜨린 민족의 비극도, 애달픈 백성들의 사연도 모두 듣고 보아오면서 묵묵히 그 자리를 지켜왔다. 그래서 전설을 간직한 느티나무는 수없이 많다.

  전북 임실 오수읍의 의견(義犬) 이야기가 대표적이다. 오수에서 멀지 않은 영천리에 살던 김개인이란 선비는 어느 날, 개를 데리고 나들이를 나갔다가 낮술에 취하여 잔디밭에서 깊은 잠에 빠졌다. 그때 들불이 번져 주인이 위험에 처하자 개는 가까운 연못에 들락거리면서 몸에 물을 적셔 불이 번지는 것을 막아 주인을 구하다 지쳐서 죽어버렸다. 그는 개를 정성껏 묻어주고 지팡이를 꽂아두었더니 그 자리에서 싹이 트고 자라나 지금의 큰 느티나무가 되었다고 한다. 사람들은 개의 화신이라고 생각하여 이 느티나무를 개나무란 뜻으로 '오수(獒樹)'라고 부르고 마을 이름도 바꾸었다. 바람결에 들려오는 전설이 아니라 고려 말의 문신 최자의 《보한집》에 실린 내용이다.

  경남 의령의 세간리에는 '현고수(懸鼓樹)'란 느티나무가 있다. 이름 그대로 임진왜란 때 의병대장 곽재우 장군이 북을 매달아 놓고 군사훈련을 시켰던 나무다. 신라 진평왕 때인 1235년, 찬덕이란

〈추천도(鞦韆圖)〉, 신윤복, 18C 후반~19C 전반, 57.0x37.5cm, 중앙박물관
규모가 제법 큰 양반 집 밖, 고목에 그네를 매고 세 여인이 모여 있다. 나무의 줄기와 잎 및 가지 뻗음이 정자나무로 흔히 심던 느티나무임을 알 수 있다. 그네에 타고 앉아 가체를 풀어 길게 늘어뜨린 여인이 발에 조금만 힘을 주면 담 넘어 선비와 몰래 눈을 맞출 수 있을 것 같다. 균형이 잘 잡힌 반구형의 일반 느티나무 고목과는 달리, 그네를 맨 가지가 기와 담장을 넘어갈 만큼 길게 과장된 것이 특징이다.

신라 장수는 지금의 충북 괴산 근처에 있던 가잠성의 성주였다. 어느 날, 백제군이 쳐들어와 성을 잃게 되자 그대로 달려 나가 느티나무에 부딪쳐 죽었다. 이후 가잠성을 '느티나무 괴(槐)' 자를 써 괴산이라 부르게 했다고 전해진다. 괴산군 일대에는 지금도 느티나무가 많은 것이 사실이다. 일제강점기 이전에는 더 많았다고 하며, 오늘날 괴산군의 보호수로 지정된 느티나무만 90여 주에 이른다.

쓰임새가 너무 많은 느티나무는 당산 지킴이로서 만족할 수 없었다. 목재는 나뭇결이 곱고 황갈색의 색깔에 약간 윤이 나며, 썩거나 벌레가 먹는 일이 적은 데다 무늬도 아름답다. 또한 건조를 할 때 갈라지거나 비틀림이 적고 마찰이나 충격에 강하며 단단하다. 한마디로 나무가 갖추어야 할 모든 장점을 다 가지고 있다. 그래서 '나무의 황제'라는 별명이 전혀 어색하지 않다. 둥그스름한 당산나무만이 느티나무의 참모습은 아니다. 숲속에서 다른 나무와 경쟁하여 자랄 때는 곧바르고 우람한 덩치로 자란다. 그것도 적당히 자라다 마는 것이 아니라 키 20~30미터, 지름이 두세 아름까지 자란다.

목재의 쓰임도 화려하다. 천마총을 비롯한 관재로서 임금의 시신을 감싸고 영생의 길을 함께한 영광의 나무였다. 건축재로는 영주 부석사의 무량수전, 해인사 대장경판을 보관하고 있는 법보전, 조선시대 사찰건물인 강진 무위사, 부여 무량사, 구례 화엄사의 기둥은 전부, 혹은 일부가 느티나무다. 또 흔히 스님들이 '싸리나무'로 만들었다고 하는 구시(절의 행사 때 쓰는 큰 나무 밥통), 절의 기둥, 나무 불상도 대부분 느티나무다. 기타 사방탁자, 뒤주, 장롱, 궤짝 등의 가구까지 느티나무의 사용범위는 이루 헤아릴 수 없을 정도다.

단풍나무 무리

단풍나무 종류는 주로 북반구에 약 150종이 있으며, 우리나라에는 수입 단풍나무 종류를 합쳐 20여 종이 있다. 대부분 붉게 물드는 단풍이 아름다워 가을을 상징하는 대표 나무다.

  단풍나무, 당단풍나무, 신나무, 시닥나무, 산겨릅나무, 고로쇠나무, 복자기나무, 복장나무 등이 거의 전국에 걸쳐 자란다. 대체로 중간 키 정도로 자라고 밑에서부터 줄기가 갈라지는 수종이 많아 관상용 이외에 재목으로 쓰는 데 제한이 있다. 다만 복자기나무와 복장나무 및 고로쇠나무는 아름드리로 자라며, 재질이 좋아 목재로도 이용할 수 있다. 체육관 바닥재, 혹은 각종 운동구재, 피아노 부품 등에 들어간다. 그러나 우리나라에서는 벌채하여 쓸 만큼의 자원이 없으므로 대부분 수입 단풍나무를 쓰고 있다.

  북미에서 들여온 은단풍, 설탕단풍, 네군도단풍과 중국에서 가져온 중국단풍, 일본인들이 개량한 홍단풍 등 수입 단풍나무는 아름다운 단풍을 보기 위하여 정원수로 널리 심고 있다.

  단풍나무 종류는 다른 나무와 쉽게 구별되는 공통 특징이 하나 있다. 잠자리 날개를 닮은 열매가 쌍을 이루어 V자 모양으로 붙어 있는 점이다. 날개의 각도가 단풍나무 종류마다 다르므로 서로를 구분하는 기준으로 삼기도 한다.

단풍나무

'어머! 벌써 단풍이네!' 도시의 여인은 한 잎 두 잎 떨어지는 가로수로 단풍을 만난다. 가을인 것이다. 단풍에 대한 느낌은 사람마다 다르다. 꿈 많은 소녀의 책갈피에 끼워진 단풍은 어디선가 기다리고 있을 것만 같은 소년을 향한 사랑의 메시지가 있다. 비에 젖은 후줄근한 단풍잎에서는 고개 숙인 장년의 서글픔을 읽게 되고, 청소부의 빗자루 끝에 이끌려 쓰레기통으로 미련 없이 들어가 버리는 도시의 단풍잎에서는 노년의 아픔을 느끼게 된다. 이렇듯 누구에게나 한 번쯤은 자기만이 갖는 단풍의 느낌이 있기 마련이다.

천연기념물 463호 고창 문수사의 단풍나무 숲 (2006.11.18.)

맑은 가을 하늘을 배경으로 곱게 물든 단풍(2005.11.07. 안동)

단풍나무과
학명 : *Acer palmatum*
영명 : Maple, Japanese Maple
일본명 : タカオカエデ高雄楓
중국명 : 鸡爪槭, 青枫, 雅枫
한자명 : 丹楓, 楓
북한명 : 색단풍나무, 붉은단풍나무

넓은 나뭇잎은 햇빛을 가장 효과적으로 이용하기 위하여 가장 흔한 초록 색소뿐만 아니라 여러 가지 다른 색소도 준비해둔다. 이들은 각각 다른 파장의 빛을 흡수하고, 에너지를 엽록소에 보내준다. 오렌지색이나 붉은색은 카로티노이드(carotinoid), 노란색은 크산토필(xanthophyll), 짙은 붉은색과 보라색, 하늘색 등은 안토시아닌(anthocyanin)이 대표적인 색소다. 가을이 되어 온도가 떨어지면 낙엽수의 이런 색소들은 잎 속에서 유지하고 있던 균형이 깨진다. 대체로 붉은색과 노란색이 가장 많아지고, 참나무처럼 갈색, 또는 서로 색깔이 섞여 있는 갖가지 단풍이 가을 숲을 장식한다. 동시에 줄기로부터 공급받던 수분과 양분은 잎자루 밑의 떨켜가 생기면서 차단되어 버린다. 잎을 떨쳐내기 위한 준비인 것이다. 이는 겨울을 무사히 넘기고 이듬해 봄에 잎의 세대교체를 위하여 나무들이 선택한 전략이다.

꽃소식은 멀리 남도에서부터 파도처럼 북으로 밀려 올라간다. 반면에 단풍은 풍악산(楓嶽山)이라 불리는 금강산에서부터 설악산을 거쳐 백두대간의 산줄기를 타고 파도처럼 밀려 내려온다. 마지막으로 내장산에서 그 자태를 뽐내는 것으로 가을을 마감하면서 온통 우리의 산은 살아 있는 수채화가 된다. 이들 중 진짜 '단풍나무'는 수입나무를 포함하여 20여 종이 있다. 아기가 손바닥을 펼친 것처럼 생긴 단풍나무와 당단풍나무가 가장 흔하고, 개구리 발처럼 생긴 고로쇠나무, 잎이 세 개씩 붙어 있는 복자기나무가 자주 만나게 되는 정통 단풍나무다. 그밖에도 잎이 셋으로 갈라지는 신나무와 중국단풍, 미국에서 수입한 은단풍, 네군도단풍 등도 우리 주변에

우리
나무의
세계

〈추정유묘도(秋庭遊猫圖)〉, 장승업, 19C 후반, 153.1x38.3cm, 개인소장

깊어 가는 가을 정원의 한 구석에서 자라는 당단풍나무 고목에 흑백 고양이 두 마리가 놀고 있는 장면이다. 단풍잎이 9~11개로 갈라져 있고 가장자리의 톱니 모습까지 거의 세밀화 수준으로 묘사되어 있어, 그냥 단풍나무가 아니라 당단풍나무임을 충분히 알 수 있다. 연노랑, 주황색, 붉은 단풍잎이 섞여 있는 것으로 보아 가을이 갓 무르익기 시작할 때인 10월 중하순쯤의 그림으로 생각된다.

서 흔히 만날 수 있다.

　단풍나무 종류는 모두 잎이 정확하게 마주보기이며, 잠자리 날개처럼 생긴 시과(翅果)가 열린다. 바람에 멀리 날아갈 수 있도록 설계한 것이다. 단풍나무 씨앗이 헬리콥터처럼 회전하면서 공중에 오래 머물 수 있는 것은, 회전하는 과정에서 소용돌이를 발생시켜 날개 위쪽의 공기압력을 낮춤으로서 아래쪽의 공기를 위로 밀어올리게 된다. 이에 따라서 올라간 씨앗이 공중에서 머무는 시간도 늘어나고 최대 100미터 정도까지 날아갈 수 있게 된다. 씨앗은 멀리 떨어질수록 서로 간의 경쟁이 적어져 살아남을 가능성이 높아진다.

　단풍나무 무리는 수많은 종류가 있지만, 흔히 단풍이라고 할 때는 단풍나무와 당단풍나무를 일컫는 경우가 많다. 두 종류 모두 키가 10여 미터 정도 자라는 중간 키 나무로 가을 산에서 가장 쉽게 눈에 띈다. 잎은 손바닥 모양처럼 생겼는데, 잎이 5~7개로 갈라진 것은 단풍나무, 9~11개로 갈라진 것은 당단풍나무다.

　단풍의 아름다움을 노래한 수많은 시가 있지만, 그중에서도 파주시 파평면 율곡리 임진강 상류에 있는 화석정(花石亭)에 걸린 단풍 관련 시 한 수를 소개한다. 율곡 선생이 여덟 살 때 지었다는 〈팔세부시(八歲賦詩)〉는 그 진위 여부를 떠나 깊은 인상으로 남는다.

　숲속 정자에 가을이 깊어지니
　시인의 시상(詩想)은 끝이 없구나
　멀리 강물은 하늘에 잇달아 푸르고
　서리 맞은 단풍은 햇빛을 향해 붉게 물들었구나

단풍나무과
학명: *Acer mono*
영명: Painted Mono Maple
일본명: イタヤカエデ板屋楓
중국명: 色木槭
한자명: 骨利樹

고로쇠나무

고로쇠나무는 우리나라 산 어디에서나 흔히 만날 수 있으며, 잎이 떨어지는 넓은잎나무로서 아름드리로 자란다. 잎은 물갈퀴가 달린 개구리의 발처럼 5~7개로 크게 갈라지고, 5월에 연한 황록색으로 꽃을 피우며, 마치 프로펠러 같은 날개가 서로 마주보며 달리는 것이 열매다. 잎이나 열매 모양으로 보아 단박에 단풍나무와 같은 집안임을 알 수 있다.

봄날, 등산길에 오르다 보면 새하얀 플라스틱 파이프를 길게 늘어뜨리고 있는 이상한 고로쇠나무를 심심찮게 만날 수 있다. 나무에서 나오는 물을 뽑아내기 위한 수액(樹液) 채취 장치다. 2월 중순 거제도에서 시작하여 4월 초 휴전선에 이르기까지 이 땅의 고로쇠나무는 몸살을 앓는다.

우리나라 고로쇠나무는 최근 수난시대를 맞았다. 그가 갖고 있는 '물' 때문이다. 도대체 이 물의 정체는 무엇일까? 봄이 오면 나무들은 가지나 줄기 꼭지에 있는 겨울눈이 봄기운을 먼저 알아차린다. 땅속 깊숙이 있어서 언제 봄이 오는 지 잘 모르는 뿌리에 '옥신(auxin)'이라는 전령을 파견한다. 필요한 수분과 영양분을 흡수하여 잎과 줄기로 올려 보낼 것을 재촉하기 위함이다. 나무 종류에 따라

가로수로 심는 나무

◀ **여름날의 고로쇠나무**(2010.07.28. 해인사)

전령의 활동시기가 다른데, 고로쇠나무는 유난히 일찍 설치는 셈이다. 위로 올려 보내는 고로쇠나무 줄기의 물속에는 사람들에게 꼭 필요한 영양분이 녹아 있어서 수난이 시작된 것이다.

사실 나무마다 양의 차이는 있지만 '물'이 나오지 않는 나무는 없다. 그러나 고로쇠나무가 고난의 삶을 이어가게 된 데에는 확인되지 않은 전설 탓이 크다. 왕건의 고려 건국에 많은 도움을 준 도선국사(827~898)는 오랫동안 좌선을 하고 드디어 도를 깨우쳐 일어나려는 순간 무릎이 펴지지 않았나. 엉겁결에 옆에 있던 나뭇가지를 잡고 다시 일어나려고 하자 이번에는 가지가 찢어지면서 국사는 그만 엉덩방아를 찧고 말았다. 허망하게 앉아 위를 올려다보니 방금 찢어진 나뭇가지에서 물방울이 맺혀 한 방울씩 떨어지고 있었다. 국사는 갈증을 느낀 터라 이 물로 목을 축이기 시작했다. 그러자 신기하게도 이 물을 마시고 일어났더니 무릎이 쭉 펴지는 것이

황록색의 작은 꽃이 짧은 원뿔모양 꽃차례로 모여 핀다(2009.04.26. 경북대)

아닌가. 이후 뼈를 이롭게 한다는 의미로 '골리수(骨利樹)'라고 하다가 세월이 지나면서 부르기 쉬운 '고로쇠'가 되었다고 한다. 그 외에 백제군과 신라군이 전투를 하다가 화살에 박힌 고로쇠나무에서 흘러내리는 물을 마시자 갈증이 풀리고 힘이 솟아 전투를 계속할 수 있었다는 이야기, 상처 입은 지리산 반달곰이 고로쇠나무 물을 마시고 깨끗이 나았다는 이야기도 있다.

우수, 경칩에서부터 늦게는 춘분을 지나서까지 나무줄기에 구멍을 뚫고 파이프를 꽂아 샘처럼 쏟아지는 물을 받아 마신다. 조금은 섬뜩하지만 이것은 바로 나무의 피다. 나무 굵기에 따라 다르나 한 계절 동안 한두 말(斗), 많게는 네댓 말이나 강제 채혈을 당하는 것이다. 이런 일을 해마다 반복적으로 당하다 보니 나무가 온전할 리 없다. 과도하게 채혈을 당한 나무는 6월의 따사로운 햇빛에도 짙푸름을 자랑하는 주위 나무들과 달리 놀놀한 잎사귀 몇 개를 달고 버티는 경우가 있어서 쳐다보기가 애처롭다. 연구결과에 따르면 1~2개의 구멍을 뚫어 적당한 양을 채취하면 생장에 크게 지장이 없다고 한다. 그러나 그 '적당한 양'이 잘 지켜지지 않으니 고로쇠나무의 삶은 참으로 고달프기 짝이 없다.

고로쇠 물을 분석한 자료를 보면 산도(pH)가 중성에 해당되는 5.5~6.7 범위에 있고, 단맛을 내는 성분으로 자당, 과당, 포도당이 들어 있다. 또 무기성분으로 칼슘과 마그네슘을 비롯한 몇 가지 미네랄이 들어 있는 정도다. 이런 성분이야 우리가 먹는 과일에도 흔히 들어 있는 수준이다. 일단 세포막이라는 고도의 정수 장치를 통과한 산속 나무에서 나오는 고로쇠 물이 평범한 상식으로 생각해

이른 봄날 비닐봉지를 주렁주렁 매달아 고로쇠나무 수액을 채취하고 있다(2005.03.23. 청송)

도 건강에 나쁠 이유는 없다. 그러나 특정 병을 고치는 약리작용을 가진 것도 아니고, 단지 약간 달콤한 천연 식물성 건강음료일 뿐이다. 과도한 채취로 이 땅의 고로쇠나무가 힘들어하는 모습은 보는 이에게 안타까움을 더한다. 비슷한 처지의 나무들로는 자작나무, 거제수나무, 다래나무 등이 있다. 차츰 '물 빼먹는 나무'가 더 많아지는 것은 자연을 사랑하는 모든 사람들의 걱정거리다.

복자기

가을 산을 바라보는 즐거움은 수채화 물감을 뿌려놓은 듯 온 산을 붉게 물들이는 단풍잎과의 만남에 있다. 단풍나무 종류는 대부분 안토시아닌(anthocyanin) 색소를 가진 탓에 붉은색을 바탕으로 하고 있다. 또 종류마다 조금씩 다른 독특한 색깔과 모습을 뽐낸다.

여기 특별히 눈에 띄는 복자기란 단풍나무가 있다. 다른 이름으로 복자기나무, 복자기단풍이라고 불리기도 한다. 공식 이름에 '단풍'이란 말이 들어가지 않아 잘 알려져 있지 않지만, 가을 단풍의 아름다움만큼은 우리가 아는 진짜 단풍나무를 압도하고도 남는다.

가로수로 심는 나무

잎몸의 가장자리에 큼직큼직한 톱니가 2~4개 있는 복자기나무(2002.08.24. 경기 광릉)

단풍나무과
학명: *Acer triflorum*
영명: Manchurian Maple, Rough-barked Maple
일본명: オニメグスリ鬼目薬
중국명: 鸡爪槭
한자명: 鬼目藥木, 陜西槭

단풍나무 종류는 대부분 잎자루 하나에 잎이 하나씩 붙어 있다. 하지만 복자기는 엄지손가락만 한 길쭉한 잎이 잎자루 하나에 세 개씩 붙어 있어서 모양새부터 평범한 단풍과는 다르다. 진짜 단풍나무 가계에서는 벗어난 특별한 모양새를 나타낸다. 무엇보다도 가을날의 단풍색깔로 일가친척인 보통 단풍나무와는 차별화를 선택했다. 우리가 흔히 보는 단풍나무의 단풍이 단순히 붉은색 위주라면, 복자기는 단풍나무 가계의 유전대로 붉은색을 바탕으로 하되 거기에 진한 주홍색을 더 보탰다. 사람에 따라 다르겠으나, 복자기의 단풍을 보는 느낌은 가버린 한 해, 그리고 마지막이라는 느낌이 가져다주는 쓸쓸함이 아니라 오히려 강한 기쁨과 정열로 다가오기도 한다.

산자락의 단풍이 점차 시들시들 오그라들고, 가을이 한창 무르익어 갈 즈음, 높은 산의 복자기는 제철이다. 임경빈 교수는 《나무백과》2)에서 설악산 복자기 단풍의 아름다움을 여러 한시를 인용해가면서 감명 깊게 설명하고 있다. 꼭 설악산이 아니어도 좋다. 높은 산이라면 맑고 더더욱 높아진 푸른 하늘을 배경으로 펼쳐지는 복자기의 단풍은 단풍나라의 진짜 '얼짱'임에 틀림없다. 우리가 흔히 말하는 '불타는 단풍'을 비롯하여 온 산에 붉은색이 가득하다는 뜻의 '만산홍엽(滿山紅葉)'에서 홍엽의 진정한 의미는 복자기의 단풍을 일컫는다고 나는 믿고 있다.

복자기나무는 중부지방의 깊은 산에서 아름드리로 크게 자라는 나무다. 잎 세 개가 잎자루 하나에 붙어 있는 3출엽이 특징이고, 잎

가로수로
심는
나무

◀단풍나라의 '얼짱' 복자기의 단풍이 곱게 물들어 있다(2001.10.27. 봉화 청량산)

의 크기도 단풍나무보다 작아 더 아기자기한 맛이 난다. 늦봄에 노란 꽃이 피고 나면 가을에 잠자리 날개처럼 생긴 열매가 마주보기로 열린다. 단풍의 아름다움뿐만 아니라 질 좋은 목재를 생산하므로 죽어서는 가구재, 무늬합판 등 고급 쓰임으로 활용되는 중요한 나무이기도 하다.

복자기와 아주 비슷한 나무 중에 복장나무가 있다. 복자기는 잎 가장자리에 굵은 톱니가 2~4개 정도이고, 복장나무는 가장자리 전체에 잔 톱니가 이어져 있어서 쉽게 구분할 수 있다. 산에서 더 자주 만날 수 있는 것은 복자기나무다. 복자기나무와 복장나무라는 나무 이름은, 점치는 일을 뜻하는 복정(卜定)과 점쟁이를 뜻하는 복자(卜者)와 관련이 있는 것으로 추정된다. 어쨌든 점치는 일에 쓰임이 있어서 복정나무나 복자나무로 불리다가 복장나무로 변하고, 모양이 비슷한 복자기는 복장이나무가 변한 것으로 추정된다.

일본에는 복자기와 복장나무의 중간쯤 되는 목약나무(目藥木, メグスリノキ)가 있다. 이름 그대로 껍질을 삶아낸 물로 눈병을 치료했다는 전설이 있다. 간에도 좋다고 알려져 있으며, 건강음료로까지 이용되는 약용식물이다. 지금도 민간요법으로 찾는 사람이 있어서 상품화되어 판매되고 있다. 성분을 분석한 내용을 훑어보면, 눈병에 효험이 있는 특별한 성분은 포함되어 있지는 않은 듯하다. 그러나 틀림없이 낫는다고 믿는 사람들에게는 정말 탁월한 효험이 있을지도 모른다. 우리의 기록에도 《의림촬요》라는 의학책에는 복자기와 같은 단풍나무 일종인 신나무를 눈병치료에 썼다는 내용이 있다.

신나무

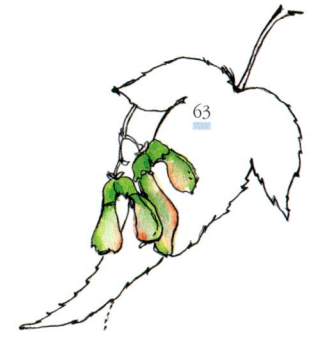

단풍나무에는 종류가 많다. 대부분은 손바닥을 쫙 펼친 것처럼 잎이 여러 갈래로 갈라지는 것이 특징이다. 그러나 개구리 발처럼 생긴 고로쇠나무, 잎자루 하나에 세 개의 작은 잎이 달리는 복자기와 복장나무, 셋으로 잎이 갈라지는 신나무와 중국단풍 등 생김새가 종류마다 제 각각이다. 다만 마주보는 잠자리 날개 같은 열매는 모두가 공통이니 서로가 가까운 친척임을 확인시켜준다.

신나무는 셋으로 갈라진 잎의 가운데 갈래가 가장 길게 늘어져 있다. 마치 긴 혀를 빼문 것 같은 모양이다. 잎의 특징이 다른 나무

가로수로
심는
나무

말발굽 모양의 신나무 열매. 활짝 벌어지는 단풍나무 열매와 대비된다(2006.07.03. 괴산)

잎이 피고 한참이 지나서야 연노란색 꽃망울을 터뜨리기 시작한다(2007.05.20. 괴산)

단풍나무과
학명: *Acer ginnala*
영명: Amur Maple
일본명: カラコギカエデ鹿子木楓
중국명: 茶条槭, 茶条
한자명: 色木, 楓樹

와는 전혀 달라 쉽게 잎 모양을 머릿속에 담을 수 있다. 대부분의 단풍나무 종류가 깊은 산을 터전으로 잡은데 비하여, 신나무는 사람들 곁에서 자란다. 왕래가 많은 길가, 야트막한 야산자락이나 들판의 수로 둑에서도 쉽게 만날 수 있다. 아름드리로 크게 자라지는 않으며, 큰 나무라고 해봐야 키가 10미터를 넘지 못한다. 잎이 달린 다음 늦봄에는 향기를 풍기는 연노란색 작은 꽃이 아기 우산모양으로 핀다. 그러나 여름날의 초록에 나무가 묻혀버리면 그의 존재를 우리는 거의 잊고 산다.

하지만 가을이 깊어 가면서 비로소 거기에 신나무가 있었음을 새삼스럽게 확인할 수 있게 된다. 독특한 잎 모양에 새빨간 물이 선명하게 들어 시들시들해진 주위의 나무나 풀을 압도하기 때문이다. 단풍의 붉음이 진하여 아름다움으로 친다면 진짜 단풍나무보다 오히려 한 수 위다. 그래서 옛사람들이 신나무에 붙인 이름은 '때깔 나는 나무'란 뜻의 '색목(色木)'이다. 옛 한글 발음으로 '싣나모'라고 하다가 오늘날 신나무가 되었다. 색목으로 불린 데는 또 다른 이유가 있다. 잎을 삶아서 우린 물을 회흑색의 물감으로 사용했기 때문이다. 가장 흔한 쓰임은 스님들의 옷인 장삼을 비롯한 법복을 물들이는 데 빠지지 않았다. 검소하고 질박함으로 수행자임을 나타내는 스님들의 옷에 딱 맞는 검푸른 색깔을 낼 수 있는 것은 신나무만의 특허품이다.

신나무는 잎만 이용된 것이 아니라 어린 나뭇가지는 눈병을 치료하는 데 쓰였다. 《의림촬요(醫林撮要)》[3] 〈안목문(眼目門)〉에 보면 "눈이 아플 때 신나무 가지(楓枝)를 달인 물을 따뜻이 하여 씻거나, 여

석축 사이에서 힘겹게 자란 어린 신나무도 곱게 물들었다(2005.11.05. 포천)

기에다 뽕나무 가지 달인 물을 섞고 소금을 약간 풀어서 씻는다"라고 했다.

동양 삼국에서 부르는 신나무 이름이 재미있다. 우리는 색목이지만 중국 이름은 '다조축(茶條槭)'이다. 새싹을 차로 이용한 데서 나온 이름인 듯하다. 일본 이름은 '녹자목풍(鹿子木楓)'으로 나무껍질에 새끼 사슴처럼 얼룩이 있는 단풍나무란 뜻이다. 우리는 잎, 중국인들은 새싹, 일본인들은 줄기를 보고 이름을 붙인 셈이니 같은 나무를 두고도 보는 눈이 나라마다 이렇게 다르다.

열매는 9월에 익고, 날개는 15도 정도로 벌어지며, 두 날개가 거의 평행으로 붙어 있는 경우도 있다. 비슷한 중국단풍은 잎의 가운데 갈래가 신나무보다 훨씬 짧고, 신나무에 있는 물결모양의 톱니가 없다. 옛 문헌에 나오는 '풍(楓)'이란 글자의 해석에 몇 가지 혼란이 있다. 오늘날 우리가 알고 있는 단풍나무를 나타내는 경우도 있지만, 대부분은 신나무를 말한다. 또 중국에서의 풍(楓)은 단풍나무뿐만 아니라 남부지방에서 가로수로 가끔 심는 풍나무를 나타내는 경우도 있어서 더욱 복잡하다.

버드나무 무리

버드나무 무리는 세계적으로 300여 종이 북반구의 온대지방에서부터 한대지방에 걸쳐 주로 자라고, 일부는 남반구에도 있지만 오스트레일리아에는 없다고 한다. 우리나라에는 30여 종이 자라고 아름드리 큰 나무에서부터 허리춤도 안 되는 작은 나무까지 여럿이다.

물기가 많은 곳을 좋아하여 대부분의 버드나무 종류는 습지나 물가에서 자란다. 가지가 부드럽게 늘어지는 종류가 많고, 잎은 폭이 좁은 긴 잎이 대부분이지만, 왕버들과 호랑버들 등 몇몇은 타원형의 잎을 가진다. 버드나무 무리는 튼튼한 목재로서의 쓰임보다는 관상용으로 심고, 가지를 잘라 간단한 생활용구를 만드는 데 널리 쓰였다.

가로수로 심는 나무

버드나무과
학명: *Salix koreensis*
영명: Korean Willow
일본명: コウライヤナギ高麗柳
중국명: 朝鮮柳
한자명: 柳, 楊柳

버드나무

버드나무 종류는 봄을 알리는 대표적인 나무다. 버들은 물을 좋아하여 개울이나 호숫가에 터를 잡는다. 봄을 알리는 아름다운 꽃들이 얼굴 치장으로 여념이 없을 때 버들은 간단히 물세수만 하고 가녀린 몸매 하나로 승부수를 던진다. 가물거리는 아지랑이 사이로 늘어진 버들가지는 이리저리 산들바람에 실려 몸을 비튼다. 부드러움과 연약함으로 사람들의 보호본능을 불러일으킨다. 가냘픈 여인이 연상되기 때문이다.

버들은 남녀의 사랑으로 승화된다. 지금 서울 정릉에 묻혀 있는 신덕왕후가 태조 이성계와 만나는 과정에는 버들과의 인연이 등장한다. 정조 23년(1799)에 임금은 "일찍이 고사를 보니, 왕후께서 시냇물을 떠서 그 위에 버들잎을 띄워 올리니 태조께서 그의 태도를 기이하게 여겨 뒤에 결혼을 하게 되었다"라고 했다. 급히 물을 마시다가 체할까 봐 버들잎을 띄운 지혜를 높이 사서 둘째 왕비로 맞이한 것이다. 이 이야기는 태조 왕건이 장화왕후를 만나는 이야기에도 나온다. 또 조선 중기의 문신 최경창과 관기(官妓) 홍랑의 사랑 이야기에도 버들과 얽힌 가슴 아픈 이야기가 나온다. 그가 북도평사라는 벼슬로 함경도 경성에 있을 때 둘은 깊은 사랑에 빠진다. 오

가로수로
심는
나무

◀ 개울가에 자리 잡은 여름날의 버드나무(2010.06.30. 순천 송광사)

래지 않아 최경창은 임기가 되어 한양으로 떠난다. 관에 메인 몸이라 따라나설 수 없었던 홍랑은 그를 배웅하고 이슬비 내리는 저문 날, 버들가지를 꺾어 주면서 시 한 수를 건넨다.

산 버들가지 골라 꺾어 임에게 드리오니
주무시는 창가에 심어두고 보옵소서
밤비 내릴 때 새잎이라도 나거든 날 본 듯 여기소서

버들가지 하나를 두고 신분을 초월한 연인 사이의 안타까운 이별이 절절히 배어 있다.

버들은 남녀 간의 사랑뿐만 아니라 불교에서 말하는 자비와도 연관이 있다. 관세음보살은 중생이 괴로울 때 구원을 청하면 자비로써 사람들을 구해준다. 그래서 흔히 옛 탱화는 관음도가 많이 그려졌는데, 그중 양류관음도와 수월관음도가 대표적이다. 모두 관세음보살이 버들가지를 들고 있거나 병에 꽂아 두고 있는 형식이다. 이는 버들가지가 실바람에 나부끼듯이 미천한 중생의 작은 소원도 귀 기울여 듣는 보살의 자비를 상징적으로 나타낸 것이다. 아울러서 버들가지가 꽂혀 있는 관세음보살의 물병 속에 든 감로수를 고통받는 중생에게 뿌려주기도 한다. 버들의 뿌리는 감로수를 깨끗이 하는 능력이 있다고 믿어서다.

그러나 버들에 꽃이 섞인 '화류(花柳)'는 뜻이 달라진다. 순수하고 애틋한 정신적인 사랑이 아니라 조금은 육감적이거나 퇴폐적이 된다. 《춘향전》에 보면 봄바람에 글공부가 싫어진 이몽룡은 광한

씨앗이 하얀 솜털에 싸여서 멀리 날아갈 준비를 하고 있다(2009.05.12. 청도)

루로 바람을 쐬러 나간다. 성춘향과의 첫 만남은 이렇게 그려지고 있다. 이몽룡은 "저 건너 화류 중에 오락가락 희뜩희뜩 어른어른 하는 게 무엇인고? 자세히 보고 오너라!" 하며 방자를 재촉한다. 역시 봄바람이 잔뜩 들어간 성춘향도 그네를 타고 있었으니 둘의 만남은 다분히 의도적인지도 모른다. 늘어진 버드나무에 그네를 매고 복사꽃, 자두꽃을 배경으로 치맛자락을 펄럭였으니 숫총각 이몽룡의 입장에서는 정신이 몽롱해지지 않았다면 오히려 그것이 더 이상한 노릇 아닌가.

몸을 파는 여인을 두고 '노류장화(路柳墻花)'라고도 한다. 길가에서 흔히 만나는 버들이나 담 밑에서 핀 꽃은 주인의 허락을 받지 않아도 누구나 쉽게 꺾을 수 있다는 뜻으로 빗댄 말이다. 그래서 이들이 어울려 노는 곳을 아예 화류계라 했다. 역시 꽃과 버들이 섞인 탓이다. 봄날이 가기 전에 다소곳이 늘어뜨린 가녀린 버들가지를 만져 보면서 우리 곁에 살아온 긴긴 세월 동안의 여러 의미를 되새겨 보고 싶다.

버들은 특히 물을 좋아하여 주로 개울가에서 자란다. 식물학적으로 말하는 버드나무와 비슷한 나무로는 가지가 아래로 운치 있게 늘어지는 능수버들과 수양버들이 있다. 세 나무 모두 키가 10여 미터 이상의 큰 나무로 자라는데, 이들의 구분이 좀 애매하다. 버드나무는 가지가 길게 늘어지는데, 대체로 당년 가지만 늘어지고 작년 가지는 거의 늘어지지 않는다. 반면 수양버들과 능수버들은 3~4년 된 가지가 더 길게 늘어지는 것이 차이점이 다.

기원전 5세기 무렵 서양 의학의 아버지 히포크라테스는 임산부가 통증을 느낄 때 버들잎을 씹으라는 처방을 내렸다. 2천 3백여 년 동안 민간요법으로만 알려져 오던 버들잎의 신비가 밝혀진 것은 1853년이다. 버들잎에서 아스피린의 주성분인 아세틸살리실산(acetylsalicylic acid)을 추출했던 것이다. 그러나 일반화하는 데는 상당한 시간이 걸렸다. 1899년에 이르러서야 독일 바이엘 사의 젊은 연구원인 펠릭스 호프만이 아스피린을 처음으로 상용화했다. 류머티즘성관절염을 심하게 앓고 있는 아버지의 고통을 덜어주기 위해 진통제 개발에 나섰던 것이다. 바이엘 사는 진통 해열제인 아스피린 하나로 100년 넘게 세계적인 제약회사로 이름을 떨치고 있다.

수양버들

실버들을 천만사 늘여놓고도
가는 봄을 잡지도 못한단 말인가
이 내 몸이 아무리 아쉽다기로
돌아서는 임이야 어이 잡으랴

 소월의 시 〈실버들〉을 먼저 감상해본다. 수많은 가지를 실처럼 늘어뜨리고 있는 실버들은 수양버들의 다른 이름이다. 가지가 늘어지는 버들은 우리나라에 버드나무와 수양버들, 그리고 능수버들 이 세 종류가 있다. 이들의 대표적 이미지는 좁고 긴 잎과 가느다랗고 연약한 가지다.

 버드나무는 대체로 어린 가지만 늘어지고, 또 길게 늘어지지 않아 다른 버들과 구별된다. 그러나 중국 땅이 고향인 수양버들과 우리나라 특산인 능수버들은 고향은 달라도 외모는 거의 똑같다. 소녀의 풀어헤친 생머리처럼 가는 가지가 길게 늘어져서 거의 땅에 닿을 정도다. 수양버들은 잔가지가 적갈색이며 씨방에 털이 없고, 능수버들은 잔가지가 황록색이며 씨방에 털이 있는 것이 이 둘의 차이점이다. 수목도감에 실린 설명은 이러하나 실제로 둘의 구분은 간단치 않다. 적갈색이나 황록색도 자세히 들여다보면 애매하

가로수로
심는
나무

버드나무과
학명: *Salix babylonica*
영명: Weeping Willow
일본명: シダレヤナギ垂柳
중국명: 垂柳
한자명: 垂楊, 垂柳, 楊柳

고, 둘 다 암수가 다른 나무인데, 이 중에서 암나무를 찾기란 쉽지 않다. 씨방의 털은 돋보기로 한참을 보아야 찾을 수 있다.

옛 문헌에서는 수양버들과 능수버들을 수류, 혹은 수양이라 했다. 중국에서는 '수류(垂柳)'로 불리다가 우리나라에 들어오면서 수류와 함께 '수양(垂楊)'이란 이름도 얻었다. 흔히 중국의 수양제가 대운하를 건설하고 심은 나무라고 하여 '수양(隋煬)버들', 또 단종의 왕위를 찬탈한 수양대군의 이름을 따 '수양(首陽)버들'이라 했다고도 한다. 그러나 우연히 이름이 일치한 것일 뿐 근거가 있는 이야기는 아니다.

옛사람들이 그냥 '버들(柳)'이라고 하는 경우는 대부분 수양버들을 일컫는다. 중국과 우리나라의 문인들은 버들과 관련된 수많은 시를 읊었다. 버들에 얽힌 가장 많은 주제는 사랑과 이별이다. 옛사람들이 연인과 헤어질 때 마지막 이별 장소는 흔히 나루터였다. 피어오르는 물안개에 눈물을 감추고, 나루터에 흔히 자라는 버들가지를 꺾어주면서 가슴과 가슴으로 사랑을 주고받았다.

이렇게 버들이 이별의 증표가 된 것은 중국의 고사와 관련이 있다. 당나라의 수도 장안의 동쪽에는 '파수'란 강이 흐르고, 거기 놓인 다리를 '파교(灞橋)'라 했다. 당시 대부분의 사람들은 파교에서 이별을 했으며, 늘어진 수양버들 가지를 꺾어 떠나는 사람에게 주었다. 버들의 억센 생명력을 빌려 여행하는 사람의 평안과 무사를 기원하는 일종의 주술적인 뜻도 있었다. 명나라 때 널리 읽힌 희곡 《자채기(紫釵記)》[4]에 나오는 여주인공 정소옥이 애인 이익에게 버들

◀길게 늘어뜨린 버들가지는 대지에 봄이 왔음을 먼저 알려준다 (2009.04.06. 진주)

〈귀거래도(歸去來圖)〉, 김득신, 19C, 49.0x29.0cm, 서울대박물관
4~5C경의 중국의 유명한 시인 도연명은 집 앞에 다섯 그루의 버들을 심어두고 시를 읊었다. 여러 시중에 〈귀거래사〉가 유명하며, 조선시대의 그림에 귀거래사를 형상화한 그림이 여럿 있고, 모두 집 앞에 버들이 그려져 있다. 이 그림은 물가에서 잘 자라는 늘어진 수양버들 아래서 배를 타고 찾아오는 손님을 조용히 맞고 있는 모습이다.

가지로 장도를 빌어주는 장면이 나오는데, 이후 파교의 버들은 이별의 징표로 자리매김했다.

　가로수나 풍치수로 많이 심는 수양버들은 봄이면 하얀 솜뭉치 같은 것이 바람에 날아다닌다. 이것은 꽃가루가 아니다. 씨가 바람을 타고 멀리 날아갈 수 있는 역할을 하는 솜털이다. 꽃가루와는 달리 알레르기를 일으키는 것은 아니지만, 심할 때는 눈발이 휘날리듯 하므로 누구도 달가워하지 않는다. 그래도 수나무를 골라 심는 등 조금만 정성을 기울이면 이 아름다운 나무를 우리 곁에 두고 감상할 수 있다.

가로수로
심는
나무

잎이 나오면서 왕버들 꽃도 거의 함께 핀다(2005.04.15. 영동)

버드나무과
학명：*Salix chaenomeloides*
영명：Japanese Pussy Willow
일본명：アカメヤナギ赤牙柳
중국명：河柳, 大叶柳
한자명：河柳, 鬼柳

왕버들

수양대군은 불과 열네 살의 어린 나이에 벌써 기생집을 출입했다. 어느 날 밤, 수양대군이 기생방에서 곯아떨어져 있을 때 기생의 기둥서방이 예고 없이 찾아와 문을 두드렸다. 놀란 그는 뒷벽을 발로 차고 튀어나갔다. 담을 넘고 높은 성벽까지 뛰어넘어 도망치는 데도 기둥서방이 계속해서 뒤쫓아왔다. 숨을 곳을 찾다가 마침 속이 텅 비어 있는 늙은 버드나무 한 그루와 마주쳤다. 수양대군은 체면 불구하고 썩은 구멍 속으로 몸을 피하여 겨우 화를 면했다고 한다. 이 이야기는 《오산설림》이란 책에 실린 내용이다.[5] 물론 이 버드나무는 아름드리로 자라는 왕버들이었을 터이다.

   왕버들은 일반적인 버들의 가냘프고 연약한 이미지와는 사뭇 다르다. 왕버들은 수백 년을 살 수 있으며, 좀 오래되었다 싶은 나무는 보통 두세 아름은 거뜬하다. 왕버들이란 '뭇 버들의 왕'이란 뜻이다. 자라는 곳은 습기가 많고 축축한 땅이나 대체로 바로 옆에 물이 있는 개울가에 터를 잡는다. 대부분의 나무들과는 달리 물 걱정은 평생 안 한다. 하지만 항상 습기가 가득한 몸체로 오래 살다 보니 문제가 생긴다. 둥치가 잘 썩어 왕버들 고목은 대부분 커다란 구멍이 뚫려 있다. 구멍 속은 도깨비 이야기를 비롯한 전설의 고향이다. 그래서 한자 이름도 귀신이 사는 버들이란 뜻으로 '귀류(鬼柳),

가로수로
심는
나무

또는 개울 옆에 잘 자란다고 하여 '하류(河柳)'다. 전국에 수백 그루의 왕버들 고목이 있으며, 천연기념물로 지정된 왕버들도 세 그루나 있다. 경북 성주읍의 왕버들은 숲 전체가 지정되어 있다. 지방기념물도 여러 그루가 있다. 모두 나름대로 마을의 역사와 전설을 간직하고 있은 나무들이다. 아쉬움이라면 최근 외과수술이라는 검증되지도 않는 이론을 근거로 구멍을 폴리우레탄 수지로 꽁꽁 막아버린 것이다. 안에 갇혀 버린 도깨비는 숨이 막혀 죽어버렸고, 아름다운 우리 마을의 전설은 차츰 우리 곁에서 사라지고 있다.

물 가까이가 아니라 아예 물속에 사는 왕버들도 가끔 만날 수 있는데, 경북 청송 주산지(注山池)의 왕버들이 대표적이다. 조선 경종 2년(1721)에 저수지가 완공될 때 자라고 있던 왕버들이 물속에 갇히게 되어 오늘에 이른 것이다. 이 왕버들의 나이는 적어도 350년이나 되는데, 이렇게 긴 세월을 물속에서 살 수 있었던 비밀은 무엇

세 그루가 나란히 자라는 광주 충효동의 광주기념물 16호 왕버들 고목(2007.11.22.)

일까? 왕버들이 물을 좋아하기는 하지만, 1년 내내 물속에 있다 보면 뿌리를 통한 호흡을 할 수 없어서 살아남지 못한다. 주산지의 왕버들은 인위적으로 1년에 한 번씩 물을 빼주고, 가뭄이 계속되면 뿌리까지 드러나는 시기가 있다. 이 기간에 잠시 뿌리 호흡을 하여 1년을 버티는 생활을 반복하여 오늘에 이른 것으로 짐작된다. 물속에 갇힌 세월을 감안하면 나무의 자람이 시원치 않을 수밖에 없고 사람으로 치면 나이도 80~90살에 이른다. 이제는 뿌리가 노출되는 시간을 점점 더 늘려주는 것만이 이 노목의 생명을 연장할 수 있는 긴급 조치라고 생각된다.

왕버들은 우리나라 어디에서나 자라는 큰 나무다. 곧바로 자라는 보통의 나무들과는 달리 가지가 크게 벌어지고, 줄기는 비스듬히 자라는 경우가 많다. 고목이 되면 멋스럽고 운치가 있어서 물가의 정원수로는 제격이다. 나무껍질은 회갈색으로 깊이 갈라지고 작은

가로수로 심는 나무

물속에 잠긴 채 살아가는 청송 주산지의 왕버들(2002.04.20.)

〈유제조어도(柳堤釣魚圖)〉, 유운홍, 22.5x35.8cm, 선문대박물관
비스듬히 개울 쪽으로 기울어져 자라는 왕버들 고목이 둑을 따라 늘어서 있고, 두 사람이 앉아 고기를 낚고 있는 정경이 여유롭고 평화로워 보인다. 지금도 오래된 저수지 둑에서 이런 모습의 왕버들을 쉽게 만날 수 있다.

가지는 황록색이다. 겨울에는 팥알만 한 붉은 겨울눈이 왕버들의 존재를 알려주는 지표가 된다. 버들이란 이름을 달고 있는 나무들은 좁고 긴 잎을 달고 있는 경우가 많으나, 왕버들은 달걀모양의 갸름한 잎이 특징이다.

호랑버들

호랑버들은 '호랑이의 버들'이란 뜻이다. 겨울눈이 붉은빛으로 뚜렷하고 약간 광채가 나므로 '호랑이 눈 같다'고 하여 호랑버들이란 이름이 붙여졌다.

호랑버들은 다른 버들 종류와 마찬가지로 자람 터는 습기가 많은 곳이다. 저수지의 상류나 물가에서 흔히 만날 수 있으며, 고도가 높은 산속의 작은 늪지에서도 심심찮게 만날 수 있다. 대체로 버들이라고 하면 좁고 긴 잎을 상상하기 마련이다. 그러나 호랑버들은 아기 손바닥만 한 긴 타원형의 잎이 달려 있어서 얼핏 보면 황철나무 등 사시나무 종류가 아닌가 하는 착각이 든다. 버들 종류로서는 가장 큰 잎을 가지고 있는 셈이다.

나는 호랑버들에 얽힌 아련한 추억을 갖고 있다. 어린 시절 크고 작은 저수지가 유난히 많은 대구 근교에 살았다. 저수지 위쪽의 얕은 물속에는 주로 갯버들이 자라고, 옆 둑에는 제법 굵은 호랑버들 몇 그루가 자리를 잡고 있었다. 호랑버들 나무 밑은 어린아이들의 아지트였다. 이곳을 근거지로 하여 여름날의 물놀이와 잠자리 잡기로 세월을 보냈다. 사투리로 '철갱이'이라는 왕잠자리를 잡던 기억이 가장 인상 깊게 남아 있다. 버들가지를 O자형으로 휘어 안에다 실로 촘촘한 그물망을 떠 잠자리채를 만들고, 우선 수컷을 꼬여

가로수로 심는 나무

잎보다 먼저 핀 호랑버들의 아름다운 수꽃(2005.04.06. 영양)

버드나무과
학명 : *Salix caprea*
영명 : Goat Willow, Great Sallow
일본명 : コウライバッコヤナギ
중국명 : 黄花柳
한자명 : 虎狼柳

낼 수 있는 암컷 한 마리를 잡는 일이 급선무다. 암컷의 앞발 두 개를 실로 묶어 한 뼘쯤 늘어뜨리고 오른손을 높이 들어 빙글빙글 돌린다. 그러면 정열이 넘쳐나는 수컷들이 암컷의 미모(?)에 반하여 금세 달려온다. 사랑의 밀어도 나누지 않고 불문곡직 덤벼들어 잠깐 정신이 몽롱할 때 왼손으로 눌러 암컷에서 떼어낸다.

그러나 암컷은 체력이 약해 금방 지치므로 수컷을 여장(女裝) 시키기도 했다. 잠자리의 꽁지와 날개 사이에 달린 약간 굵은 생식기 부분에 호박꽃의 노란 꽃술을 정성껏 발라주고, 꽁지에는 고운 황토 흙을 얇게 입힌다. 눈치 빠르고 분별 있는 녀석은 바로 알아채지만 사랑에 눈이 먼 멍청한 녀석들은 '얼씨구나!' 하고 우선 덤비고 본다. 한마디로 암수 구별도 제대로 못하는 주제에 여자를 밝히다가 신세를 망치는 것이다. 이렇게 잡힌 왕잠자리 수컷은 처참한 최후를 맞는다. 날개를 떼어내고 닭장에 던져주어 씨암탉이 오랜만에 고기 맛을 보게 하는 것이다.

눈을 감으면 바로 호랑버들 밑의 어린 시절이 그림처럼 떠오르는 듯하다. 이런 추억들이 오늘까지 내가 평생 나무와 함께 살아 갈 수 있는 커다란 힘이 되고 있다.

호랑버들은 키 6미터 정도에 지름이 한 뼘에 이르는 크기까지 자랄 수 있다. 잎은 어긋나기로 달리며, 뒷면에는 짧은 털이 하얗게 덮여 있다. 꽃은 암수 딴 나무로 이른 봄에 핀다. 특히 수꽃은 활짝 피었을 때는 거의 황금색을 나타내어 다른 어떤 꽃보다 돋보인다. 또한 마른 열매는 하얀 솜털에 쌓여 날아다닌다.

최근 산림과학원은 폐광된 금속광산의 흙을 나무로 정화하는 실

좁고 긴 보통의 버들잎과는 달리 타원형의 비교적 큰 잎을 갖고 있는 호랑버들(2010.06.11. 청송)

험을 했다. 소나무, 물푸레나무, 아까시나무, 신나무, 그리고 호랑버들을 심어 이 중에서 가장 많은 중금속을 흡수하는 식물을 찾아냈다. 이 나무들 중 호랑버들 잎에서 카드뮴과 아연 함량이 가장 높게 나왔다는 것이다. 카드뮴의 경우, 다른 수종의 다섯 배, 아연의 경우 10~40배의 높은 수치를 나타냈다. 또 다섯 종의 버드나무 종류로 실험한 결과에서도 호랑버들이 카드뮴을 가장 많이 흡수하였으며, 아연도 카드뮴과 마찬가지로 호랑버들이 가장 높게 나왔다고 한다. 흡수량은 뿌리가 가장 많고 잎, 줄기 순서였다. 이런 결과는 몇 번의 현지 확인 실험을 거쳐야 하지만, 공해물질을 나무를 심어 손쉽고 값싸게 제거할 수 있는 길을 연 셈이다. 호랑버들이 물가의 평범한 버들 나무가 아니라 인간에게 유익한 식물로 각광을 받을 수 있는 날이 기다려진다.

사시나무 무리

/

　사시나무 무리는 버드나무과 사시나무속에 포함된 나무들로서 온대지방에서부터 한대지방에 걸쳐 자란다. 사촌인 버드나무 무리들과는 달리 아름드리 큰 나무들이다.

　멀리서 보면 자작나무와 혼동될 만큼 대부분의 수종들은 하얀 껍질이 특징이다. 우리나라에는 10여 종이 있는데, 사시나무, 황철나무, 물황철나무 등은 원래부터 자라고 있었으며, 미루나무, 양버들, 은백양, 이태리포플러 등은 수입하여 심고 있는 나무다.

　사시나무 무리는 재질이 물러서 쓰임에 제약이 있지만 빨리 자라는 나무로 유명하다. 1960~1980년대에 급격한 산업발전을 이룰 때 시급한 목재수요에 맞추어 이태리포플러와 은사시나무를 대대적으로 심은 적도 있다. 포장목재, 펄프재 등으로 지금도 일부가 이용된다.

가로수로
심는
나무

사시나무

전래 민요에 나무 이름을 두고 "덜덜 떨어 사시나무, 바람 솔솔 소나무, 불 밝혀라 등나무, 십리 절반 오리나무, 대낮에도 밤나무, 칼로 베어 피나무, 죽어도 살구나무, 오자마자 가래나무, 깔고 앉아 구기자나무, 방귀 뀌어 뽕나무, 그렇다고 치자 치자나무, 거짓 없다 참나무" 등 재미있는 노래 가사가 많다.

크게 겁을 먹어 이빨이 서로 부딪칠 만큼 덜덜 떨게 될 때 우리는 흔히 '사시나무 떨듯 한다'라는 비유를 종종 쓰곤 한다. 왜 하고 많은 나무 중에 하필이면 사시나무에 비유한 것일까? 사시나무 종류는 다른 나무보다 몇 배나 가늘고 기다란 잎자루 끝에 작은 달걀만 한 잎들이 매달려 있다. 자연히 사람들이 거의 느끼지 못하는 미풍이나 제법 시원함을 느끼게 해주는 산들바람에도 나뭇잎은 언제나 파르르 떨기 마련이다.

영어로는 '트램블 트리(tremble tree)'라고 하여 우리와 같이 떠는 나무의 의미로 사용했다. 일본 사람들은 한술 더 떠서 '산명(山鳴)나무', 즉 '산이 울리는 나무'라고 부른다. 중국 사람들은 이름에 떤다는 뜻은 넣지 않았다. 다만 일반 백성들에게 묘지 주변의 둘레나무로 사시나무를 심게 했다. 죽어서도 여전히 벌벌 떨고 있으라는 주

가로수로 심는 나무

◀흰 껍질에 껑충한 키가 돋보이는 겨울 사시나무(2004.02.10. 공주 마곡사)

문일 터이다.

사시나무는 모양새가 비슷한 황철나무를 포함하여 한자 이름이 '양(楊)'이며, 껍질이 하얗다고 하여 '백양(白楊)'이라고도 한다. 이들은 버드나무 종류와 가까운 집안으로 둘을 합쳐 버드나무과(科)라는 큰 종가를 이룬다.

백제 무왕 35년(634)에 부여의 궁남지(宮南池)를 축조할 때 "대궐 남쪽에 못을 파고 사방 언덕에 양류(楊柳)를 심었다"라는 《삼국사기》의 기록이 있다. 이를 근거로 복원하면서 궁남지에는 온통 능수버들을 심었다. 양류에는 버들뿐만 아니라 사시나무도 포함되어 있으니 조금은 다양한 조경을 하여도 좋을 것 같다. 《훈몽자회》에서는 가지가 위로 향하는 것은 '양(楊)', 밑으로 처지는 것은 '류(柳)'라 하여 구분했다.

사시나무는 중부 이북에서 주로 자라는 갈잎나무로 지름이 한 아

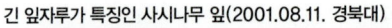
긴 잎자루가 특징인 사시나무 잎(2001.08.11. 경북대)

름 정도에 이르는 큰 나무다. 나무껍질은 회백색으로 어릴 때는 밋밋하며 가로로 긴 흰 반점이 있다. 나이를 먹으면 얇게 갈라져서 흑갈색이 된다. 잎은 뒷면이 하얗고 가장자리에 얕은 물결모양의 톱니가 있다. 꽃은 암수 딴 나무로서 봄에 잎보다 먼저 핀다. 열매는 긴 원뿔모양의 마른 열매로 봄에 익으며 씨에 털이 있다.

《동의보감》에 보면 사시나무 껍질은 "각기로 부은 것과 중풍을 낫게 하며 다쳐서 어혈이 지고 부러져서 아픈 것도 낫게 한다. 달여서 고약을 만들어 쓰면 힘줄이나 뼈가 끊어진 것을 잇는다"라고 하여 주요한 약재로 쓰이기도 했다.

사람들은 사시나무라는 좀 생소한 이름보다 흔히 '백양나무'라고 부른다. 수입하여 심고 있는 은백양이나 이태리포플러는 물론 외국 문학작품에 나오는 '아스펜(aspen)'도 모두 백양나무라고 부른다. 그러나 지금의 식물학 책에는 백양나무란 이름은 없다. 사시나무가 맞는 이름이다.

버드나무과
학명: *Populus alba* X *P. glandulosa*
영명: Suwon Poplar

은사시나무

1970~1980년대의 우리나라 산은 나무가 거의 없는 민둥산이 대부분이었다. 취사와 난방에 나무를 사용하던 시절이다 보니 산에 나무가 남아날 수가 없었기 때문이다.

경제발전이 되면서 빠른 시간 내에 산을 푸르게 하고 목재로서도 가치가 있는 나무를 찾아내는 일이 급선무였다. 이 일의 연구를 맡은 세계적인 임목육종학자 현신규 교수는 우선 자람이 다른 나무보다 훨씬 빠른 이태리포플러를 수입하여 심었다. 그러나 이 나무는 수분이 많은 평지나 강가밖에 심을 수 없다는 큰 단점이 있었다. '산에서도 빨리 자라는 나무가 없을까?' 하고 고심하던 그는 새로운 나무를 만들어내는 일에 눈을 돌린다. 유럽이 원산지인 은백양 암나무에다 수원의 여기산 부근에서만 자생하는 재래종 수원사시나무의 수나무를 인공적으로 교배하여 새로운 나무를 탄생시켰다. 여러 번의 실제 적응시험에서 이태리포플러보다 오히려 산지에서 더 잘 자란다는 사실을 알게 된다. 이렇게 지구상에 처음 탄생한 나무는 아빠 이름인 수원사시나무에서 수원을 생략하고, 엄마 이름에서 따온 은을 붙여 '은사시나무'란 새로운 이름이 만들어졌다. 학명에도 두 수종을 교배했다는 것을 알 수 있도록 '*Populus alba* x

가로수로 심는 나무

◀ 마름모꼴 숨구멍이 특징인 은사시나무 줄기(2010.06.11. 청송)

은사시나무 잎(2010.06.05. 대구)

glandulosa'라고 표기했다.

    은사시나무는 1968년부터 장려품종으로 지정되었고, 1972년 식목일에는 당시 박정희 대통령이 직접 이 나무 심기를 권장하자 전국에 널리 보급되기 시작했다. 이때 널리 심은 탓에 오늘날 겨울 산에서 하얀 껍질의 껑다리가 줄줄이 버티고 서 있는 멋쟁이 나무로 흔히 만날 수 있다.

    그러나 심은 지 30~40여 년이 지난 지금은 빨리 자라는 나무에 대한 수요가 줄어들었고, 나무를 베서 이용하려고 보니 문제가 생겼다. 나무의 재질이 당초 예상보다 좋지 못하고 가장 큰 사용처였던 나무젓가락의 수요도 줄어들면서 목재로서의 가치가 상당히 떨어져버렸기 때문이다. 그 외에 또 다른 문제도 생겼다. 버드나무 종류와 함께 봄날의 골칫거리인 꽃가루가(?) 날린다는 것이다. 사실

멀리서 줄기가 하얗게 보이는 은사시나무의 겨울철 모습(2004.11.27. 영양)

가로수로 심는 나무

은사시나무에서 흩날리는 하얀 솜털은 알레르기를 일으키는 꽃가루가 아니라 씨앗의 깃털이다. 이 깃털이 코나 눈으로 직접 들어가면 재채기나 잠깐 가려운 증상이 나타날 뿐이다. 그러나 사람들은 깃털이 날아다는 것 자체를 싫어하다 보니 이 나무를 곱게 보지 않았다. 그런데 은사시나무는 꽃가루를 맺지 않는 암나무만 골라 심을 수 없다. 원래 사시나무 종류는 암수가 다른 나무인데, 은사시나무는 은백양의 암나무와 수원사시나무의 수나무를 교배하였으므로 한 나무에 암꽃과 수꽃이 같이 달리기 때문이다.

   이런저런 이유로 대통령까지 나서서 장려하던 은사시나무는 이제 심기를 중단한 상태다. 다 자란 나무들도 이용할 사람이 없어서 경관을 아름답게 하는 쓰임 정도로 산자락의 한 구석에 남아 있을 뿐이다.

긴 잎자루와 역삼각형 모양의 잎을 가진 미루나무(2010.06.11. 청송)

버드나무과

학명: *Populus deltoides*
영명: Eastern Cottonwood
일본명: モニリフエラヤマナラシ
중국명: 美洲黑杨
한자명: 美柳

미루나무

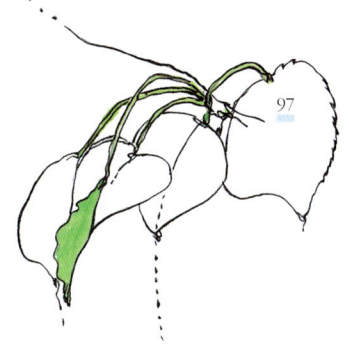

2000년 가을에 개봉한 영화 〈공동경비구역 JSA〉는 당시의 남북화해 무드를 타고 '대박'을 터뜨린 영화로 유명하다. 민족의 비극이 응어리져 있는 판문점, 1976년으로 역사의 수레바퀴를 되돌려 보면 아슬아슬한 순간이 있었다. 광복절이 며칠 지난 8월 18일, 공동경비구역 내 연합군 초소 부근에서 미군과 한국군은 미루나무 가지치기를 하고 있었다. 그때 감독하고 있던 미군 장교 두 명이 북한군 50~60명에게 도끼로 무참하게 살해 당한 사건이 터진 것이다. 세계의 눈은 모두 이 미루나무에 모아지고 죄 없는 우리 국민들은 혹시 전쟁이라도 터질까 봐 말 그대로 사시나무 떨듯하다가 며칠 후 간신히 안도의 숨을 내쉬었다. 미루나무가 지구상에 나타나고 나서 이만큼 집중조명을 받은 일은 전에는 물론 앞으로도 두고두고 없을 것이다.

미루나무는 개화 초기에 유럽에서 수입하여 심기 시작했다. 사람들이 아름다운 버드나무란 뜻으로 '미류(美柳)나무'라고 부르던 것이 국어 맞춤법 표기에 맞추어 어느 날 '미루나무'가 되었다. 거의 같은 시기에 '양버들'이란 나무도 대량으로 같이 들어오면서 두 나무의 이름에 혼동이 생겼다. 지금은 포장이 되어 버렸지만 옛 시골 길을 달리다 보면 줄기는 곧고 가지는 모두 위를 향하여 마치 빗자루를 세워둔 것 같은 모양의 나무가 양옆으로 사열하듯이 서 있는 길을 어쩌다가 만나게 된다. 이 나무는 양버들이지만 대부분의 사람들은 미루나무라고 알고 있다. 지금의 가로수가 은행나무나 버즘나무인 것과는 달리 개화기의 신작로에는 키다리 양버들이 주를 이루었다.

나병을 앓으면서도 아름다운 시를 쓴 한하운은 〈전라도 길〉이란 시에서 "…… 가도 가도 붉은 황톳길/숨 막히는 더위 속으로 절름거리며 가는 길/신을 벗으면 버드나무 밑에서 지까다비를 벗으면/발가락이 또 한 개 없어졌다/앞으로 남은 두 개의 발가락이 잘릴 때까지/가도 가도 천 리, 먼 전라도 길"이라 했다. 포장되지 않은 신작로의 옛 황톳길 양옆에 심은 양버들을 두고 시인은 버드나무

◀미루나무는 자람이 빨라 20~30년이면 우람한 크기로 자란다(2009.06.11. 청송)
▶가지가 옆으로 거의 퍼지지 않아 대나무 빗자루 모양을 하고 있는 양버들(2002.09.25. 대구)

라 했다. 그러나 지금은 도로가 포장되고 차량이 많아지면서 가로수로 적당치 않아 거의 없어졌다.

미루나무는 전국에서 심고 있는 갈잎나무로서 키 30미터, 지름이 한 아름 이상 자랄 수 있다. 나무껍질은 세로로 깊이 갈라져서 흑갈색으로 되고, 작은 가지는 둥글며 노란빛이지만 2년생 가지는 회갈색으로 된다. 잎은 대체로 삼각형이며, 어린아이 손바닥만 한 크기에 가장자리에는 잔톱니가 있다. 암수 딴 나무로 꽃은 꼬리모양의 꽃차례에 피고 작은 씨가 익는다.

생장이 빨라 나무는 연하고 약하여 힘 받는 곳에는 쓸 수 없다. 주로 성냥개비, 나무젓가락, 가벼운 상자, 펄프원료로 이용되는 것이 전부다. 원래 산에 심어 나무로 이용하려는 목적이 아니었기 때문에 가로수로 제 기능을 다 했다면 이 정도 쓰임새로도 아쉬움이 없다.

미루나무와 양버들은 일반인들에게는 혼동될 만큼 비슷하게 생겼다. 미루나무는 가지가 넓게 퍼지며 잎의 길이가 지름보다 더 길어 긴 삼각형 모양이고, 양버들은 가지가 퍼지지 않아서 커다란 빗자루 모양을 하고 있으며 잎의 길이가 지름보다 더 짧아 밑변이 넓은 삼각형 모양이다. 이태리포플러도 미루나무와 혼동되는데, 새잎이 붉은빛이 돌고 하천부지 등 우리 주변에서 흔히 볼 수 있는 것은 주로 이태리포플러다.

벽오동과
학명: *Firmiana simplex*
영명: Chinese Parasol Tree, Phoenix Tree
일본명: アオギリ青桐
중국명: 梧桐, 青桐
한자명: 碧梧, 碧梧桐, 碧桐, 梧桐

벽오동

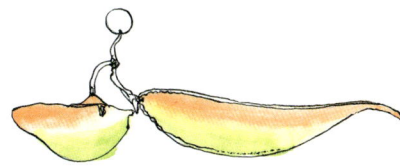

19세기경에 일본에서 들어온 화투는 여러 비판에도 불구하고 오늘날 우리들의 국민 오락거리가 되었다. 고스톱을 치다가 화투패에 광(光)이 들어오면 눈빛에 광이 난다.

화투놀이에서 광 중의 광, 11월의 오동 광은 봉황이 벽오동 열매를 따먹는 모습을 형상화한 것이다. 봉황은 고대 중국 사람들이 상상하는 상서로운 새다. 기린, 거북, 용과 함께 봉황은 영물(靈物)이며, 덕망 있는 군자가 천자의 지위에 오르면 출현한다고 전해진다. 하지만 아직도 봉황을 본 사람이 없으니 실제 모양은 그림마다 제멋대로다. 그래도 가장 널리 알려진 대강의 모습은 긴 꼬리를 가진 닭 모양이다. 봉황은 우리나라 대통령 문장에서도 볼 수 있다. 이렇듯 벽오동은 두보나 백낙천의 시에도 여러 번 등장하는 등 동양 삼국에서는 봉황과 관련된 상서로운 나무로 알려져 있다.

《장자(莊子)》의 〈추수(秋水)〉편에 보면 "봉황은 벽오동나무가 아니면 앉지도 않고 대나무 열매가 아니면 먹지도 않고 예천(醴泉)이 아니면 마시지도 않았다"라고 했다. 봉황은 이렇게 벽오동나무라는 고급빌라가 아니면 머물지도 않고 먹는 것도, 마시는 것도 최고급만 찾았다. 함부로 외출도 하지 않아 사람들이 그 모습을 감상할 기

가로수로 심는 나무

◀아기 조각배 모양의 열매에 동그란 씨앗이 붙어 있다 (2010.08.27. 영주)

우리
나무의
세계

〈고사세동도(高士洗桐圖)〉, 장승업, 19C 후반,
141.5x40.0cm, 호암미술관
더러워진 오동나무를 물로 씻었다는 중국고사를 형상
화한 그림으로 세속에 때 묻지 않은 선비의 고결함을
나타낸다. 중국의 최자충이 그린 〈운림세동도(雲林洗
桐圖)〉를 본땄으며, 거의 같은 형식의 그림이다. 화제
(畵題)는 고명한 선비가 오동나무를 씻었다고 하나 잎
의 모양으로 봐서는 오늘날의 벽오동나무다.

원뿔모양의 커다란 꽃차례에 연노랑 꽃이 잔뜩 핀다(2009.07.10. 경북대)

회도 없었다. 그래서 봉황은 일반 사람들과는 다른 고귀한 신분의 표상이었다. 벼슬 한 자리에 목매달던 옛 선비들은 흔히 벽오동나무를 심고 봉황이 찾아와 주기를 정말 눈이 빠지게 기다렸다. 송강 정철은 귀양지에서 "다락 밖에 벽오동나무 있건만/봉황새는 어찌 아니 오는가/무심한 한 조각달만이/한밤에 홀로 서성이누나"라고 시를 읊었다. 벼슬에서 밀려난 그가 임금이 다시 자신을 부르기를 얼마나 애타게 기다렸는지 그 심정을 그대로 읽을 수 있다.

벽오동나무는 중국 남부가 고향이며, 우리나라에서는 중부 이남에 심고 있다. 들어온 시기는 명확하지 않으나 고려 말의 여러 문헌에 등장하는 것으로 보아 그보다 훨씬 이전에 들어온 것으로 짐작된다. 키 20미터, 줄기둘레가 두 아름에 이르기도 하며, 한 해에 1미터 이상 클 만큼 자람이 굉장히 빠르다. 잎은 어른 손바닥 둘을 활짝 편 만큼이나 크고 윗부분이 흔히 세 갈래로 갈라진다. 암수 같

우리
나무의
세계

은 나무이며, 초여름에 원뿔모양의 꽃차례에 연노랑의 작은 꽃들이 잔뜩 핀다. 가을에 익는 열매는 다른 나무가 흉내 낼 수도 없는 특별한 모양을 하고 있다. 작은 장난감 배 모양이라고나 할까. 얇고 오목한 열매인데, 암술의 일부가 요술을 부린 것이다. 가장자리에는 쪼글쪼글한 콩알 굵기만 한 씨앗이 보통 네 개씩 붙어 있다. 보기에는 금방 떨어질 것 같지만 실제는 꽤 단단히 붙어 있다. 바람에 씨앗을 날려 보내겠다는 설계인데, 바람에 멀리 날아가도 땅에 닿을 때까지는 꼭 붙어 있어야 하기 때문이다. 이 씨앗을 볶아 먹으면 고소하고, 약간의 카페인 성분이 들어 있어서 커피 대용으로도 쓸 수 있다. 《동문선》에 보면 "벼가 누렇게 익어 가니 닭과 오리는 기뻐하지만/벽오동에 가을이 깊어지니 봉황은 수심이 가득하누나!"라는 이규보의 시가 나온다. 봉황은 대나무 열매만으로는 배를 채울 수 없어서 벽오동 씨앗도 먹었다.

　벽오동(碧梧桐)은 줄기의 빛깔이 푸르고, 잎 모양이 오동나무를 닮았다고 하여 붙여진 이름이다.

　옛 문헌에는 《본초강목》에서와 같이 "오동은 벽오동을 말하고, 동(桐)은 오동이다"라고 따로 설명한 경우도 있으나, '오동'이 지금 우리가 알고 있는 벽오동나무인지 아니면 오동나무인지는 엄밀하게 구분하지 않았다. 이 둘은 빨리 자라고 잎 모양새도 비슷하고 악기를 만드는 쓰임도 거의 같으니 헷갈릴 만도 하다. 나무를 잘라 현미경으로 들여다보면 물관 등 세포배열까지 비슷하다. 그러나 둘은 과(科)가 다를 만큼 거리가 먼 사이다.

◀ 이름 그대로 나무줄기는 녹청색의 푸른빛이다(2006.05.16. 전주)

장미과
학명: *Prunus sargentii*
영명: Sargent Cherry
일본명: ヤマザクラ山櫻
중국명: 大山櫻
한자명: 山櫻, 櫻, 樺木
북한명: 큰산벚나무

산벚나무

산에서 자라지 않는 나무가 어디 있으랴마는, 산벚나무는 '산에서 자라는 벚나무'란 뜻으로 붙인 이름이다. 4월 말이나 5월 초에 걸쳐 우리나라 온 산은 산벚나무의 꽃 잔치로 봄을 더욱 따뜻하고 화사하게 만든다. 이때쯤 보이는 숲속의 벚꽃은 대부분 산벚나무 꽃이다.

산벚나무는 장미과 소속이다. 세계적으로는 115속, 3,200종, 우리나라만 해도 35속, 207종이나 되는 식물들을 품고 있는 큰 집안이다. 사과, 배, 복숭아, 자두, 살구, 앵두, 산딸기 등의 과일나무를 비롯하여 벚나무, 매화, 장미, 조팝나무 등의 꽃나무까지 우리와 친숙한 나무들의 상당수가 장미과다.

산벚나무를 포함한 벚나무, 왕벚나무, 올벚나무, 개벚나무, 섬벚나무, 꽃벚나무 등의 벚나무 종류들은 큰 나무이면서 아름다운 꽃을 피운다. 산벚나무는 잎과 꽃이 거의 같이 핀다. 반면 다른 벚나무 종류는 잎이 돋아나오기도 전에 꽃이 먼저 피는 차이점이 있다. 또 올벚나무는 꽃이 다른 벚나무보다 조금 더 일찍 피며, 꽃받침 아래의 씨방이 항아리처럼 부풀어 오른 것이 가장 큰 특징이다. 그 외

가로수로
심는
나무

◀껍질이 매끄럽고 가로 숨구멍이 점점이 있어서 다른 나무와 쉽게 구분할 수 있다(2006.09.29. 무주 덕유산)

〈군조도(群鳥圖)〉, 작자 미상, 150.5x71.3cm, 일본 소장
매끄러운 껍질과 잎과 꽃이 함께 피어 있는 것으로 보아 산벚나무가 틀림없다. 수많은 조선시대 그림에서 이 그림 이외에는 산벚나무라고 단정 지을 수 있는 그림을 찾기가 어렵다.

다른 벚나무보다 시기가 조금 늦게 꽃과 잎이 함께 피는 산벚나무(2009.05.08. 의성)

의 벚나무 종류들은 생김새가 너무 비슷하여 식물학을 전공하지 않은 일반 사람들은 이름을 들어본 적도 없고, 좀처럼 종류를 구분해내기도 어렵다.

팔만대장경판을 만든 나무가 지금까지는 자작나무로 알려져 왔으나, 내가 현미경으로 재질을 분석해본 결과 약 64퍼센트가 산벚나무였다.[6] 그 외에 돌배나무 14퍼센트, 거제수나무 9퍼센트, 층층나무 6퍼센트, 고로쇠나무 3퍼센트, 후박나무 2퍼센트, 사시나무 1퍼센트 순이었다.

경판의 대부분을 산벚나무로 새긴 데는 그만한 이유가 있다. 첫째는 재질이 균일하고 비중이 0.6 전후로서 너무 무르지도 단단하지도 않기 때문이다. 그래서 글자 새김에 최적격이다. 이외에도 여러 가지 생활용구, 조각재, 칠기의 골심재 등으로 두루 쓰였다. 둘째는 아무리 경판 새김에 좋은 나무라고 해도 깊고 높은 산 깊숙이

산벚나무가 집단으로 자라고 있는 금산 신안리의 봄날(2010.04.30.)

꼭꼭 숨어 있으면 그야말로 꿰지 않은 구슬인데, 산벚나무는 흔하고 쉽게 찾을 수 있다는 장점을 가지고 있다. 바로 나무껍질의 독특함 때문이다. 대부분의 나무와는 달리 산벚나무는 숨구멍이 가로로 배열되어 있어서 멀리서도 다른 나무와 쉽게 구별하여 찾아낼 수 있다. 팔만대장경을 새길 당시에는 나라의 땅덩어리가 온통 몽고군에게 유린당하고 있던 때였다. 대놓고 나무를 베어 올 수도 없는 상황에서 산벚나무는 몰래몰래 한 나무씩 베어 오기에 안성맞춤이었다.

산벚나무는 전국 어디에서나 자라며 키 20미터, 굵은 것은 지름이 두 아름에 이르기도 하는 큰 나무다. 잎은 달걀모양으로 어긋나기로 달리며, 가장자리의 톱니는 날카롭다. 꽃은 오백 원짜리 동전만 한 크기로 2~3개가 모여 나무 전체를 뒤덮을 만큼의 많은 꽃이 잎과 거의 동시에 핀다. 열매는 둥글고 가운데에 굵은 씨앗이 하나씩 들어 있는 핵과(核果)이며, 5~6월에 흑자색으로 익는다. 다른 이름은 버찌다.

옛 문헌에서 산벚나무를 비롯한 벚나무 종류를 찾아보면 흥미로운 사실을 발견할 수 있다. 벚나무 종류는 껍질의 쓰임이 자작나무와 같았기 때문에 두 나무는 다같이 '화(樺)'라고 했다. 《해동농서》에 보면 버찌를 '화실(樺實)'이라 했다. 그러나 산벚나무로 짐작되는 나무들은 산앵(山櫻), 혹은 앵(櫻)으로 표기했다. 《다산시문집》에 수록된 〈농가의 여름〉이란 시를 보면, "잘 익은 산벚나무 버찌는 검붉은 빛깔이고/곱디고운 들 딸기는 빨갛게 익었네/집 안에는 새들만 남아 있고/숲속에는 아이들만 놀고 있구나……"라고 했다. 또 《삼국유사》〈기이〉 '경덕왕 조'를 보면, "경덕왕 24년(765)에 중 한 사람이 깨끗한 승복을 차려입고 앵통(櫻筒)을 지고 남쪽에서 오고 있었는데, 왕은 이를 보고 기뻐하며 누각 위로 안내하고는 그가 가지고 온 통 속을 보니 차 끓이는 도구가 들어 있었다"라는 내용이 나온다. 여기서 말하는 앵통은 앵두나무로 만든 통이 아니라 벚나무로 만든 통이다. 전후 문맥으로 보아 적어도 지름이 20~30센티미터가 넘는 큰 통인데, 아무리 크게 자라도 지름이 10센티미터를 넘지 않는 앵두나무로 이런 통을 만든다는 것은 불가능하다.

장미과
학명: *Prunus yedoensis*
영명: Japanese Cherry, Yoshino Cherry
일본명: ソメイヨシノ 染井吉野
중국명: 日本櫻花, 日本晚櫻
북한명: 제주벗나무

왕벚나무

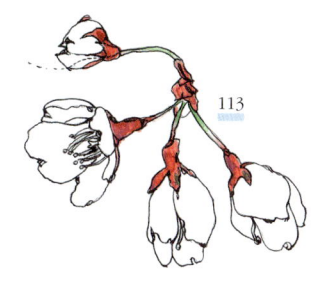

일본의 벚나무 역사는 무척 오래됐다. 그래서 벚꽃 하면 으레 일본을 먼저 떠올리기 마련이다. 일본인들은 벚꽃을 오랫동안 심고 가꾸어 오면서 많은 품종을 만들었는데, '소메이요시노'란 일본 벚나무가 가장 널리 심는 벚나무다. 그런데 이 나무는 서로 교배를 시켜서 좋은 것을 골라 선발한 벚나무지만, 부모가 누구인지 명확하지 않다. 일본 안에서 부모를 찾지 못하던 차에 1939년, 식물학자인 고이즈미 겐이치(小泉源一) 씨는 제주도의 벚나무를 조사하여 일본 벚나무의 부모는 제주도에서 자라는 왕벚나무라고 발표한다. 광복 이후 우리 학자들도 이를 확인하고, 일본 벚나무는 제주도를 원산지로 하는 왕벚나무가 건너간 것이라고 학계에 보고하여 오늘에 이른다.

　이에 대하여 일본 학자들은 고이즈미 씨의 주장을 뒷받침할 만한 표본이 남아 있지 않아서 이를 인정하기 어렵고, 자기네들의 연구 결과로는 자연발생설, 이즈(伊豆)반도 기원설, 한국 제주도 기원설, 인공 교배설 등 여러 가지 학설이 있다고 주장한다. 하지만 '한국 제주도 기원설'은 2007년 미국 농무성에 의뢰한 유전자 분석결과 한국의 왕벚나무는 고유의 종으로 일본 벚나무와는 별개의 것이라

◀ 왕벚나무는 꽃도 화려하지만 단풍도 곱게 든다(2004.10.26. 대구)

만개한 왕벚나무 꽃(2010.04.26. 대구)

고 확인받았으므로 더 이상 인정할 수 없다는 것이다. 이에 대하여 우리 학자들이 어떻게 대응하고 있는지 나는 아직 충분한 정보를 갖고 있지 못하다.

왕벚나무가 일본 벚나무의 조상인지 아닌지는 관련 학자들의 더 많은 연구가 필요하겠으나, 벚나무 종류 중에 가장 화려하게 많은 꽃이 피는 왕벚나무가 제주도 원산이라는 것만으로도 지극히 반가운 일이 아닐 수 없다.

우리나라의 봄날을 더욱 화사하게 만들어주는 꽃나무는 역시 가로수로 많이 심는 왕벚나무다. 왕벚나무 꽃이 필 때를 맞추어 축제를 벌이는 지방자치단체만도 20곳이 넘으며, 새로 심은 시골길 가로수 대부분도 왕벚나무다. 머지않아 우리나라는 왕벚나무 천지가 될 것이다. 하지만 우리 선조들은 '화피(樺皮)'라고 하여 벚나무의 껍질을 활을 만드는 데 애용할 뿐 꽃나무로서 벚나무를 심고 가꾼

버찌는 완전히 익으면 까맣게 된다(2003.06.10. 거창)

적은 전혀 없다. 일제강점기 이후 그들의 벚꽃 문화를 처음 받아들여 심기 시작하였으니 이제 겨우 100여 년 남짓하다.

한편 일본은 그들의 가장 오래된 시가집《만엽집》에 45수의 벚나무 노래가 들어 있는 것을 비롯하여 수많은 벚나무 관련 문헌이 있으며, 그들이 가장 좋아하는 나무로 널리 알려져 있다. 《청장관전서(青莊館全書)》[7]에는 "왜인의 풍속은 벚꽃을 중하게 여기는데, 온갖 꽃 중의 어른이라 여기므로 이름을 부르지 않고 그냥 꽃(하나, ハナ)이라고 한다"라고 했다. 그래서 오늘날에도 벚나무는 그들이 가장 좋아하며, 일본을 대표하는 꽃이라는 것은 그 누구도 부인하지 못할 현실이다.

여기서 하나 집고 넘어갈 문제가 있다. 왕벚나무와 일본 벚나무는 물론 대부분의 벚나무 종류는 꽃이 비슷하여 전문가가 아니면 거의 구분이 안 된다. 당연히 왕벚나무와 일본 벚나무도 육안으로

거의 밋밋한 씨방을 가진 왕벚나무(2007.04.18. 포항)와 항아리 모양의 씨방이 특징인 올벚나무 (2007.04.03. 화엄사)

보이는 모습은 똑같다. 결국 우리는 왕벚나무, 일본은 일본 벚나무를 심어도 일반 사람들, 특히 외국인의 눈에는 일본을 대표하는 같은 벚꽃으로밖에 인식되지 않는다.

그러나 벚꽃은 이제 일본인들뿐만 아니라 우리나라 국민 대다수도 봄날이면 벚꽃 구경이 일상화되어 있다. 왕벚나무를 심고 가꾸는 것은 새로 받아들인 우리 문화의 하나로 가꾸어 갈 수밖에 없는 현실이다. 다만 너무 많이 심는다거나 우리 문화유적지에 왕벚나무를 심는 것은 자제되어야 한다. 왜냐하면 벚꽃 문화는 일제강점기 이전만 해도 전혀 우리에게 없던 일본 문화일 따름이었다. 오늘날에도 벚나무는 어디까지나 일본을 대표하는 꽃임은 누구도 부인할 수 없다. 왕벚나무가 제주도 원산지라는 사실은 식물학적으로 대단히 큰 가치가 있다. 그러나 그보다는 벚나무가 갖는 문화적인 의미와 역사성이 더 중요하다고 생각한다.

아까시나무

5월의 따사로운 햇볕은 아무리 게으른 나무도 새싹을 내밀고 꽃을 피우는 한해살이를 시작하게 한다. 새 생명이 움트는 아름다운 5월의 한가운데, 우리의 코끝을 간질이는 꽃이 있다. 바로 아까시나무 꽃이다.

> 동구 밖 과수원 길 아카시아 꽃이 활짝 폈네
> 하아얀 꽃 이파리 눈송이처럼 날리네
> 향긋한 꽃 냄새가 실바람 타고 솔솔
> 둘이서 말이 없네 얼굴 마주보며 쌩긋
> 아카시아 꽃 하얗게 핀
> 먼 옛날의 과수원 길

가로수로 심는 나무

우리에게 잊혀진 고향의 정경을 그대로 전달해주는 박화목의 동요 〈과수원 길〉에 등장하는 그 꽃이다. 아까시나무는 외국에서 수입한 나무이지만 우리와 너무 친해져 버린 나무다. 그렇다면 아까시나무 꽃은 언제부터 우리 땅에 꽃향기를 풍기기 시작하였을까?

여러 가지 설이 있지만 1890년 사가키란 일본 사람이 처음 들여왔다는 것이 정설이다. 그는 인천에서 무역회사 지점장으로 있었

콩과
학명: *Robinia pseudoacacia*
영명: Black Locust
일본명: ハリエンゾュ針槐
중국명: 刺槐, 洋槐
북한명: 아카시아나무

는데, 중국 상해에서 묘목을 구입하여 인천 공원에 심은 이후로 이 땅에는 비로소 아까시나무 세상이 펼쳐지게 되었다. 미국이 고향인 아까시나무는 그 후 1910년경부터 심는 양이 많아져 강토의 구석구석을 누비게 된다. 아까시나무는 콩과 식물로서 토사가 흘러내릴 정도로 황폐해진 민둥산에도 뿌리를 잘 내렸다. 아울러 잘라 버려도 금세 싹이 나올 만큼 강한 생명력과 화력이 좋아 땔나무로서의 역할도 컸기 때문이다. 광복 이후에는 오히려 아까시나무 심기가 더 많아져 한때 우리나라에 심은 전체 나무의 10퍼센트에 육박할 때도 있었다. 그렇다 보니 고향의 정경을 복사꽃이나 살구꽃으로 나타내기보다 아까시나무의 꽃향기로 더 친근하게 느끼게 되었을 터이다. 나에게 아까시나무는 우윳빛으로 치렁치렁 달리는 꽃의 군무(群舞)와 코끝을 스치는 그 매혹적인 향기에 취해 유년의 꿈과 낭만을 가져다준 나무로 기억된다.

가로수로
심는
나무

꽃은 '향긋한 꽃 냄새'로 끝나는 것이 아니다. 꽃 속에는 질 좋은 맑은 갈색의 꿀을 잔뜩 가지고 있다. 꿀을 따는 사람들은 아까시나무가 꽃 피는 시기를 쫓아 제주도에서부터 휴전선까지 벌통과 함께 올라간다. 우리나라 꿀 생산의 70퍼센트를 아까시나무 꽃에서 딸 정도이다. 1년에 1천억 원이 넘는 수입이 아까시나무 꽃에 걸려 있다. 나무의 쓰임새 또한 이름난 나무들과 어깨를 나란히 한다. 재질은 최고의 나무로 치는 느티나무에도 뒤지지 않는다. 노르스름한 색깔에다 단단하며 무늬 또한 일품이다. 예부터 원산지에서는

◀나이 약 100년에 둘레가 두 아름에 이르는 성주 지방리의 우리나라 최대 아까시나무 고목 (2010.07.24.)

춘천호를 내려다보면서 아까시나무 꽃이 주렁주렁 달려 있다(2005.05.18.)

힘을 받는 마차바퀴로 쓰일 정도였고, 오늘날에는 고급가구를 만드는 재료로 없어서 못 쓴다.

그러나 우리나라 사람들에게는 아까시나무가 좋은 기억으로만 남아 있지는 않다. 우리의 토종 나무를 죽이고 산소에 해악을 끼치는 불효막심한 천하의 망나니라고 싫어하는 사람들이 많다. 일제 침략의 시작과 함께 우리 땅에 들어왔으므로 산을 망치려고 일제가 일부러 심었다는 주장을 펴기도 한다. 그러나 대부분 나무의 특성을 잘 모르는 사람들의 오해에서 비롯된 것이다.

우선 아까시나무는 공중질소를 고정할 수 있는 뿌리혹박테리아로 무장한 콩과 식물이다. 그래서 다른 나무가 잘 자라지 못하는 메마르고 헐벗은 민둥산에서도 살아갈 수 있다. 조선 후기의 정치적 혼란과 민생이 어려워지면서 우리 강토 곳곳은 나무가 거의 없는 민둥산이 많아졌다. 우선 심어서 살 수 있는 나무가 무엇인지 찾던

중에 마침 선택된 나무가 아까시나무였을 뿐이다. 일제가 다른 못된 짓을 했다고 아까시나무까지 같은 도마에 올려놓을 수는 없다.

 토종 나무를 죽인다는 이야기도 잘못 알려진 것이다. 아까시나무는 대체로 20~30년의 청년기를 지나면 급격히 자람이 나빠지면서 서서히 주위의 토종 나무에게 자리를 내준다. 한때 32만 헥타르에 이르던 아까시나무 숲은 현재 12만 헥타르만 남아 있고 지금도 급격히 줄고 있다. 더욱이 최근에는 여름철에 잎이 노랗게 변하는 원인불명의 황화병(黃化病)까지 생겨 더욱 밀려나고 있다.

 아까시나무를 미워하는 또 다른 이유는 뿌리가 무엄하게도 조상의 산소 속을 뚫고 들어가는 행실 때문이다. 유난히 조상숭배 사상이 강한 우리의 정서로는 아무리 나무라지만 용서할 수 없다. 그러나 아까시나무는 햇빛을 좋아하는 나무이다 보니 널찍한 산소 곁 공간이 최상의 자람 터라고 여겨 체면 불구하고 모여든 것이다. 자손을 퍼뜨리는 방법 중 하나가 뿌리 뻗음이어서 산소를 침입할 수밖에 없는 것이다. 요즈음은 주로 석관(石棺)을 쓰므로 들어가는 깊이에 한계가 있고, 또 오래 살지 않는 나무이니 줄기가 죽어버리면 뿌리는 자연스럽게 썩어 없어진다.

 아까시나무는 '아카시아'로 더 널리 알려져 있다. 아까시나무 종류는 열대지방에서 주로 자라는 진짜 아카시아와 우리 주위에서 흔히 볼 수 있는 미국 원산의 아까시나무가 있지만 전혀 별개의 나무다. 우리나라에 처음 들어올 때 이 둘을 구별하지 않고 불러온 탓에 혼란이 생긴 것이다. 진짜 '아카시아'는 한반도에서는 자랄 수 없으므로 아까시나무라고 불러야 맞는 이름이다.

은행나무에만 있는 유주(乳柱)가 매년 조금씩 자라고 있다(2007.11.13. 청도)

은행나무과
학명：*Ginkgo biloba*
영명：Maidenhair Tree, Ginkgo
일본명：イチョウ銀杏
중국명：银杏, 公孙树, 白果树
한자명：銀杏木, 公孫樹, 鴨脚樹, 白果木, 平仲木

은행나무

은행나무는 페름기(2억 3천~2억 7천만 년 전)에 초기 형태의 은행잎 모양이 알려질 만큼 일찍 지구상에 나타났다. 조금 늦추어 잡아도 공룡시대인 쥐라기(1억 3천 5백~1억 8천만 년 전) 이전부터 지구상에 삶의 터전을 잡아왔다. 대체로 중생대에 이르러서는 약 11종 정도로 번성하였으며, 백악기(6천 5백만~1억 3천 5백만 년 전)에는 지금의 모양과 거의 같은 은행나무가 아시아, 유럽, 북미에서 자라고 있었다.

   그 후 지질학적인 대변동으로 제3기에 들어오면서 은행나무 일가는 지금의 은행나무만 남게 된다. 그나마 북미는 약 7백만 년 전, 유럽은 2백 5십만 년 전쯤에 멸종되었고, 오늘날에는 극동아시아 대륙에서만 그 명맥을 이어가고 있다. 그동안 몇 번이나 있었던 혹독한 빙하시대를 지나면서 많은 생물이 흔적도 없이 사라져 버렸는데도 의연히 살아남은 은행나무를 우리는 '살아 있는 화석'이라고 부르는데 주저하지 않는다.

   그렇다고 은행나무가 처음 지구상에 출현할 당시의 모습을 오늘날까지 그대로 갖고 있는 것은 아니다. 자연계의 냉엄한 현실에서 업그레이드를 소홀히했다가는 순식간에 영겁의 세계로 사라져 버리기 때문이다. 태어날 당시는 지금과 같은 잎 모양이 아니고, 손바닥을 펼친 것처럼 여러 개로 갈라져 있었다. 차츰 진화가 되면서 갈

가로수로 심는 나무

〈행정추상도(杏亭秋賞圖)〉, 이유신, 조선 후기, 35.5x30.2cm, 개인소장

짙어가는 가을날, 여섯 명의 선비가 조촐한 술자리를 마련하여 노랑 국화를 감상하고 있다. 은행 단풍은 아직 띄엄띄엄 물들었고, 오른쪽 언덕의 복자기 단풍도 아직은 색깔을 입히고 있는 중이다. 10월 말이나 11월 초의 풍경이다. 멀리 산 능선을 따라 성벽이 보이고, 제법 많은 사람들이 모여 사는 듯한 마을이 보인다. 행정 건물도 초가지붕에 자연석으로 축대를 쌓아 수수하면서도 소박한 맛이 난다.

아직 푸른 잎사귀 사이로 열매가 노랗게 익고 있다(2006.09.29. 경주)

라진 잎들이 합쳐져 오늘날의 부채꼴 모양을 갖추게 된 것이다.

대체로 2~3억 년 전의 화석식물인 은행나무가 멸종되지 않고 홀로 살아남을 수 있었던 원인은 무엇일까? 여러 가지 이유가 있겠지만 무엇보다도 강력한 환경 적응력 때문이다. 극단적으로 춥거나 덥지 않으면 어느 곳에서라도 살아갈 수 있고, 아무리 오래된 나무라도 줄기 밑에서 새싹이 돋아날 수 있는 능력을 갖고 있다. 나이가 수백 년에서 천 년이 넘는 고목 은행나무의 상당수는 원래의 줄기는 없어지고 새싹이 자라 둘러싼 새 줄기이다. 잎에는 플라보노이드, 터페노이드(Terpenoid), 비로바라이드(Bilobalide) 등 항균성 성분들이 포함되어 있어서 병충해가 거의 없다. 열매는 익으면 육질의 외피에 함유된 헵탄산(Heptanoic acid) 때문에 심한 악취가 나고, 그 외에 긴코릭산(Ginkgolic acid) 등이 들어 있어서 피부염을 일으키므로 사람 이외에 새나 다른 동물들은 안에 든 씨를 발라먹을 엄두

가로수로
심는
나무

천연기념물 64호 울주 구량리 은행나무 고목에 노랗게 단풍이 물들었다(2008.11.14.)

도 못 낸다. 씨앗을 먼 곳까지 보내는 것을 포기한 대신에 동물의 먹이가 되는 것을 원천봉쇄한 셈이다.

한때 지구상의 여러 대륙에 있던 은행나무 종족들이 최종적으로 살아남게 된 곳은 중국이다. 자생지와 관련된 여러 논란이 있었지만, 최근 들어 양쯔강 하류의 톈무산(天目山) 일대에서 자생지로 추정되는 은행나무들을 찾아냈다고 한다. 우리나라에는 삼국시대 때 불교 전파와 함께 들어온 것으로 짐작만 할 뿐이다.

은행나무는 오래 사는 나무로 유명하다. 은행나무 고목으로서 보호받고 있는 것만 해도 거의 800그루에 이른다. 이들 중 천연기념물 22그루, 시도기념물 28그루가 문화재 나무로 지정되어 있으며, 나이가 천 년이 넘은 은행나무도 여러 그루 알려져 있다.

은행나무는 기나긴 역사만큼이나 다른 나무가 갖지 못하는 태고의 신비를 고스란히 간직하고 있는 특별함이 있다. 우선 나무를 잘라 현미경으로 들여다보면 세포 속에 독특한 모양을 한 머리카락 굵기의 10분의 1 정도 되는 다각형의 작디작은 '보석'이 들어 있다. 이것은 수산화칼슘이 주성분인데, 현미경 아래에서 영롱한 빛을 내어 은행나무에 또 하나의 신비로움을 더하고 있다. 그런가 하면 서울 성균관 명륜당에 천연기념물 59호로 지정된 문묘은행나무를 비롯한 몇몇 고목 은행나무에는 '유주(乳柱)'라는 특별한 혹이 생기기도 한다. 유주는 모양새가 여인의 유방을 닮았다고 하여 붙여진 이름이며, 공기뿌리와 비슷한 기능을 한다. 이뿐만이 아니다. 암수가 다른 나무로 진기하게도 수꽃에는 머리와 짧은 수염 같은 꽁지를 가지고 있는 정충이 있다. 그래서 동물의 정충처럼 비록 짧은 거리지만 스스로 움직여서 난자를 찾아갈 수 있는 특별한 나무다.

　은행나무는 흔히 바늘잎나무에 넣는다. 잎이 넓적한 모양새로 보아서는 넓은잎나무에 속하는 것이 옳을 것으로 보인다. 하지만 은행나무를 이루고 있는 나무세포의 종류와 모양, 그리고 배열로는 바늘잎나무와 거의 비슷하다. 사실 나무 종류를 보다 정확하게 나눈다면 '은행수(銀杏樹), 침엽수, 활엽수'로 분류하는 것이 가장 합리적인 나눔이다. 그러나 은행나무는 선조를 따지고 한참을 올라가도 여전히 한 종류밖에 없어서 식물분류학의 단위로 보아도 1목, 1과, 1속, 1종일 뿐이다. 하나밖에 없는 은행나무 때문에 '은행수'를 따로 떼어내어 취급하기는 너무 불편하니 편의상 바늘잎나무에 포함시킨다.

이나무과
학명: *Idesia polycarpa*
영명: Igiri Tree
일본명: イイギリ飯桐
중국명: 毛叶山桐子, 山桐子
한자명: 椅, 柞木
북한명: 의나무

이나무

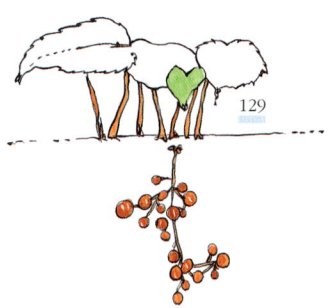

단풍으로 유명한 내장산 국립공원에는 그리 크지 않은 평범한 나무 앞에 '이 나무가 이나무입니다'라는 팻말이 하나 붙어 있다. 사람들의 관심을 끌 수 있는 재미있는 설명이다. 나무 설명 팻말마다 흔히 만나는 과 이름, 학명, 용도로 시작되는 천편일률적인 설명에 신물이 난 나에게는 신선한 충격이었다.

이나무는 재질이 부드러우면서 질기고 나무속은 거의 흰빛에 가깝다. 목재는 세로로 쪼개기를 해보면 나뭇결이 어긋나지 않고 곧바로 잘 갈라지는 경향이 있다. 톱을 쓰지 않아도 비교적 매끈한 판자나 각재를 만들 수 있다는 이야기다. 손으로 모든 나무 제품을 만들던 시절에, 이런 나무의 성질은 의자를 비롯한 각종 기구를 만드는 데 안성맞춤이었다. 그래서 옛 이름은 '의나무(椅木)'였다가 차츰 발음이 쉬운 '이나무'로 변한 것이다.

이나무는 따뜻한 곳을 좋아하여 제주도와 남서해안을 따라 주로 자라고, 북으로는 충남까지 서식하는 갈잎나무다. 사람들에게 그렇게 널리 알려져 있지는 않지만, 이나무과라는 작은 집안을 대표하는 얼굴 나무다.

◀황록색의 작은 꽃이 원뿔모양의 꽃차례에 모여 핀다. 빨간 잎자루와 커다란 하트모양의 잎사귀가 이나무의 특징이다(2009.05.30. 대구)

이나무는 자람 터인 난대림의 숲속에서도 쉽게 만날 수 있는 흔한 나무는 아니다. 다른 나무들과의 경쟁에서 밀려나 띄엄띄엄 만날 수 있을 뿐이다. 다만 늦가을에서부터 초겨울에 걸쳐 가지마다 포도 송이처럼 길게 매달리는 붉은 열매가 모습을 드러낼 때야 비로소 그의 존재를 확인할 수 있다. 그나마 암수가 다른 나무이므로 수나무는 그냥 숲속의 나무로 남아 있다. 그것도 오동나무처럼 커다란 잎이 특징이라 이것으로 이나무의 존재를 알아낼 수 있다.

늦봄에서부터 초여름에 걸쳐 황록색의 향기로운 작은 꽃이 피고 나면, 콩알 굵기 남짓한 붉은 열매가 열린다. 열매는 단맛도 새큼한 맛도 없는 그냥 그런 맛이다. 자손 퍼트림을 새들에게 의존해야 하는데, 처음에는 거의 거들떠보지도 않는다. 가을날에는 맛있는 다른 나무의 열매가 충분해서다. 그러나 이나무는 새들을 끌어들이는 남다른 전략이 있다. 이나무 열매는 겨울바람이 거세져 다른 열매들은 대부분 떨어져 버려도 거의 그대로 매달려 있도록 설계됐다. 늦게까지 열매를 남겨두어 한겨울의 배고픈 산새들에게 먹이를 제공함으로서 경쟁자들을 따돌리자는 것이다.

이나무의 매력은 이렇게 열매가 열릴 때만은 아니다. 우선 나무 전체의 모습이 한 치의 흐트러짐도 없이 단아하다. 층층나무와 비슷하게 가지가 방사상으로 돌려나기하면서 규칙 바른 수관을 만든다. 껍질은 잿빛이 조금 섞이기도 했지만 속살처럼 대체로 밝은빛에 가까우며, 나이를 웬만큼 먹어도 갈라지지 않고 젊은 피부를 그대로 갖고 있다. 몸매도 쭉 뻗었다. 그러나 미인박명이란 말은 사람에게만 해당되는 이야기는 아닌 것 같다. 이나무 줄기는 하늘소가

콩알 굵기의 붉은 열매가 수없이 열린다(2001.11.02. 제주)

유난히 좋아하는 탓에 오래된 고목을 찾아보기가 어렵다.

거의 한 뼘이나 됨직한 붉은빛이 강한 긴 잎자루 끝에는 하트모양의 커다란 잎사귀가 붙어 있다. 잎의 뒷면은 하얗고 가장자리에는 둔한 톱니가 있다. 손바닥을 펼친 크기만큼이나 넉넉하며, 옛사람들은 잎이 넓은 오동나무를 연상케 한다고 하여 '의동(椅桐)'이라고 했다. 중국에서는 이 나무로 금슬(琴瑟, 거문고와 비파)을 만들기도 했다. 일본 사람들은 밥을 쌀 수 있을 만큼 큰 잎사귀를 가진다고 하여 '반동(飯桐)'이라고 했다. 이래저래 자랑거리가 많은 이나무가 우리 모두의 사랑을 받았으면 한다. 다만 추위에 약해 남해안 이외는 자랄 수 없다는 것이 흠이다.

가로수로 심는 나무

가까이서 본 이팝나무의 꽃과 잎(2005.05.13. 고창)

물푸레나무과
학명: *Chionanthus retusus*
영명: Chinese Fringe Tree
일본명: ヒトツバタゴ―つ葉田子
중국명: 流苏树, 萝卜丝花, 牛荆子
한자명: 六道木

이팝나무

이밥에 고깃국을 먹고 비단옷을 입으며 고래 등 같은 기와집에 사는 것이 소원이던 시절이 그리 오래지 않았다. 이밥은 '이(李)씨의 밥'이란 의미로 조선왕조 시대에는 벼슬을 해야 비로소 이씨인 임금이 내리는 흰쌀밥을 먹을 수 있다 하여 쌀밥을 '이밥'이라 했다. 이팝나무는 이밥나무에서 유래된 이름으로 생각된다. 꽃의 여러 가지 특징이 이밥, 즉 쌀밥과 관련이 있기 때문이다.

 이팝나무는 키가 20~30미터나 자라고, 지름도 몇 아름이나 되는 큰 나무이면서 5월 중순에 파란 잎이 보이지 않을 정도로 새하얀 꽃을 가지마다 소복소복 뒤집어쓰는 보기 드문 나무다. 가느다랗게 넷으로 갈라지는 꽃잎 하나하나는 마치 뜸이 잘든 밥알같이 생겼고, 이들이 모여서 이루는 꽃 모양은 멀리서 보면 쌀밥을 수북이 담아 놓은 흰 사기 밥그릇을 연상케 한다. 꽃이 필 무렵은 아직 보리는 피지 않고 지난해의 양식은 거의 떨어져 버린 '보릿고개'이다. 주린 배를 잡고 농사일을 하면서도 풍요로운 가을을 손꼽아 기다릴 때다. 이팝나무 꽃은 헛것으로라도 쌀밥으로 보일 정도로 너무 닮아 있다.

 이름에 대한 또 다른 이야기는 꽃이 피는 시기가 대체로 음력 24절기 중 입하(立夏) 전후이므로, 입하 때 핀다는 의미로 '입하나

가로수로 심는 나무

가을에 익는 까만 이팝나무 열매(2009.10.20. 진주)

무'로 불리다가 '이팝나무'로 변했다는 것이다. 실제로 전북 일부 지방에서는 '입하목'으로도 불린다니, 발음상으로 본다면 더 신빙성이 있는지도 모른다.

그러나 짧게는 수백 년, 길게는 수천 년 전의 우리 선조들이 자연스럽게 붙인 이름을 오늘날의 기준으로 어원을 찾아내기란 애초부터 어려운 일이다. 둘 다 충분한 이유가 있으며, 더더욱 쌀농사의 풍흉과 관계가 있으니 나름대로 음미해보는 것도 의미가 있을 것 같다.

경북 남부에서부터 전북의 중간쯤을 선(線)으로 연결한다면 이팝나무는 그 남쪽에서 주로 자란다. 천연기념물로 지정된 이팝나무만도 일곱 그루나 되어 소나무, 은행나무, 느티나무, 향나무에 이어 다섯 번째로 많은 나무다. 이외에도 시도기념물과 보호수로 지정된 이팝나무는 헤아릴 수도 없을 정도로 많다. 그러나 지금은 온난

아름드리 고목에 하얀 꽃이 만개한 김해 천곡리 천연기념물 307호 이팝나무(2010.05.16.)

화의 영향으로 서울 청계천가에 심은 이팝나무도 잘 자란다.

우리나라에서 가장 크고 꽃이 아름답기로 유명한 이팝나무는 경남 김해시 주촌면 천곡리 신천리에 있는 천연기념물 307호다. 대부분 정자목이나 신목(神木)의 구실을 하였으며, 꽃이 피는 상태를 보고 한 해 농사를 점쳤다. 습기가 많은 것을 좋아하는 이팝나무는 '꽃이 많이 피고 오래가면 물이 풍부하다'는 뜻이니 이와 같을 경우에는 풍년이 들고 반대의 경우는 흉년이 든다. 이런 나무를 우리는 기상목, 혹은 천기목(天氣木)이라 하여 다가올 기후를 예보하는 지표나무로 삼았다.

이팝나무는 일본과 중국 일부에서도 자라는 세계적으로 희귀한 나무로 알려져 있다. 그래서 이 나무를 처음 본 서양인들은 쌀밥을 알지 못하니 눈이 내린 나무로 보아 '눈꽃나무(snow flower)'라 했다. 학명의 속명도 라틴어로 희다는 뜻의 '치오(Chio)'와 꽃을 의미하는

가로수로
심는
나무

'안토스(anthus)'를 합쳐서 'Chioanthus'라 했다.

　어린 줄기는 황갈색으로 벗겨지나 나이를 먹은 나무의 껍질은 회갈색으로 세로로 깊게 갈라진다. 잎은 마주나기로 달리고 타원형이며, 어린아이의 손바닥만 하다. 표면에는 매끈한 광택이 있고, 가장자리는 밋밋하다. 잎의 모양이나 크기는 언뜻 보면 감나무와 비슷하다. 굵은 콩알만 한 타원형의 열매는 짙은 푸른색이며, 가을에 익어 때로는 겨울까지 달려 있다.

칠엽수

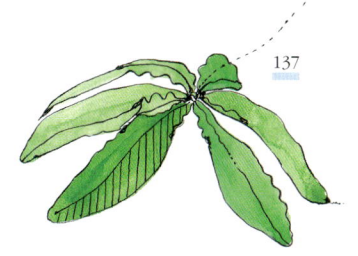

칠엽수의 또 다른 이름인 '마로니에(marronnier)'는 프랑스가 연상된다. 파리 북부의 몽마르트르 언덕과 센 강의 북쪽 강가를 따라 북서쪽으로 뻗어 있는, '낙원의 들판'이라는 뜻의 샹젤리제 거리의 마로니에 가로수는 파리의 명물이다. 그래서 '칠엽수(七葉樹)'란 이름이 어쩐지 촌스럽다고 느껴지는 사람들은 마로니에라고 부르기를 더 좋아한다.

엄밀한 의미에서 마로니에는 유럽이 고향인 '유럽 마로니에'를 말하고, 칠엽수란 일본 원산의 '일본 마로니에'를 가리킨다. 수만

가로수로 심는 나무

아기 주먹만 한 연갈색의 칠엽수 열매(2010.09.09. 안동)

커다란 원뿔모양 꽃차례에 연노랑의 작은 꽃이 수백 개씩 모여 핀다(2010.05.19. 경기 광릉)

칠엽수과
학명：*Aesculus turbinata*
영명：Japanese Horse Chestnut, Buckeye, Marronnier
일본명：トチノキ
중국명：日本七叶树
한자명：七葉樹
북한명：칠엽나무

리 떨어져 자란 두 나무지만 생김새가 너무 비슷하여 서로를 구별하기가 여간 어렵지 않다. 굳이 이 둘의 차이점을 말한다면 마로니에는 잎 뒷면에 털이 거의 없고, 열매껍질에 돌기가 가시처럼 발달해 있는 반면 일본 칠엽수는 잎 뒷면에 적갈색의 털이 있고, 열매껍질에 돌기가 흔적만 남아 있을 뿐 거의 퇴화되었다.

긴 잎자루 끝에는 손바닥을 펼쳐 놓은 것처럼 일곱 개의 잎이 달리므로 '칠엽수'란 이름이 생겼다. 가운데 잎이 가장 크고 옆으로 갈수록 점점 작아져 둥글게 모여 있다. 길이는 한 뼘 반, 너비는 반 뼘이나 되며 가을에 노랗게 단풍이 든다. 늦봄에서 초여름 사이에 한 뼘 정도 되는 커다란 원뿔모양의 꽃차례가 나오며, 꽃대 한 개에 100~300개의 작은 꽃이 모여 핀다. 질이 좋은 꿀이 많으므로 원산지에서는 꿀을 생산하는 밀원식물로도 각광을 받고 있다. 가을에는 크기가 탁구공만 한 열매가 열리며, 세 개로 갈라져 한두 개의 흑갈색 둥근 씨가 나온다.

이 열매는 유럽에서 옛날부터 치질·자궁출혈 등의 치료약으로 사용해 왔으며, 최근에는 응용범위가 더욱 넓어져서 동맥경화증, 종창(腫脹) 등의 치료와 예방에도 쓰인다고 한다. 열매의 영어 이름은 'horse chestnut', 즉 '말밤'이란 뜻이다. 원산지인 페르시아에서 말이 숨이 차서 헐떡일 때 치료약으로 쓰였기 때문에 생긴 이름이라는 이야기와 가

침이 숭숭 나온 서양칠엽수(마로니에) 열매(2010.10.05. 덕수궁)

우리
나무의
세계

20세기 초 네덜란드 공사가 고종에게 선물했다는 덕수궁의 서양칠엽수(2009.04.15.)

지에 잎이 붙었던 자리〔葉痕〕가 말발굽 모양이라서 붙인 이름이라는 이야기가 있다.

칠엽수는 둘레가 두 아름 정도로 크게 자란다. 나무속은 연한 황갈색으로 가볍고 부드러우며, 작은 물관이 다른 나무보다 훨씬 많다.

우리나라에 마로니에가 들어온 것은 20세기 초 네덜란드 공사가 고종에게 선물한 것을 덕수궁 뒤편에 심은 것이 처음이며, 지금은 아름드리 거목으로 자랐다. 서울 동숭동의 옛 서울대 문리대 캠퍼스에도 마로니에가 여러 그루 자라고 있다. 1975년에 서울대가 관악구로 옮겨가면서 이 자리에 마로니에 공원을 만들고 동숭동의 대학로 일대는 문화예술의 거리가 되었다.

시원시원한 잎과 마로니에라는 낭만적인 이름이 덧붙여져 서양인들은 그들의 노래에도 나올 만큼 좋아하는 나무다. 서양문화를 쉽게 접할 수 있는 우리도 가로수, 공원 등에 널리 심고 있다. 그러나 그 도가 지나쳐 용인 민속촌에서 촬영한 역사극에 마로니에가 초가집 옆에서 웅장한 모습을 뽐내고 있는 것을 보고 놀라지 않을 수 없다. 눈으로 보는 어울림이 나쁘다는 이야기가 아니라 나무의 역사성도 고증의 한 부분임을 간과한 것이다. 우리의 TV 사극에 서양 사람이 양복을 입고 임금으로 분장하여 나온다면 온통 난리가 날 것이다. 마찬가지로 나무도 있을 자리에 알맞는 고증이 필요하다.

분홍 띠를 두른 꽃모양이 영락없이 튤립을 닮았다(2010.05.22. 대구)

목련과
학명 : *Liriodendron tulipifera*
영명 : Tulip Tree, Yellow Poplar
일본명 : ハンテンボク
중국명 : 北美鹅掌楸, 金边马掛木
한자명 : 百合木

튤립나무

우리나라에 가로수를 처음 심기 시작한 것은 고종 32년(1895) 내무아문(內務衙門)에서 각 도(道)의 도로 좌우에 나무를 심도록 공문서를 보낸 데서 비롯되었다. 신작로라는 새로운 길이 뚫리면서 가로수에 적합한 나무로 알려진 플라타너스(버즘나무), 양버들, 미루나무 등이 수입되기 시작하였고, 이때 같이 들어온 나무가 백합나무다. 학명에서 앞부분의 속명은 희랍어로 '백합꽃이 달리는 나무'라는 뜻이며, 뒷부분의 종명 역시 '커다란 튤립 꽃이 달린다'라는 뜻이다. 그래서 우리말 이름은 백합나무, 혹은 튤립나무라 하며 두 개를 다 쓴다.

미국의 중북부에서부터 캐나다 남부에 걸쳐 널리 자라는 튤립나무는 고향 땅에서도 여러 가지 이름을 갖고 있다. 5~6월경에 여섯 장의 녹황색 꽃잎을 달고 어린아이의 주먹만 한 꽃이 위를 향하여 한 송이씩 피는데, 모양이 튤립 꽃을 그대로 닮았다. 튤립 꽃잎에서는 볼 수 없는 오렌지빛 반점이 밑쪽에서 동그랗게 이어 있는 것도 또 다른 특징이다. 이처럼 나무에 튤립 꽃이 핀다 하여 '튤립나무(Tulip tree)'라 했다.

튤립나무는 키 30미터, 지름이 두세 아름이 넘을 정도로 자라는 큰 나무인데, 자람 속도가 포플러 뺨치게 빠르다. 적당한 습도와 비

튤립나무 열매(1998.12.22. 광주)

우리
나무의
세계

옥한 땅이라면 십수 년에 벌써 아름드리 나무에 이른다. 목재는 가볍고 부드러우며 연한 노란빛을 띠고, 광택이 있어 또 다른 이름은 '옐로우 포플러(Yellow Poplar)'다. 이외에도 화이트 우드(White Wood), 화이트 포플러(White Poplar), 블루 포플러(Blue Poplar) 등 수많은 별명이 있다. 여러 이름만큼이나 쓰임새가 많았다는 증거다.

튤립나무는 펄프의 원료는 물론 가구, 목공예, 합판 등으로 널리 쓰이는 나무다. 옛 아메리칸 인디언들은 가공하기 쉽고 물에도 잘 뜨는 이 나무를 통나무배를 만드는 재료로 애용했다. 그래서 '카누 우드(Canoe Wood)'라고도 한다. 빨리 자라는 나무가 대체로 재질이 좋지 않으나 백합나무는 자람 속도에 비해 재질이 좋다.

우리와의 인연은 가로수로 시작하였으나, 최근 산림청에서는 베서 이용할 수 있는 경제수(經濟樹)로 나무 보급에 적극적으로 나서고 있다. 기후가 비슷한 세계 여러 나라에서 400여 종이 넘는 나무

빨리 자라 원뿔모양의 단정한 나무로 큰다
(2006.08.26. 남원)

들을 가져다 심어 본 결과 우리나라에 적응하여 잘 자라는 몇 안 되는 나무 중 하나가 바로 튤립나무다.

아스라이 먼 옛날 약 1억 년 전인 백악기부터 지구상에 터를 잡아온 튤립나무는 외모에도 특별함이 있다. 긴 잎자루에 어른 손바닥만 한 커다란 잎은 갸름하고 톱니가 있는 평범한 나무와는 전혀 다르다. 잎의 끝 부분은 직선, 가장자리는 간단한 곡선으로 처리하여 소박한 단순미가 그의 매력이다. 줄기는 회백색으로 세로로 골이 지면서 조각조각 갈라지고 훌쩍 큰 키에 독특한 잎과 원뿔형의 아름다운 자태를 뽐낸다. 공해에 강하고 병충해가 거의 없으며 전국 어디에서나 심을 수 있고, 가을이면 노란 단풍이 운치를 더한다. 그래서 이역만리 고향 땅을 까맣게 잊어버릴 만큼 사람들의 사랑을 받고 있다.

버즘나무과
학명: *Platanus occidentalis*
영명: Platanus, American Sycamore, Oriental Plane
일본명: セイヨウスズカケノキ
중국명: 美国梧桐
북한명: 방울나무

플라타너스 (버즘나무)

가로수로
심는
나무

꿈을 아느냐 네게 물으면

플라타너스

너의 머리는 어느덧 파아란 하늘에 젖어 있다

너는 사모할 줄을 모르나

플라타너스

너는 네게 있는 것으로 그늘을 늘인다

먼 길에 올 제

호올로 되어 외로울 제

플라타너스

너는 그 길을 나와 같이 걸었다

이제 너의 뿌리 깊이

영혼을 불어넣고 가도 좋으련만

플라타너스

나는 너와 함께 신(神)이 아니다!

수고로운 우리의 길이 다하는 어느 날

플라타너스

너를 맞아줄 검은 흙이 먼 곳에 따로이 있느냐?

◀ 커다란 잎과 긴 열매대궁에 달린 동그란 열매가 특징인 플라타너스 (2004.06.04. 대구)

겨울 하늘을 배경으로 열매가 작은 방울을 매단 듯 달려 있다. 북한 이름은 아예 방울나무다
(2004.02.18. 대구)

나는 오직 너를 지켜 네 이웃이 되고 싶을 뿐
그곳은 아름다운 별과 나의 사랑하는 창(窓)이 열린 길이다

　1913~1975년에 걸쳐 한국 현대사의 격동기를 살다 간 서정시인 김현승의 〈플라타너스〉다. 이국적인 나무이면서도 우리에게 친숙해져 버린 플라타너스를 그는 의인화시켰다. 그리고 삶에 대한 외로움과 슬픔을 나무에 얹어두고 영원한 사랑을 노래하고 있다.
　플라타너스는 1910년경 미국에서 들여온 수입나무지만 신작로의 가로수로 심어 우리 가까이서 살고 있다. 사실 머나먼 태곳적에

는 우리 땅에서도 자랐다고 한다. 중생대 백악기 층에서 플라타너스 화석이 발견된 것이다.[8]

플라타너스는 가로수를 위하여 태어난 나무라고 해도 과언이 아니다. 우선 공해에 강해 자동차 매연이 심한 곳에서도 잘 자란다. 넓적한 잎은 시끄러운 소리를 줄여주는 방음나무의 역할과 함께 한여름의 따가운 햇볕을 가려준다. 그래서 벌써 기원전 5세기경 그리스에서는 가로수로 플라타너스를 심었다고 한다. 지금은 영국 런던을 비롯한 세계의 이름난 대도시의 가로수로 플라타너스는 빠지지 않는다. 한때 잎 뒷면에 난 털이 기관지 알레르기를 일으킨다고 하여 말썽이 되기도 했고, 아주 최근에는 '이소프렌'이란 물질을 많이 배출하여 공기 중의 오존을 증가시킨다는 보고도 있었다. 하지만 이런 이야기는 일부 학자들의 주장일 뿐 플라타너스의 넓은 잎은 오염된 공기를 정화하는 능력이 다른 어떤 나무보다 뛰어난 것으로 알려져 있다.

플라타너스(Platanus)의 공식적인 우리 이름은 '버즘나무'다. 처음 우리나라에 들어온 나무의 껍질을 보고 학자들은 쉽게 버즘을 연상했다. 가난하던 개화기 시절의 어린아이들은 머리를 빡빡 깎고 다녔다. 그런데 영양이 부족하여 흔히 마른버짐(버즘)이 얼룩덜룩 생기는 경우가 흔했다. 플라타너스의 껍질은 갈색으로 갈라져 큼지막한 비늘처럼 떨어지고, 떨어진 자국은 회갈색으로 남아서 마치 버짐을 보는 듯했다. 서양 사람들은 에델바이스니 물망초니 하는 낭만적인 식물 이름이 많은데, 우리는 하필이면 아름다운 나무에 지저분한 피부병을 상징하는 이름을 붙였느냐고 사람들은 불평

한다. 차라리 영어 이름인 플라타너스를 그대로 쓰자는 의견도 많다. 북한은 낙엽 진 겨울날 기다란 끈에 방울처럼 대롱대롱 매달려 있는 동그란 열매의 특징을 살려 '방울나무'란 아름다운 이름을 붙였다.

플라타너스는 아름드리로 자라는 나무이므로 세월이 지나면 가로수로서는 주체할 수 없을 만큼 커진다. 그래서 관리의 편의를 위하여 가을이면 마치 몽둥이를 세워놓은 것처럼 일정한 높이로 잘라 버린다. 그러나 이러한 모습은 겨울의 을씨년스런 풍경과 함께 삭막하고 섬뜩한 느낌마저 들게 한다. 흔히 보는 몽당비 플라타너스와는 달리, 경부고속도로 청주IC에서 청주 시내로 들어가는 국도에는 가지를 잘라내지 않은 플라타너스가 터널을 만들어놓아 여름 내내 시원함을 더하고 있다.

플라타너스는 미국과 캐나다가 고향인 갈잎 큰 나무로 원산지에

종묘와 창경궁 사이의 육교에서 내려다본 가을 플라타너스 가로수 (2006.11.13.)

서는 지름이 몇 아름에 이르기도 한다. 잎은 손바닥 넓이만큼 크며 꼭지 쪽이 3~5개로 갈라지고, 잎자루는 반 뼘이나 될 만큼 길다. 잎자루와 나뭇가지가 붙은 자리에는 앙증맞고 귀엽게 생긴 작디작은 잎(턱잎)이 또 달려 있는 것이 특징이다. 암꽃과 수꽃이 5월경 한 나무에 피며, 암꽃은 가지 꼭대기에 달린다. 열매는 기다란 대궁에 한 개씩 열리며 뽕나무의 오디처럼 생긴 씨가 다닥다닥 붙어 있다. 탁구공보다 약간 작은 크기로 10월이면 익어서 이듬해 봄까지 나무에 달려 있다.

우리가 흔히 플라타너스(버즘나무)라고 부르는 나무에는 진짜 버즘나무와 양버즘나무 두 종류가 있다. 최근에는 단풍버즘나무도 들어와 있다. 버즘나무는 열매가 한 대궁에 2~3개씩 열리고 잎이 깊게 갈라지며, 양버즘나무는 한 대궁에 열매가 한 개씩 열리고 잎이 깊게 패지 않는다. 우리 주변에서 흔히 만나는 것은 거의가 양버즘나무다.

활짝 핀 회화나무 꽃(2004.07.31. 대구)

콩과
학명 : *Sophora japonica*
영명 : Chinese Scholar Tree, Japanese Pagoda Tree
일본명 : エンジュ槐
중국명 : 槐, 槐树
한자명 : 槐木, 槐花樹

회화나무

회화나무는 더위가 기승을 부리는 한여름에 나비모양의 연노랑 꽃을 나무 가득히 피운다. 일제히 피는 것이 아니라 조금씩 시간차를 두고 한쪽은 꽃이 피어나고 있고, 일부는 살랑바람에도 후드득후드득 떨어져 나무 아래에 두툼한 꽃덮개를 만들어놓는다.

회화나무 꽃은 그냥 꽃이 아니다. 10~25퍼센트에 이르는 '루틴(rutin)'이란 황색색소로 무장하고 있다. 루틴은 특히 종이를 노랗게 물들이는 천연염색제로 쓰인다. 또 모세혈관의 강화작용을 도와 뇌출혈 예방에 효과가 있고, 고혈압 약을 만드는 원료로 쓰이기도 한다.

중국이 고향인 회화나무는 상서로운 나무로 생각하여 중국인들도 매우 귀하게 여겼다. 회화나무를 문 앞에 심어두면 잡귀신의 접근을 막아 그 집안이 내내 평안할 수 있다고 알려져 있다.

옛날 중국 궁궐 건축은 주나라의 관제를 기록한 《주례(周禮)》[9]에 따랐다. 여기에는 '면삼삼괴삼공위언(面三三槐三公位焉)'이라 하여 회화나무 세 그루를 심는 것을 원칙으로 했다. 즉 궁궐의 외조(外朝)는 왕이 삼공과 고경대부 및 여러 관료와 귀족들을 만나는 장소인데, 이 중 영의정, 좌의정, 우의정의 삼공자리에는 회화나무를 심어 특석임을 나타내는 표지로 삼았다는 것이다. 창덕궁의 돈화문 안에

〈사인시음도(士人詩吟圖)〉, 강희언, 18C 중반, 26x21cm, 개인소장
강희언의 사인삼경도(士人三景圖) 중 아회도의 하나다. 겹잎을 가진 큰 가지가 밑으로 약간 처져 있으며, 햇빛에 반사된 세로 부분 이외의 줄기를 검게 처리한 특징으로 보아 회화나무임을 알 수 있다. 여섯 명의 선비가 모여 사색을 하거나 그림을 그리는 다른 선비를 구경하면서 한가로운 시간을 보내고 있다. 배경이 생략되었지만 양반마을이나 서원 앞으로 보인다.

염주를 꿰어 달아둔 것 같은 특별한 모양의 회화나무 열매(2002.09.07. 서천)

있는 세 그루의 회화나무는 바로 외조에 해당하는 곳이다. 회화나무는 이렇게 꼭 외조의 장소만이 아니라 궁궐 안에 흔히 심었고, 고위 관직의 품위를 나타내는 뜻으로 사용되기도 했다. 벼슬을 그만두고 낙향하여 만년을 보내는 고향 땅에도 회화나무 심기를 즐겨했다.

다른 이름으로는 '학자수(學者樹)'가 있으며, 영어 이름도 같은 의미인 '스칼러 트리(scholar tree)'다. 나무의 가지 뻗은 모양이 멋대로 자라 '학자의 기개를 상징한다'라는 풀이도 있다. 반대로 아무 곳이나 이익이 있는 곳에는 가지를 뻗어대는 곡학아세(曲學阿世)를 대표하는 나무라는 해석을 내놓기도 한다. 어쨌든 옛 선비들이 이사를 가면 마을 입구에 먼저 회화나무를 심어 '학문을 게을리 하지 않는 선비가 사는 곳'임을 만천하에 천명했다. 더불어 뒷산에는 기름을 짤 수 있는 쉬나무를 심어 불을 밝히고 글을 읽는 것을 자랑으로 삼

'주례(周禮)'에 따라 창덕궁 돈화문 안쪽에 심은 회화나무 고목(2007.10.25. 천연기념물 472호)

앞다. 이렇게 회화나무는 여러 이유로 궁궐은 물론 서원, 문묘, 이름난 양반 마을의 지킴이 나무로 흔히 만난다.

한자로는 '괴목(槐木)'이라 하고 그 꽃을 '괴화'라고 하는데, 괴의 중국 발음이 '회'이므로 회화나무, 혹은 회나무가 되었다고 전해진다. 그러나 느티나무도 괴목이라고 쓰는 경우가 많아 옛 문헌에 나오는 괴가 회화나무인지 느티나무인지는 앞뒤 관계로 판단하는 수밖에 없다.

회화나무는 전국 어디에서나 심고 있으며 키 20미터 이상, 줄기 둘레가 네댓 아름에 이르는 큰 나무다. 네 그루의 천연기념물과 320여 그루의 보호수 고목나무가 있으며, 느티나무, 팽나무, 은행나무와 함께 오래 살고 크게 자라는 나무로 유명하다. 《제민요술(齊民要術)》[10]에는 회화나무를 올바르게 키우는 방법을 이렇게 적고 있다. "삼 씨와 회화나무 씨를 같이 섞어 심으면 곧게 자라는 삼을 따라 회화나무도 같이 곧바로 자란다"라는 것이다. 삼을 베어 버리면 회화나무만 남게 된다. 이렇게 묘목을 만들어 필요한 곳에 옮겨 심는다. 지금 본받아도 좋을 만큼 기발한 착상이다.

줄기는 회갈색으로 세로로 깊게 갈라지고 어린 가지가 녹색인 것이 특징이다. 잎은 아까시나무와 아주 비슷하게 생겼고, 끝이 점점 좁아져서 뾰족해지는 작은 잎이 10~15개가 모여 겹잎을 이룬다. 꽃은 가지 끝에 여러 개의 원뿔모양의 꽃대에 피며, 곧이어서 염주를 몇 개씩 이어놓은 것 같은 독특한 열매가 열린다.

《동의보감》에는 "회화나무 열매, 가지, 속껍질, 꽃, 진, 나무에 생기는 버섯까지 모두 약으로 쓴다"라고 했다. 회화나무 목재는 재질이 느티나무와 비슷하여 기둥과 가구재 등으로 쓸 수 있다. 두 나무를 다 같이 '괴(槐)'로 쓴 것은 이렇게 재질이나 쓰임이 비슷한 이유도 있다.

섬마을의 당산나무로 보호된 진도 관매도의 천연기념물 212호 후박나무(2008.04.04.)

녹나무과
학명 : *Machilus thunbergii*
영명 : Machilus, Thunbergii Camphor
일본명 : タブノキ椨の木
중국명 : 紅楠
한자명 : 厚朴

후박나무

후박나무는 인정이 두텁고 거짓이 없음을 나타낼 때 쓰는 '후박하다'에서 연유한 것으로 짐작되고 있다. 까다롭지 않고 잘 자라며, 나무의 바깥모양이 너그럽고 편안해 보이니 후박한 옛 시골 인심을 연상하기에 충분하다.

나무껍질은 '후박피(厚朴皮)'라 하여 한약재로 애용되었다. 한약재는 중국의 약재를 그대로 쓰는 경우가 많으나, 후박나무만은 우리나라가 개발하여 사용한 토종 향약(鄕藥)이다. 세종 12년(1429)에 중국 의사 주영중이 우리나라 향약을 검사한 결과 "합격된 약재는 후박 등 10가지다"라고 하는 《조선왕조실록》의 기록 등이 이를 뒷받침하고 있다. 《동의보감》에 후박껍질은 "배가 부르고 끓으면서 소리가 나는 것, 체하고 소화가 잘 안 되는 것을 낫게 하며 위장을 따뜻하게 하여 장의 기능을 좋게 한다. 또 설사와 이질 및 구역질을 낫게 한다"라고 하여 위장병을 다스리는 대표적인 약재로 쓰였다.

건강식품의 광풍이 몰아치고 있는 요즈음 약이 되는 후박나무는 수난의 한가운데에 있을 수밖에 없다. 한때 숲속의 후박나무는 껍질이 홀랑 벗겨지는 극형을 받고 죽어 갔다. 해인사 팔만대장경판의 상당수가 후박나무로 만들어진 것으로 보아 옛날에는 아름드리 나무가 꽤 있었을 것이나 지금은 천연기념물로 지정된 나무를 제

후박나무는 붉은 열매대궁이 특징이다. 열매는 아직 조금 설익었다(2008.08.16. 장흥)

외하면, 큰 후박나무를 구경하기가 어려운 실정이다. 그래도 후박나무의 생명력은 대단하다. 남해안과 섬 지방에 이르는 난대림은 자연 그대로 방치해두면 결국 후박나무 숲이 되어 버린다. 육지의 숲이 나중에는 참나무나 서어나무 숲이 되는 것과 마찬가지다.

일부 울릉도 주민들은 유명한 호박엿이 옛날에는 '후박 엿'이었다고 이야기한다. 옛날에는 후박 껍질을 넣어 약용으로 후박 엿을 만들어 먹었는데, 언제부터인가 호박엿이 되었다는 것이다. 만약 '울릉도 후박 엿'으로 계속 전해졌다면 울릉도에서 후박나무 구경이 어려울 뻔했으니 호박엿으로 변한 것이 천만다행이다.

후박나무는 남해안, 울릉도, 제주도 및 남쪽 섬 지방에서 만날 수 있는 늘푸른 큰 나무다. 아름드리로 자라며 동구 밖 정자나무에서부터 마을 뒷산까지 흔히 만날 수 있는 나무 중 하나다. 아무리 굵어져도 회갈색의 나무껍질은 흉하게 갈라지지 않고 매끈한 모양을 그대로 유지한다. 아기 손바닥만 한 잎은 짧은 잎자루를 가지며, 두껍고 윤기가 자르르하여 맑은 날에는 햇빛에 반짝인다. 가장자리에 톱니도 없어서 언뜻 보면 감나무 잎처럼 생겼다. 꽃은 원뿔모양으로 잎겨드랑이에 나며, 황록색의 암꽃과 수꽃이 따로 핀다. 열매가 열리는 대궁은 빨갛게 되며, 굵은 콩알만 한 열매는 다음해 7월에 보랏빛이 조금 섞인 검은빛으로 익는다.

  일부 조경업자들이 일본목련을 후박나무라고 이름을 붙이는 바람에 지금도 일본목련을 후박나무로 알고 있는 경우가 흔히 있다. 그러나 둘은 전혀 별개의 나무다.

솔방울 모양의 긴 타원형 열매가 익어 가고 있다(2006.11.04. 경북대)

소나무과
학명: *Cedrus deodara*
영명: Deodar Cedar, Hymalaya Cedar
일본명: ヒマラヤシダ
중국명: 雪松
북한명: 설송

히말라야시다

히말라야시다는 이름 그대로 세계의 지붕인 히말라야산맥이 고향인 나무다. 대체로 히말라야라고 하면 눈 덮인 만년 빙하를 상상하기 쉽지만 산맥의 끝자락은 습하고 따뜻한 아열대에 가까운 지역이 많다. 인도에서는 서북쪽의 따뜻한 땅에 수만 년 전부터 둥지를 틀었다. 원산지에서는 대부분의 바늘잎나무가 그러하듯, 무리를 이루어 자기들끼리 숲을 만든다. 원산지에서의 이 나무는 임신이 잘되고, 많은 아이를 낳을 수 있는 신통한 힘이 있다고 믿는다. 큰 히말라야시다 밑에서 양을 잡아 제물을 바치고 주술을 외우기도 했다.

　나무 하나하나에는 땅에 거의 닿을 듯이 아래로 늘어진 가지가 사방으로 길게 뻗어 있으며, 위로 갈수록 차츰 짧아져서 전체적으로 원뿔모양의 아름다운 자태를 만든다. 히말라야시다는 자연 상태 그대로도 충분히 아름다운 '자연미인'일 뿐만 아니라 사람들이 가지를 마음대로 잘라주어도 별 탈 없이 다시 가지를 뻗고 잎을 내밀어 원하는 모양을 만드는 특징이 있다. 심하게는 가지 몇 개만 남겨놓고 푸들 강아지처럼 동글동글 잘라주어도 그대로 잘 참고 자란다. 이런 나무의 특성은 고향인 인도에서만 사랑을 받는 것이 아니라 정원수로서 추운 지방을 제외하면 세계 어디에서나 심고 가

가로수로
심는
나무

둘레가 두 아름이 넘는 성주 벽진초등학교 운동장에 있는 히말라야시다. 80~90살로서 우리나라에서 가장 오래되었다(2010.07.24.).

우리
나무의
세계

꿀 수 있는 나무라는 것이다. 일본인들은 자기네들 나무인 '금송(金松)'과 '아라우카리아(araucaria)'라는 열대지방의 바늘잎나무, 그리고 히말라야시다를 세계 3대 '미수(美樹)'라 부르기도 한다. 우리나라에는 1930년경에 수입되어 대전 이남의 따뜻한 지방에서 주로 심고 있다. 물론 지금은 서울에서도 충분히 자란다.

　대구의 동대구로에 심은 히말라야시다는 우리나라에서 가장 잘 가꾸어 놓은 곳으로 유명하다. 박정희 정권 시절, 대통령이 이 나무를 좋아한다고 알려지자 그때 처음 조성된 동대구로에 가로수로 심어 오늘날의 히말라야시다 거리로 만들었다. 그러나 최근 나무가 크게 자라면서 바람에 잘 버티지 못하고 큰 덩치가 맥없이 넘어져 버리는 경우가 많다. 가장 큰 원인은 천근성(淺根性) 나무로 뿌리가 옆으로만 뻗고 깊이 들어가지 않기 때문이다. 원산지에서야 무리 지어 자라므로 설령 센바람이 분다고 해도 서로 의지하여 잘 버

꼿꼿하게 서 있는 히말라야시다 수꽃(2005.11.05. 대구)

터 주고, 원뿔형의 나무 모양은 무게중심이 거의 땅에 있어서 뿌리가 얕아도 별다른 문제가 없다.

하지만 가로수로 심은 히말라야시다는 통행하는 자동차나 사람에게 방해가 되지 않도록 아래쪽 가지를 자꾸 잘라버려 무게중심을 잡지 못한다. 게다가 집단 자람의 특성도 무시하고 한 나무씩 심어두었으니 바람에 버틸 힘도 없다. 궁여지책으로 긴 쇠파이프 말뚝으로 받침대를 만들어주었지만 미관상으로도 안 좋고 태풍이라도 지나갈 때면 사람들의 애간장을 태운다. 아무리 인위적으로 관리해주는 가로수라도 자기가 자라던 상태 그대로 가장 가까운 모양을 유지해야만 잘 자랄 수 있다는 평범한 진리를 지켜주지 않은 탓이다. 한마디로 말하면 가로수로서 히말라야시다는 적당하지 않다.

히말라야시다는 늘푸른 바늘잎 큰 나무로 키 30미터, 지름이 두세 아름에 이를 수 있는 큰 나무다. 나무껍질은 회갈색이고 얇은 조

가로수로 가장 먼저 심은 대구 동대구로의 히말라야시다(2007.11.18)

각으로 벗겨진다. 잎은 짧은 가지에서는 모여나기로 달리고 새 가지에서는 한 개씩 달리며, 손가락 두 마디 길이 정도의 바늘잎이다. 잎이 달리는 모양은 언뜻 보면 잎갈나무와 비슷하여 다른 이름은 '개잎갈나무'다. 꽃은 암수 한 나무로 늦가을에서부터 초겨울에 걸쳐 피며, 특히 새끼손가락만 한 수꽃은 빳빳이 위를 향하여 핀다. 수컷을 상징하는 것 같아 약간 에로틱해 보이기도 한다. 노란 꽃가루가 바람에 날려서 수정되는 풍매화로서, 꽃이 필 때가 되면 나무 근처에 세워둔 자동차 보닛에 꽃가루가 노랗게 쌓인다. 암꽃은 연한 보랏빛으로 피는데, 짧은 가지에 달리며 너무 작아서 찾아내기가 쉽지 않다. 수정된 암꽃은 이듬해 가을에 회갈색으로 익는다. 솔방울은 타원형이며 당당히 하늘을 향해 붙어 있고, 익으면 비늘이 벌어져 씨가 떨어진다.

1 《신증동국여지승람》: 중종 25년(1530)에 완성한 조선시대의 인문지리서.

2 《나무백과(3)》, 1988, 임경빈, 일지사.

3 《의림촬요》: 조선 중기인 명종~선조 대에 걸쳐 임금의 주치의를 지낸 양예수(?~1597)가 저술한 의서.

4 《자채기》: 중국 명나라 극작가인 탕현조(湯顯祖, 1550~1617)의 대표적인 작품.

5 《조선왕비실록》, 2007, 신명호, 역사의 아침.

6 《나무에 새겨진 팔만대장경의 비밀》, 2007, 박상진, 김영사.

7 《청장관전서》: 조선 후기 학자 이덕무의 저술 총서로 정조 19년(1795)에 간행.

8 《한반도 식생사》, 2003, 공우석, 아카넷.

9 《주례》: 중국 주나라 때의 관제를 기록한 책으로 주공(BC 12세기)이 편찬했다고 함.

10 《제민요술》: 6세기 초에 간행된 중국의 가장 오래된 종합 농업기술서.

정원수로 가꾸는 나무 1부

개비자나무 / 광나무 / 쥐똥나무 / 괴불나무 / 굴거리나무 / 금송 / 꽝꽝나무 / 나도밤나무 / 남천 / 노박덩굴 / 다정큼나무 / 담쟁이덩굴 / 돈나무 / 마삭줄 / 목서 / 반송 / 처진소나무 / 백량금 / 금우 / 비목나무 / 사스레피나무 / 사철나무 / 송악 / 위성류 / 작살나무 / 주목 / 팔손이나무 / 피라칸다 / 측백나무 / 호랑가시나무 / 화살나무 / 회양목

작은 무리를 이루어 큰 나무 밑에 자라는 개비자나무(2010.04.21. 대구 팔공산)

개비자나무과

학명: *Cephalotaxus koreana*
영명: Japanese Plum Yew
일본명: イヌガヤ犬榧
중국명: 粗榧
한자명: 朝鮮粗榧
북한명: 좀비자나무

개비자나무

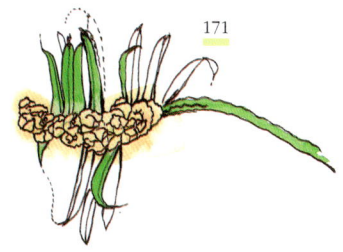

개는 약 1만 년 전부터 사람 곁에서 함께 살아왔다고 한다. 우리는 흔히 개를 말할 때 충견(忠犬)이라는 표현을 쓴다. 말 그대로 결코 주인을 배신하지 않는 동물로 사랑을 받았다. 동양에서는 12간지의 열한 번째 동물인 개와 사람에 얽힌 아름다운 이야기들이 있어 우리의 가슴을 뭉클하게 한다.

그러나 어떤 사물에 '개'라는 접두어가 붙기만 하면 격이 떨어지는 부정적인 이미지로 변해버린다. 나무도 마찬가지다. 많은 쓰임새 때문에 나무나라에 널리 알려진 비자나무와 생김새가 닮았으나, 개비자나무는 쓰임의 가치가 비자나무에 훨씬 미치지 못하다는 뜻이 들어 있다. 개비자나무로서야 살아가는 방식이 비자나무와 다를 뿐 서로 비교하는 것 자체가 못마땅할 터다.

개비자나무는 한반도의 허리, 대체로 휴전선 이남의 숲속 그늘에서 주로 자라는 자그마한 나무다. 흔히 볼 수 있는 크기는 키 3미터 정도의 늘푸른 바늘잎나무다. 우리나라에서 가장 큰 개비자나무는 천연기념물 504호로 지정된 수원 융릉에 있는 개비자나무다. 셋으로 갈라져 자라며 가장 굵은 줄기는 둘레 80센티미터, 키 4미터 정도 된다.

숲속의 개비자나무는 햇빛을 그렇게 많이 필요로 하지 않으므로

정원수로 가꾸는 나무

연한 노란빛의 개비자나무 수꽃(2010.04.24. 무주)

키 큰 갈잎나무 아래에서 주로 자란다. 특히 습기가 많은 숲의 가장자리나 계곡을 좋아한다. 숲속의 푸름에 묻혀버리는 여름날에는 개비자나무를 찾아내기가 어렵다. 낙엽이 진 겨울 숲이라야 쉽게 눈에 띈다.

개비자나무는 나무 밑의 약한 빛을 효과적으로 이용하기 위하여 많은 잎이 달린 가지를 돌려나기 하면서 옆으로 뻗는다. 더욱이 새로 나온 가지는 잎과 마찬가지로 초록색을 그대로 가지고 있어서 햇빛이 부족한 곳에서 광합성에 조금이라도 도움을 주기 위해 설계된 것이라고 짐작된다. 잎은 좁고 납작한 선형(線形)이다. 비슷한 잎을 가진 주목이나 비자나무보다 조금 넓고 길다. 끝이 뾰족하나 전체적으로는 잎이 딱딱하지 않고 부드러우며, 뒷면에는 숨구멍이 있어서 하얗게 보인다. 잎은 어긋나기로 달리는데, 위에서 내려다보면 날개를 펴고 있는 것 같은 '비(非)'자 모양이다.

말랑말랑한 육질을 가진 주홍빛 열매(1999.09.05. 완도 보길도)

또한 암수가 다른 나무로 봄에 꽃이 핀다. 암꽃은 작은 가지 끝에 거의 초록빛으로 2~3개씩 달리며, 수꽃은 연한 노란빛으로 잎겨드랑이에 6~9개가 모여 아래로 달린다. 열매는 새끼손가락 첫마디 크기에 둥글며, 꽃이 핀 다음해 8~9월에 주홍빛으로 익는다. 한 개의 씨가 들어 있고, 주위에는 약간 단맛이 나는 육질로 둘러싸여 있다. 씨는 기름 성분을 많이 포함하고 있으나, 냄새가 나므로 옛날에는 식용보다 등유나 기계유 등으로 사용했다.

비자나무와 비슷하지만 잎이 더 크고 뒷면의 숨구멍이 하얗게 보이며, 손바닥을 펴서 잎의 끝을 눌러 보았을 때 찌르지 않고 부드러운 것이 차이점이다. 추위에 비교적 강하므로 늘푸른나무가 적은 중부지방의 정원수로 관심을 가져볼 만하다. 담벼락 밑 그늘진 곳에 한 그루쯤 심어두면 자칫 삭막해지기 쉬운 겨울날의 정원이 한층 풍요로워질 것이다.

물푸레나무과
학명: *Ligustrum japonicum*
영명: Japanese Privet
일본명: ネズミモチ 鼠黐
중국명: 金森女贞, 日本女贞
한자명: 女貞木, 楨, 四節木
북한명: 푸른검정알나무

광나무

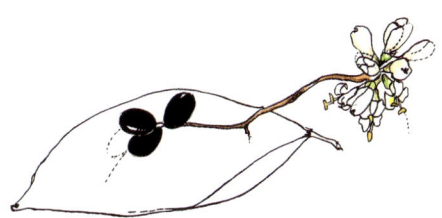

광나무는 중북부지방에서는 잘 만날 수 없는 남쪽 나무로 남해안에서부터 섬 지방을 거쳐 제주도까지 자연 상태로 야산에서 흔히 만날 수 있으며, 정원수로 심기도 한다. 광나무란 이름은 우리가 흔히 쓰는 '광나다'란 말처럼 빛이나 윤이 난다는 의미로 짐작된다. 늘푸른나무로 손가락 세 개 정도 크기의 잎은 도톰하고 표면에 왁스 성분이 많아서 햇빛에서 볼 때는 정말 광이 난다. 아마도 제주도 방언인 '꽝낭'을 참고하여 표준이름을 정한 것 같다.

정원수로 가꾸는 나무

광나무는 내게도 키 4~5미터 정도에 외줄기로 곧바로 자라며, 여름에는 원뿔모양의 꽃차례에 꽃을 잔뜩 피운다. 초록 잎과 대비되는 하얀 꽃이 나무 전체를 뒤덮고 있는 모습은 여름 광나무의 또 다른 매력이다. 곧 이어서 작은 열매가 열리는데, 처음에는 초록색이었다가 가을이 되면서 진한 흑자색으로 익는다. 생김새는 영락없는 쥐똥이다. 쥐똥을 본 적이 없는 젊은이들이라면 콩자반에 쓰이는 까만 콩을 연상하면 된다. 물론 광나무 열매는 원형이 아니고 타원형이다.

쥐똥모양의 열매가 열리는 나무는 겨울에 낙엽이 지는 쥐똥나무와 늘푸른 잎을 달고 있는 광나무다. 둘은 이렇게 살아가는 방식이

◀초여름에 원뿔모양의 긴 꽃차례에 흰 꽃이 잔뜩 핀다 (2010.06.11. 해남)

전혀 다르지만, 열매는 서로 구별이 안 될 만큼 닮아 있고 촌수가 아주 가까운 형제나무다. 그래서 이름을 처음 정할 때 둘 다 쥐똥나무라고 할 수 없으니 하나는 광나무란 다른 이름을 붙인 것이다. 재미있는 것은 일본 사람들이다. 광나무를 쥐똥모양의 열매와 감탕나무를 닮은 잎 모양을 가졌다고 하여 '쥐똥감탕나무'라 하고, 우리의 쥐똥나무에는 쥐똥이 아닌 '사마귀를 떼어 내는 나무'란 뜻의 다른 이름을 붙인 것이다.

광나무 열매는 밀랑밀링한 육질로 둘러싸여 있으며, 속에 씨가 있는 장과(漿果)로 '여정실(女貞實)'이라고 한다. 이 열매는 민간약으로 간과 신장 기능을 좋게 한다고 알려져 있다. 여정이란 이름 때문에 특히 여자에게 좋다는 이야기가 있으나 별다른 근거가 있는 것 같지는 않다.

2008년 12월 5일, SBS의 '출발 모닝와이드'라는 프로를 시청하

타원형의 도톰한 늘푸른 잎사귀를 배경으로 까만 열매가 눈에 띈다(2006.12.05. 남해 다정리)

고 있었다. 프로그램 내용 중 광나무 잎과 열매를 삶으면 바닷물 평균 염도인 3.5의 약 3분의 1이나 되는 염분을 얻을 수 있으며, 말려서 가루를 내면 소금대용으로도 쓸 수 있다는 소금나무로 광나무를 소개하고 있었다. 과연 그럴까? 나는 아직 이와 관련된 권위 있는 기관의 실험결과를 갖고 있지 않기 때문에 무어라 말하기는 어렵다. 그러나 광나무가 소금성분을 가장 많이 함유하고 있고, 죽은 뒤에도 좀처럼 나무가 썩지 않는다는 주장에는 동의하기 어렵다. 다른 나무보다 광나무에 소금성분이 많다는 문헌은 아직 본 적이 없으며, 설령 소금성분이 조금 더 들어 있다고 해도 썩고 안 썩는데 영향을 미칠 만큼 많은 양은 아니기 때문이다.

　광나무와 아주 닮은 제주광나무(당광나무)가 있다. 광나무보다 키도 더 크고 굵기도 더 굵게 자라며, 잎이 둥글고 열매도 광나무보다 더 둥글다. 정원수로 심는 나무 중에 키가 훌쩍 커 보이는 광나무는 대부분 제주광나무다. 최근에는 가로수로 광나무를 흔히 심으며, 온난화의 영향으로 중부지방에서도 아무런 문제없이 겨울을 잘 넘기는 경우가 많다.

물푸레나무과
학명: *Ligustrum obtusifolium*
영명: Ibota Privet
일본명: イボタノキ疣取木
중국명: 水蜡树
한자명: 女貞, 水蠟樹, 楔木
북한명: 검정알나무

쥐똥나무

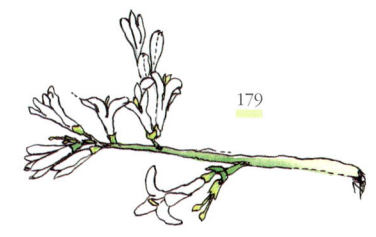

쥐똥나무는 사람 키보다 조금 더 큰 자그마한 낙엽수로 우리나라 어디에서나 잘 자란다. 갸름한 잎은 손가락 한두 마디 정도의 적당한 길이에 서로 마주보고 달린다. 이 나무의 가장 큰 특징은 나뭇가지의 강인한 생명력에 있다. 주로 산울타리로 심는데, 변덕스런 사람들이 이리저리 마음 내키는 대로 잘라대도 끊임없이 새싹을 내민다. 나무와 나무 사이에는 왕성한 가지 뻗음으로 빈틈 없이 항상 자리 메움을 한다. 그래서 울타리에 쓰는 나무로서는 다른 어떤 나무도 따라갈 수 없는 왕좌의 자리를 지키고 있다. 공해에도 별로 개의치 않으며, 바닷가에서 소금바람이 잠깐 몰려와도 잘 견딘다. 이처럼 비록 타고난 덩치는 작지만 적응력이 매우 높은 나무다. 겨울이 그렇게 춥지 않으면 푸른 잎사귀 몇 개씩을 달고 반 상록 상태로 봄을 맞는다. 광나무와 함께 남쪽이 고향인 나무라 상록의 성질이 조금 남아 있는 탓이라고 한다.

정원수로 가꾸는 나무

  봄의 끝자락인 5월 말이면 손톱 크기 남짓한 새하얀 작은 꽃들이 원뿔모양의 꽃차례에 달린다. 작은 종모양의 꽃은 녹색의 잎 사이를 헤집고 새하얀 얼굴을 내민다. 화려함보다는 청초하고 귀여운 꽃이다. 꽃은 그 해에 새로 돋는 초록색 가지 끝에서 핀다. 흰

◀꽃대를 길게 뽑아 하얀 꽃을 피운다(2010.06.14. 전주)

쥐똥모양의 새까만 열매가 겨울까지도 달려 있다(2002.12.27. 청주)

꽃이 지고 난 후에는 초록색의 열매가 열리는데, 차츰 검은 보랏빛을 거쳐 깊어 가는 가을과 함께 새까맣게 익는다. 이 열매는 색깔이나 크기, 모양까지 쥐의 배설물과 너무나 닮아서 '쥐똥나무'라는 이름이 붙여졌다. 왜 하필이면 사람들이 가장 싫어하는 쥐, 그것도 모자라 쥐똥에 비유하였느냐고 이름에 대한 비판이 많다.

우리나라의 식물 이름에도 물푸레나무, 수수꽃다리, 까마귀베개 등 찾아보면 아름다운 이름이 얼마든지 있으니 실망할 필요는 없다. 그래도 쥐똥나무는 좀 문제가 있다. 이름 자체만으로도 충분히 혐오감을 준다. 또 주거 환경이 아파트로 변하면서 쥐똥을 본 젊은 이들이 거의 없어서 이름과 열매의 특징을 잘 연결 짓지 못한다. 북한에서는 쥐똥과 비유한 우리와는 달리 흑진주를 연상하여 순우리말인 '검정알나무'라는 아름다운 이름을 붙이고 있다.

쥐똥나무의 열매는 '수랍과(水蠟果)'라고 하여 햇빛에 말려 약재로

쥐똥나무는 울타리로 널리 심는다(2004.07.01. 대구)

쓴다. 강장, 지혈에는 물론 신체가 허약한 데도 쓴다고 한다. 광나무에도 있지만 주로 쥐똥나무에는 백랍벌레가 기생한다. 언뜻 보이 초파리 모양의 이 벌레는 가지 표면에 하얀 가루를 뒤덮어 놓는데, 이를 '백랍(白蠟)'이라 부른다. 이것으로 초를 만들면 다른 밀랍으로 만든 것보다 훨씬 더 밝고 촛농이 흘러내리지 않는다. 또《방약합편(方藥合編)》[1]에는 타박상에 쓴다고 하였으며,《향약집성방(鄕藥集成方)》[2]에는 불에 덴 데나 설사 등 여러 가지 약재로도 쓰인다고 했다. 그래서 옛 이름은 '백랍나무'라고도 한다. 일본인들은 쥐똥나무를 '사마귀를 떼어내는 나무'라고 한다. 백랍을 바르면 사마귀가 떨어진다고 하여 붙인 이름이라 한다. 효과는 알 수 없지만 재미있는 이름이다.

붉고 둥글며 말랑말랑한 괴불나무 열매(2007.09.21. 광양)

인동과
학명 : *Lonicera maackii*
영명 : Amur honeysuckle, Bush honeysuckle
일본명 : ハナヒョウタンボク花瓢箪木
중국명 : 金银木, 金银忍冬, 王八骨头
한자명 : 金銀木, 鷄骨頭
북한명 : 아귀꽃나무

괴불나무

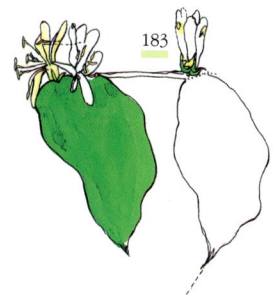

괴불나무는 아무 데서나 흔히 만날 수 있는 나무는 아니다. 그러나 마을 뒷산이나 야산의 언저리를 눈여겨보면 찾을 수 있다. 우리가 잘 아는 인동과(科)의 여러 나무들과는 형제간이다.

괴불나무는 타원형의 평범한 잎사귀를 가지고 있어서 푸름에 파묻혀 있을 때는 다른 나무와 구별하여 골라내기가 어렵다. 이 녀석이 제법 멀리서도 금방 눈에 들어오는 것은 여름날 빨간 열매가 열릴 때다. 푸름이 가시지 않은 싱싱한 잎사귀 사이의 곳곳에서 얼굴을 내미는 열매는 콩알만 한 크기이고, 대체로 쌍쌍이 마주보기로 열린다. 둘이 딱 붙어 있는 것은 아니지만, 사이좋게 아주 가까운 곳에서 나란하게 달려 있다. 꽃이 필 때의 쌍쌍이 모습 그대로다. 열매는 처음에는 파랗지만 익으면서 차츰 붉음이 진해지고 말랑말랑해진다. 껍질은 얇아서 햇빛이라도 비치면 속이 투명하게 느껴질 정도다. 어느 유행가 가사처럼 '만지면 톡 하고 터질 것'만 같다.

이런 모습들을 두고 옛사람들은 흔히 개불알과 연관시켰다. 꼭 모양이 닮았다기보다는 붉고 둥글며 말랑한 것을 대체로 여름날의 늘어진 개의 불알로 형상화한 것이다. 예를 들어 비슷한 시기에 피는 개불알꽃은 개불알 모양의 홍자색 꽃이 한 개씩 늘어져 핀다. 그래서 쌍을 이뤄 붉은 열매가 열리는 이 나무를 두고 사람들이 '개

우리
나무의
세계

〈쌍치도(雙雉圖)〉, 심사정, 1756년, 104.4x61.4cm, 개인소장

이른 봄 물가를 찾은 꿩 부부의 서로를 바라보는 눈이 무척 정겨워 보인다. 개울에 이은 절벽에는 잎이 나오지 않은 작은 나무에 연분홍 꽃이 피어 있다. 바로 산속에서 가장 일찍 꽃을 피우는 나무 중 하나인 올괴불나무다. 지금부터 생명이 움트는 봄날이 시작된다는 것을 그림을 통해서 알 수 있을 것 같다. 가정의 화목을 상징하는 꿩은 조선시대 그림에 흔히 등장하는 소재였다. 심사정의 또 다른 꿩 그림을 비롯하여 김홍도, 장승업 등의 꿩 그림도 있다.

처음에는 흰 꽃으로 피었다가 시간이 지나면 노란 꽃이 된다(2010.05.15. 경주)

'불알나무'라고 부르다가 점차 '괴불나무'로 변한 것으로 보인다. 제주도에서는 '개불낭'이라고 부르는데, 이 이름이 훨씬 직설적이고 알기도 쉽다. 열매는 장과로 수분이 많아 목마른 산새들의 좋은 먹이가 된다. 그러나 열매에 약하지만 독성이 있어 사람은 먹어서는 안 된다.

괴불나무는 갈잎나무로 키가 4~5미터, 때로는 그 이상까지 자라며 제법 나무의 모습을 갖추고 자란다. 꽃은 흰색으로 무리 지어 피고 향기가 있다. 처음에는 작은 방망이 모양의 꽃봉오리로 짝지어 기다리다가 활짝 피면 좁고 긴 꽃잎이 완전히 뒤로 젖혀지고 긴 암술대와 수술대 끝에는 노란 꽃밥이 얹혀 있어서 작은 나비가 살포시 앉아 있는 듯하다. 시간이 지나면서 흰 꽃은 차츰 노랗게 변한다. 인동덩굴도 마찬가지 모습으로 꽃이 핀다.

괴불나무 무리는 서로 구분이 매우 어려운데, 구별할 수 있는 특징이 있다. 가지의 골속이 비어 있고 꽃대가 아주 짧으면 괴불나무, 꽃대가 1~2센티미터에 달하는 길이면 각시괴불나무다. 가지의 골속이 차 있고 꽃자루에 꽃이 한 개씩 달리면 댕댕이나무, 꽃자루 하나에 꽃이 두 개씩 달리며 꽃이 잎보다 먼저 피고 연한 홍색이면 올괴불나무, 잎에 털이 전혀 없으면 청괴불나무 등이다.

굴거리나무

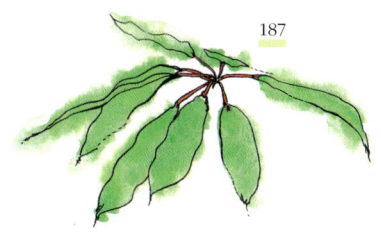

굴거리나무는 중북부지방 사람들에게는 잘 알려지지 않은 나무다. 주로 남해안에서부터 섬 지방을 거쳐 제주도에 이르는 난대지방에서 자라는 탓이다.

굴거리나무는 늘푸른나무로서 키 10여 미터, 지름이 10~30센티미터까지 자랄 수 있다. 울릉도 성인봉 부근의 원시림에 한 아름이 훨씬 넘는 굴거리나무가 있다는 암반 등반 전문가의 이야기를 들은 적이 있다. 그렇지만 우리가 흔히 만날 수 있는 굴거리나무는 팔목 굵기에 키가 3~4미터가 고작이나. 잎은 아기 손바닥만 한 넓이에

정원수로 가꾸는 나무

법정 스님의 목탁소리를 들으면서 자란 송광사 불일암의 굴거리나무(2010.06.30.)

겨울을 늘푸른 잎으로 그대로 넘긴 굴거리나무의 잎이 더욱 싱그럽다(2007.03.26. 정읍 내장산)

굴거리나무과
학명 : *Daphniphyllum macropodum*
영명 : Sloumi
일본명 : ユズリハ 譲葉
중국명 : 交让木
한자명 : 柯樹, 交讓木, 萬病草

길이가 20센티미터 남짓한 긴 타원형이고 두꺼우며 가지 끝에 방사상으로 모여 달린다. 잎 표면은 짙은 녹색이고 뒷면은 흰빛이 돈다. 손가락 길이만 한 잎자루는 언제나 붉은색을 띠는 것이 특징이다.

굴거리나무는 자람 터인 남부지방에서도 쉽게 만날 수 있는 나무는 아니다. 알려진 자람 터로는 가장 남쪽으로 제주도 돈네코 계곡이고, 가장 북쪽으로는 전북 내장산이다. 내장산에서 케이블카를 타고 올라가면 5분이 채 안 되어 굴거리나무 군락이 시작되는 연자대 전망대에서 내린다. 내장사 절 쪽으로 내려가는 길 옆으로 다른 갈잎나무와 섞여서 자라는 모습은 '북한지(北限地)'라는 식물 분포학적인 중요성 외에도 잎이 떨어진 겨울 내장산의 또 다른 볼거리를 제공해준다. 이곳은 천연기념물 91호로 지정되어 있다.

굴거리나무의 한자 이름은 우리와 중국, 일본 모두 '교양목(交讓木)'이다. 일본인들은 양엽(讓葉)이라고 부르기도 하는데, 이를 두고 이렇게 해석하고 있다. "새잎이 나오기 시작하여 제법 자리를 잡았다 싶으면 묵은 잎은 일제히 떨어져 버린다. 마치 한 가정을 책임지고 있는 가장이 다 자란 자식에게 모든 권리를 넘겨버리고 은퇴하는 모습에 비유할 수 있어서 이런 이름을 붙였다"는 것이다. 녹나무 종류도 이와 비슷한 특징을 가지고 있음에도 유독 굴거리나무에게만 이런 해석을 내리는 것은 조금 무리가 있다. 일본인들은 정월 초하룻날 새해를 맞이하면서 집 안을 장식할 때 굴거리나무 잎을 간다고 한다.

우리에게는 굴거리나무에 얽힌 특별한 민속은 없지만, 제주도의 유명한 민속학자 진성기 씨가 수집·편찬한 《제주민요 선집》의 〈자

크고 긴 잎과 붉은 잎자루와 콩알 굵기의 까만 열매가 특징이다(2001.11.01. 한라산)

탄가〈팔자노래 43)〉에 이런 구절이 나온다.

물랑 지건 산짓물 지곡

낭기랑 지건 돔박낭(동백나무)지라

나 인성은 굴거리 인싱

밖앗드론 넙은 섶 놀려

쏙엔 들언 피 골라서라

뒷부분을 잠깐 훑어보면 '나 인생은 굴거리나무 인생인데, 바깥으로는 넓은 잎 휘날려도 속에는 피가 괴었더라'는 내용이다. 이는 푸른 잎사귀로 장식된 나무속에 붉은빛이 들어 있어서일 것이다. 굴거리나무는 암수가 다른 나무로 잎이 나올 때 잎겨드랑이에서 꽃이 핀다. 암꽃은 연초록, 수꽃은 갈색으로 때로는 붉은색이 강한 적갈색을 띤다. 가지 끝에 모여 달리는 잎자루 역시 붉은빛이니 속으로 피멍이 들어가는 아픈 가슴을 이렇게 비유한 것 같다. 그만큼 흔하고 팔자타령에까지 등장하는 것으로 보아 나무 이름과의 관련성을 생각해볼 수 있다.

옛사람들은 무언가 일이 잘 풀리지 않을 때 흔히 굿판을 벌이는데, 이 나무는 '굿거리'를 할 때 잘 쓰여서 굴거리나무가 된 것이 아닌가 짐작된다. 또 굴거리나무는 만병초의 잎과 비슷하여 예부터 약재로 쓰이던 나무다. 병이 들면 약도 먹고 굿도 하였을 것이니 굿거리에 쓰인 것으로 짐작된다. 잎에서 즙액을 내어 구충제로 쓰이기도 했다.

원래 대극과(科)란 집안에 속해 있었으나, 최근 굴거리나무과란 새로운 가계를 만들어 독립했다. 좀굴거리나무와 달랑 둘이 만든 단출한 집안이지만, 나무의 여러 형태가 대극과와는 너무 다르기 때문에 같은 집안에 넣을 수 없었다고 한다.

낙우송과
학명: *Sciadopitys verticillata*
영명: Japanese Umbrella Pine
일본명: コウヤマキ 高野槇
중국명: 金松
한자명: 金松
북한명: 금솔, 왜금솔

금송

1971년 7월 9일, 해방 이후 최대의 고고학적 발굴이라 할 수 있는 백제 25대 무령왕릉이 세상에 모습을 드러내는 순간이었다. 무령왕릉은 충남 공주 소재 송산리 고분군에서 배수로 작업을 하던 한 인부의 삽 끝에서 '처녀분' 상태로 1,500년의 시공을 뛰어넘어 우리에게 갑자기 다가왔다. 출토된 유물만 108종 3천여 점에 이른다. 금관 장식, 금제 장신구, 두침(頭枕) 등을 비롯하여 무덤의 주인을 알려주는 글이 새겨진 두 장의 매지석(買地石)도 함께 발굴되었다. 동시에 왕과 왕비의 시신을 감싸고 있던 다량의 목관(木棺)도 줄토되었다. 그러나 시꺼먼 옻칠이 되어 있고, 으스스하기까지 한 이 목관에 아무도 관심을 갖지 않았던 것은 오히려 당연했는지도 모른다. 발굴 보고서에는 그냥 '밤나무'라고 기록되어 공주박물관의 지하창고에 들어가 다시 깊은 잠에 들 채비를 하고 있었다.

20년이 지난 1991년, 우연한 기회에 관재 조각을 입수하게 된 나는 현미경으로 세포검사를 하여 일본 특산인 '금송(金松)'임을 밝혀냈다. 물론 금송은 화석으로 보면 마이오세(1~2천만 년 전) 동안 한반도 남부에도 자생한 적이 있지만, 이후 완전히 사라져 버렸다. 무령왕은 《일본서기(日本書紀)》[3]에도 기록이 남아 있으며, 어릴 때는

정원수로 가꾸는 나무

◀금산 칠백의총에 터를 잡고 내려다보듯 자라고 있는 일본 특산 금송(2008.01.13.)

금송 잎. 금송은 이름에 '송(松)'이 들어 있어도 소나무와는 아무런 관련이 없다(2009.09.12. 공주)

일본에서 자랐다고 알려져 있고 유난히 일본과 관계가 깊은 임금으로서 관재가 일본에서 가져온 금송이라는 사실은 자료가 부족한 백제사 연구에 획기적인 사건이었다. 금송은 이곳 이외에 익산 미륵사지에서도 출토되어, 당시 일본과의 활발한 교역을 짐작할 수 있는 실증적 자료로서 가치가 있다.

일본인들은 금송을 '고우야마끼(高野槇)'라고 한다. 고우야산(高野山)에 많이 자란다 하여 붙여진 이름이다. 이 산은 백제와 교류가 많았던 나라(奈良)지방과 가깝고, 금송의 일본 이름이 그들의 일반적 발음인 '타카노마끼'가 아니라 우리식 발음인 '고우야마끼'라는 것은 시사하는 바가 크다. 잃어버린 왕국, 백제의 비밀을 조금은 알고 있을 것 같은 금송이 신비롭기만 하다.

금송은 세계의 다른 곳에는 없고 오직 일본 남부에서만 자라는 희귀 수종이다. 늘푸른 바늘잎나무로 원산지에서는 키 20~30미터, 지름이 두세 아름에 이르는 큰 나무다. 바깥 모양이 긴 원뿔처럼 생겼고, 가지 뻗음과 잎이 독특하여 아름다운 나무로 유명하다. 우리나라에서도 중남부지방에 정원수로 가끔 심고 있다. 금송의 잎은 두껍고 선형이며 너비 3밀리미터 정도로 짙은 녹색이고 윤기가 있다. 또 끝이 파지고 양면 중앙에 얕은 홈이 있으며, 수십 개씩 돌려나기 한다. 솔방울은 긴 타원형이고 위로 향하며 비늘은 편평하고 둥글며 윗부분은 젖혀진다. 특히 나무는 잘 썩지 않아 관재, 건축재 등에 쓰이며 일본의 여러 목조 문화재의 기둥으로 쓰인 예가 있다.

공교롭게도 옛 국립공주박물관의 앞뜰에는 일제강점기인 1920년경에 심은 세 그루의 금송이 자란다. 그들의 선조 나무가 역사의 영겁으로 사라져 버린 무령왕의 시신을 영광스럽게 감싸고 있었다는 가문의 영예를 아는지 모르는지 단아한 모습으로, 2004년 박물관이 옮겨가지 전까지 무엄하게 파헤쳐 전시되고 있는 대왕의 유물을 말없이 지켜보고 있었다.

일본 특산이자 일본 왕실에서도 즐겨 심었던 금송은 뜻밖에도 우리의 문화유적지 여러 곳에 자리를 잡고 있다. 모양이 아름답다고 수입하여 심은 것인데, 이순신 장군의 아산 현충사, 금산의 칠백의총이 대표적이다. 그러나 금송이 갖는 상징성을 생각해본다면 있어야 할 자리는 아닌 것 같다.

콩알 굵기의 새까만 꽝꽝나무 열매(2009.10.20. 창원)

감탕나무과
학명: *Ilex crenata*
영명: Japanese Holly, Box Leaved Holly
일본명: イヌツゲ犬黄楊
중국명: 亀甲冬青
한자명: 犬黃楊, 冬靑

꽝꽝나무

꽝꽝나무는 남해안 및 섬 지방의 따뜻한 곳에서 바닷바람을 벗 삼아 살기를 좋아하는 자그마한 늘푸른나무다. 우리나라 남부지방에서부터 제주도를 지나 일본 남부에 걸쳐 자란다.

아름다운 꽃으로 눈을 홀리는 것도 아니고, 아름드리 덩치로 주위를 압도하는 나무도 아니다 보니 대부분의 사람들에게는 익숙지 않다. 꽝꽝나무는 키가 2~3미터 정도 되는 것을 흔히 만날 수 있는데, 아주 크면 5미터가 넘기도 한다. 얼핏 보면 회양목과 너무 닮아서 일본 사람들은 개회양목, 중국 사람들은 동청(冬靑)이라 부른다. 잎은 갸름하며 손톱 크기보다 좀 크고 가장자리에 톱니가 있는 경우가 많다. 그래서 톱니가 없고 잎 길이가 약간 짧은 회양목과 구분된다. 또한 꽝꽝나무는 암수가 다른 나무다.

꽝꽝나무는 감탕나무과라는 대종가의 일원이며, 감탕나무, 먼나무, 호랑가시나무 등과 한 집안이다. 다른 형제들은 모두 아름다운 붉은 열매를 달고 있어서 사람들 손에 이끌려 유명한 정원수로 이름을 올리고 있다. 꽝꽝나무 혼자만 콩알 굵기의 새까만 열매를 달고 있는 별종이지만, 역시 숲속의 평범한 나무로 머물지는 않는다. 손톱 크기만 한 도톰한 잎사귀가 나뭇가지가 보이지 않을 정도로 수없이 달려 있고, 잘라도 잘라도 새 가지를 계속해서 뻗는 특성은

정원수로 가꾸는 나무

꽝꽝나무가 자랄 수 있는 최북단 지역인 부안 댐 상류의 천연기념물 124호 꽝꽝나무 군락(2005.04.11.)

다 쓸모가 있어서다. 변덕스런 사람들의 취향에 따라 여러 가지 모양을 만들 수 있다. 중부지방에서 널리 심는 회양목처럼, 남부지방에서는 흔히 정원의 가장자리에 경계나무로 심어 동그랗게 다듬어 키운다.

꽝꽝나무란 이름에는 무슨 사연이 숨어 있음직하다. 일반적으로 엽육(葉肉)에 살이 많아 불길 속에 던져 넣으면 잎 속의 공기가 갑자기 팽창하여 터지면서 '꽝꽝' 소리가 난다고 하여 붙여진 이름이라고 알려져 있다. 실제로 얼마 전 한 방송프로그램에서 현충사의 꽝꽝나무 잎을 가져다 태우는 실험을 했는데, 자그마치 70데시벨의 거의 소음 수준에 가까운 소리가 났다고 한다. 그러나 내가 직접 잎을 가져다 가스레인지에 넣고 태워 보니 '타닥! 타닥!'이 고작이었다. 아무래도 좀 과장된 것 같다.

남부지방에서 자라는 꽝꽝나무가 자람 터를 북쪽으로 넓히다가

새 잎이 잘 돋아나므로 마음대로 모양을 만들 수 있다(2010.04.06. 진주반성수목원)

더 이상 올라가지 못하고 무리를 이루어 멈춘 곳이 있다. 바로 전북 부안군 변산면 중계리의 부안댐 상류다. 댐이 설치되면서 들어가기가 어려워진 산 중턱에 집단으로 자생한다. '자생북한지(自生北限地)'라 하여 1962년 천연기념물 124호로 지정되어 보호받고 있다. 지금은 기후 온난화의 광풍으로 훨씬 더 북쪽에 심어도 아무런 문제없이 잘 자란다.

밤나무 잎을 닮은 커다란 잎과 가지 꼭대기에 모여 피는 황백색 꽃(2010.06.30. 순천 송광사)

나도밤나무과
학명: *Meliosma myriantha*
영명: Awabuki
일본명: アワブキ泡吹
중국명: 多花泡花树
한자명: 泡吹
북한명: 나도합다리나무

나도밤나무

나도밤나무가 있는가 하면 너도밤나무도 있다. 밤은 단순한 간식거리가 아니라 귀중한 식량자원으로서 우리 선조들은 끔찍이 아껴 왔다. 그래서 모양이 비슷한 나무는 밤나무를 만들어 항상 배부르게 먹기를 소원한 탓에 서로 닮았다는 뜻을 갖는 '너도', 혹은 '나도'를 접두어로 붙인 유사 밤나무가 생긴 것 같다.

나도밤나무는 경남이나 전남에서부터 섬 지방으로 이어지는 따뜻한 지방에서 만날 수 있는 갈잎나무다. 지름이 한 뼘 정도까지 자라며 껍질은 회갈색으로 오랫동안 갈라지지 않아 매끄럽다. 나도밤나무는 숲속의 다른 나무들에 섞여 사는 평범한 나무다. 이렇게 별다른 특징이 없는 나무는 장작불에 쓰이는 '화목(火木)'이 된다. 화목은 나무로서의 쓰임이 최하 등급이다. 나도밤나무는 장작불을 땔 때 마구리 절단면에서 보글보글 거품이 잘 난다. 그래서 일본 이름은 '거품나무(泡吹)'다.

나도밤나무는 초여름에 들어서면서 원뿔모양의 꽃차례에 황백색 꽃이 피고, 가을에 열리는 주홍색의 조그만 열매가 특징인 나무다. 잎을 보면 왜 나도밤나무가 되었는지 이해가 간다. 밤나무보다 약간 크고 잎맥 수가 많다는 것 외에는 밤나무와 너무나 닮았다. 그러나 족보를 따지고 들어가면 밤나무와는 옷깃 한 번 스치지 않은

정원수로 가꾸는 나무

원뿔모양 꽃차례에 달리는 빨간 열매(2004.10.15. 남해 보리암)

완전한 남남이다.

나도밤나무에는 이런 전설이 있다. 옛날 깊은 산골에 가난한 부부가 힘겹게 살아가고 있었다. 어느 날, 꿈에 산신령이 나타나 몇 월 며칠까지 밤나무 1천 그루를 심지 않으면 호랑이한테 물려 가는 화를 당할 것이라는 계시를 내린다. 그날부터 부부는 밤낮을 가리지 않고 주위에 자라는 밤나무는 모조리 캐다가 열심히 심었다. 그러나 999그루를 심고 마지막 한 그루는 아무리 해도 채울 수가 없었다. 해가 지고 산신령이 말한 운명의 시간은 점점 다가오는데, 도무지 뾰족한 방법이 없었다. 이런 이야기에 조금은 엉뚱하게, 율곡 선생이 밤나무 지팡이 하나를 들고 나타난다. 밤나무골이라는 그의 호 율곡(栗谷) 덕분에 밤나무와 관련된 여러 전설마다 단골손님으로 등장한다. 선생이 가까이 있는 한 나무를 지팡이로 가리키면서 "네가 밤나무를 대신하라"고 이르자, 이 나무는 냉큼 "나도! 밤나무요!" 하고 나선다. 호랑이 눈에는 '그게 그것일' 가짜 밤나무 한 그루를 마지막으로 채워 1천 주의 밤나무 심기는 대단원의 막을 내린다. 그때까지 제대로 된 이름조차 없었던 이 나무를 사람들은 '나도밤나무'라 부르기 시작했다고 한다. 이처럼 나무마다 자기 이름을 갖게 된 갖가지 사연을 간직하고 있다. 그 내력이 아픔이든 기쁨이든 세월에 묻혀버린 옛사람들의 삶의 흔적을 나무이름에서 찾아보는 재미도 쏠쏠하다.

   나도밤나무의 전설은 엉뚱하게도 울릉도 너도밤나무로 둔갑하는 경우가 흔하다. 하지만 율곡이 울릉도에 간 적이 없고 울릉도에 사람이 들어가 살게 된 것도 100년이 조금 넘었다. 울릉도에서만 자라는 너도밤나무에 율곡 이야기를 꿰맞추는 것은 전설의 의미를 훼손시킬 뿐이다.

남천은 늘푸른나무이나 겨울이 되어 잎 속의 당분이 높아지면 단풍처럼 붉게 물든다(2007.01.15. 창녕)

매자나무과
학명 : *Nandina domestica*
영명 : Nandina, Sacred Bamboo
일본명 : ナンテン 南天
중국명 : 南天竹
한자명 : 南天, 南天燭, 南天竹

남천

/

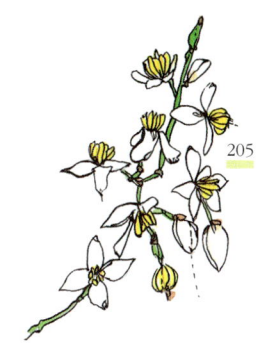

남천은 중국 남부와 인도가 원산지로서 우리나라 남부지방에서 정원수로 많이 심는 관목이다. 줄기가 모여나기 하며, 성질이 강하고 곧게 자라 꼭지 부근에 주로 잎이 달린다. 그래서 중국 이름은 '남천대나무(南天竹)'이며, 영어 이름도 '신성한 대나무'란 뜻이다. 원산지에서 오래된 나무는 키가 4~5미터에 이르기도 한다. 그러나 우리 주변에서 만나는 남천은 허리춤 남짓한 난장이로 육종한 것들이 많다.

잎자루가 세 번이나 갈라지는 3회 깃꼴겹잎이 독특하며, 잎은 긴 마름모꼴로 끝이 뾰족하다. 암수 한 나무로 초여름 날, 가지 끝에 한 뼘이 훨씬 넘는 원뿔모양의 긴 꽃대를 위로 내민다. 초록 잎을 바탕으로 하얀 꽃이 줄줄이 피고, 굵은 콩알만 한 열매는 늦가을에 붉게 익어 다음해 봄까지 달려 있다.

이런 독특한 생김새만으로도 사람들의 눈길을 끌기에 충분하지만, 남천의 하이라이트는 아무래도 겨울의 붉은 잎이다. 남천은 늘푸른 넓은잎나무이니 단풍이란 말은 좀 어울리지 않지만, 잎 모양은 영락없는 붉은 단풍이다. 집단으로 심어 놓은 남천의 붉은 잎은 겨울 풍광의 삭막함을 씻어주는 악센트다. 겨울을 버티기 위하여 잎 속의 당류(糖類) 함량이 높아지면서 붉은색을 띠는 것으로 짐작

정원수로 가꾸는 나무

◀〈화조도(花鳥圖)〉, (전)신사임당, 16C 초중반, 중앙박물관
신사임당의 유명한 〈초충도〉 이외에 〈화조도〉로서 남천 열매그림 있다. 남천이 16C 이전에 우리나라에 들어왔음을 알 수 있는 그림이다. 하나하나의 남천 열매 묘사가 사진처럼 정확하다.
▶가을 날 콩알 굵기의 빨간 열매가 녹색 잎과 잘 대비된다(2010.10.11. 대구)

된다.
    우리나라의 남천은 주로 일본에서 개량한 원예품종을 심고 있다. 일본은 아주 오래전에 중국에서 가져다 심은 탓에 현재는 산에 자생하기도 한다. '난텐'이란 일본 이름 자체가 '어려움을 극복하고 부정을 깨끗이 한다'라는 뜻과 통하므로 귀신이 출입하는 방향이나 화장실 옆에 심기도 한다. 또 남천 젓가락은 체하는 것을 막고 장수한다는 속설이 있다.
    오늘날에는 주로 남천을 정원수로 널리 심지만 원래 쓰임은 약용

식물이다. 열매, 잎, 줄기, 뿌리까지 모두 이용된다. 열매에는 여러 종류의 알칼로이드 성분이 들어 있으며, 지각 및 운동신경을 마비시키는 작용을 하여 기침을 멈추게 한다고 알려져 있다. 잎은 위장을 튼튼히 하고 해열을 시켜주며, 역시 기침을 멈추게 하는 약리작용이 있다. 잎에는 미량의 청산(靑酸. 시안화수소)이 들어 있다. 흔히 음식 위에 남천 잎을 얹어두는 것을 보게 되는데, 이는 청산 때문에 음식의 변질을 막는다는 상징적인 의미가 있다.

남천이 우리나라에 들어온 시기는 분명하지 않다. 다만 신사임당(1504~1551)의 〈화조도〉에 남천으로 짐작되는 그림[4]이 등장하므로 적어도 16세기 이전에 중국에서 가져와 심고 가꾼 것으로 짐작된다.

정원수로
가꾸는
나무

햇빛이 잘 드는 저수지 가장자리에 무성하게 덩굴을 뻗고 있다(1999.06.29. 청송)

노박덩굴과

학명 : *Celastrus orbiculatus*
영명 : Oriental Bittersweet
일본명 : ツルウメモドキ 蔓梅擬
중국명 : 南蛇藤
한자명 : 南蛇藤, 黃豆瓣, 金紅樹

노박덩굴

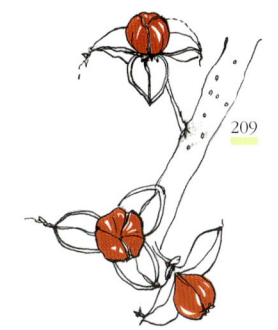

노박덩굴은 이름 그대로 덩굴나무다. 혼자 힘으로 하늘로 솟아오르는 것이 아니라 다른 나무를 타고 기어올라 햇빛을 차지하려 든다. 그래도 나무갓을 완전히 덮어 버리는 칡과는 달리 올라가는 길을 빌려준 나무에게 큰 피해는 주지 않는다. 비교적 크게 자라는 덩굴로서 길이 10미터, 굵기는 어른 발목만큼 자라기도 한다.

노박덩굴은 우리나라 어느 산에서나 흔히 만날 수 있다. 기후에 대한 적응력이 높아서다. 땅가림도 심하지 않다. 조금 건조하거나 습해도 크게 상관하지 않는다. 그래서 산을 오르다 보면 능산로 옆이나 길섶에서 눈에 잘 띈다. 산길의 길섶은 언제나 정겹다. 계절에 따라 꽃이 피고 풀벌레가 있고 산새가 먹이를 찾는 곳이다.

옛사람들은 길섶의 여러 가지 풍경을 즐겨 노래했다. 선비들이 지은 한시(漢詩)에는 길섶이란 우리말 대신 '노방(路傍)'으로 표현했다. 노박덩굴은 길섶에서 쉽게 만날 수 있는 나무, 즉 '노방의 덩굴'이라고 부르다가 지금의 노박덩굴이 되지 않았나 싶다.

잎은 손바닥 반만 하며 타원형이다. 가장자리에 둔한 톱니가 있어서 잎 모양이 닮은 다래나무의 바늘톱니와 구분된다. 암수가 다른 나무이며, 늦봄에 잎겨드랑이에 4~5개, 많게는 10개씩 손톱 두 개쯤 되는 크기의 연노랑 꽃이 핀다. 노박덩굴은 숲속의 평범한 나

정원수로 가꾸는 나무

갓 피어난 연노랑 꽃과 새잎(2010.06.11. 청송 주왕산)

무로 평상시에는 사람들에게 별로 각광을 받지 못하지만, 열매가 익는 늦가을이 되면 갑자기 등산객의 눈길을 끈다. 콩알 굵기만 한 노란 열매가 가을이 깊어가면서 껍질이 셋으로 활짝 갈라지면서 안에 들어 있던 빨간 '보석씨앗'이 곱게 얼굴을 내밀기 때문이다. 고급 루비를 본 적은 없지만 붉음이 이 보다 더 아름다울 수는 없을 것 같다. 따사로운 가을 햇살을 받아 코발트색의 맑은 하늘과 대비라도 될 때는 자연이 만들어낸 색깔의 기막힌 조화가 눈을 부시게 한다.

노박덩굴을 이르는 중국과 일본 이름이 재미있다. 중국은 '남사(南蛇)'라는 뱀을 닮은 등나무라 하여 줄기의 형태를 강조했다. 일본은 붉은 열매가 낙상홍과 닮았다 하여 '덩굴낙상홍'이라 했다. 우리의 노박덩굴이란 이름은 자라는 특징과 생태를 강조하여 붙인 셈이다.

노란 열매껍질을 깨고 얼굴을 내미는 루비처럼 영롱한 붉은 씨앗(2003.11.04. 청송 주왕산)

노박덩굴의 줄기는 봄에 새순을 따서 나물을 해 먹는 구황식물로 쓰였다. 껍질에는 비교적 질긴 섬유가 들어 있어서 분리하여 실을 꼬아 쓰기도 한다. 또 줄기는 풍습(風濕)을 없애주므로 근육과 골격의 동통, 사지마비를 치료하는 약재로 이용되었다고 한다. 노박덩굴과 나무로 푼지나무가 있다. 턱잎이 가시로 변한 것이 가시가 없는 노박덩굴과의 차이점이다.

눈부시게 하얀 꽃이 새로 나온 잎 사이에 무리지어 핀다(2007.05.11. 완도)

장미과
학명：*Rhaphiolepis indica* var. *umbellata*
영명：Japanese Howthron, Yeddo Hawthorn
일본명：シャリンバイ車輪梅
중국명：厚叶石斑木
한자명：車輪梅, 石斑木

다정큼나무

정원수로
가꾸는
나무

'다정스럽다'라는 말이 있다. 이 말은 꽁꽁 얼어버린 겨울 땅도 금세 녹일 것만 같아 상상만 해도 가슴이 훈훈해진다. 나무에도 다정스런 나무가 있을까? 제주도에서부터 남쪽 섬에 이르는 남부 난대림에서 자라는 다정큼나무가 있다. '다정스러울 만큼의 나무'가 변하여 생긴 이름일 터이다. 말의 뜻과 나무의 모습을 연관지어 생각해보면, 다정큼나무는 잎이 그렇게 크지도 작지도 않으며, 긴 타원형의 아늑한 모습이다. 잎 가장자리에 톱니가 가끔 있기는 해도 대부분은 톱니가 없이 매끈하니 더욱 편하게 느껴진다. 원래 어긋나기로 잎이 달리지만 사이사이가 짧아 가지 끝에 모여나기 한 것처럼 붙어 있는데, 이 모양이 마치 잎들이 다정스럽게 둘러앉아 소곤소곤 이야기를 나누는 모습처럼 비춰진다.

다정큼나무의 자람 터는 남해안에서부터 제주도에 걸친 따뜻한 지방이다. 비옥한 땅이 아니라 소금바람이 불어대는 바닷가, 양지바른 바위 땅에서 때로는 바닷물을 통째로 뒤집어쓰고도 꿋꿋이 버틴다. 늘푸른 두꺼운 잎은 구조가 조금 특별하다. 잎 표면에는 왁스분이 풍부하고 큐틴(cutin) 층이 잘 발달되어 있는데, 매끄럽고 햇빛에 반사되어 반짝이며 겨울의 추위도 보호해준다. 아주 좋은 조건이라면 약 5미터 정도 높이까지도 자랄 수 있으나 대부분은 사람

어쩐지 다정스러워 보이는 잎사귀와 검은 보랏빛 열매(2004.09.26. 완도 소안도)

키보다 작은 몸매다. 그렇지만 살아가는 데는 오히려 껄다리 큰 나무들보다 적응력이 더 높다.

다정큼나무의 족보는 꽃과 과일 나무들의 원조인 장미과에 속한다. 꽃은 다섯 장의 꽃잎을 가진 매화 모양의 하얀 꽃이 봄이 한창 무르익어 가는 5월쯤 가지 끝에서 위로 향하여 여럿이 한꺼번에 핀다. 가을에는 갸름한 모양에 굵은 콩알 크기만 한 검은 보랏빛 열매가 익는다. 과육으로 둘러싸여 있으며, 가운데에 단단한 한 개의 흑갈색 씨가 들어 있는 전형적인 이과(梨果)다. 그러나 열매의 크기에 비하여 씨앗이 너무 굵으므로 과육이 거의 없다. 씨를 멀리 옮겨줄 새들에게도 먹을 것이 적으니 인기는 별로일 것 같다.

다정큼나무는 이름처럼 다정스럽게 생긴 편안한 모습 때문에 정원수로 사랑받고 있다. 또 햇빛을 좋아하고 건조와 바닷바람에 잘 견디므로 남부지방의 해안도로나 정원, 공원 등에 심기 좋은 나무다. 화려한 모습이 아니라 사시사철 다소곳한 모습으로 우리 곁에 있는 편안한 나무다.

중국 이름은 그 뜻을 짐작하기조차 어려운 석반목(石斑木)이다. 일본 이름인 차륜매(車輪梅)는 꽃이 매화를 닮았고 가지 뻗음이 수레바퀴살처럼 생겼다는 데서 유래한다. 주로 정원수로 심으나, 명주를 물들이는 귀중한 염료로 이용되는 특별한 쓰임이 알려져 있다. 줄기나 뿌리를 쪄서 즙을 내고 철분이 많은 진흙을 혼합하면 타닌산이 진흙 속의 철분과 산화반응을 하여 명주를 흑색으로 물들인다고 한다.

다정큼나무는 우리나라 일부 지방에서 사투리로 쪽나무라고 하는데, 어망 등을 염색하는 데 쓰였다고 한다. 그러나 일본처럼 명주를 물들이는 등의 특별한 쓰임에 관한 자료는 남아 있지 않다. 정약용의 시 〈유배지에서 보낸 편지〉에 나오는 '남정(藍靛)'을 쪽나무(다정큼나무)라고 번역하는 경우도 있다. 그러나 실제로 남정은 짙푸른 색을 물들이는 천연염료로 유명한 1년초 '쪽'을 일컫는다.

포도과
학명: *Parthenocissus tricuspidata*
영명: Japanese Ivy, Boston Ivy
일본명: ツタ蔦
중국명: 爬山虎, 爬墙虎, 地锦
한자명: 洛石, 地綿, 土鼓藤
북한명: 담장이덩굴

담쟁이덩굴

담쟁이덩굴은 돌담이나 바위 또는 나무줄기, 심지어 매끄러운 벽돌까지 가리지 않고 다른 물체에 붙어서 자라는 덩굴나무다. 줄기에서 잎과 마주하면서 돋아나는 공기뿌리의 끝이 작은 빨판처럼 생겨서 아무 곳에나 착 달라붙는 편리한 구조를 가지고 있기 때문이다. 특히 벽면(壁面)에 붙어 자라는 모양새를 보면 재미있다. 대체로 식물의 뿌리는 중력과 같은 방향인 땅속으로 자라고 줄기는 중력과 반대 방향인 위로 자란다. 그러나 담쟁이덩굴의 줄기는 이런 규칙을 꼭 따르지는 않는다. 공간이 비면 위나 옆은 물론 아래쪽으로 뻗는 것도 주저하지 않는다. 나무이름은 흔히 담장에 잘 붙어서 자란다고 하여 '담장의 덩굴'이라고 부르다가 '담쟁이덩굴'이 되었다. 한자 이름은 돌담에 이어 자란다는 뜻으로 '낙석(洛石)'이라고 하여 같은 뜻이다.

　옛 양반가를 둘러치는 토담에는 담쟁이덩굴이 올라가 있어야 제대로 된 고풍스런 맛이 난다. 그러나 토담에서 시멘트 담으로 넘어오면서 담쟁이덩굴은 차츰 퇴출당했다. 줄장미와 능소화가 담장의 나무를 대신하였고, 담쟁이덩굴은 숲속의 나무 등걸을 타는 원래의 자리로 되돌아갔다.

◀소나무 줄기를 타고 올라간 담쟁이덩굴(2008.07.09. 비진도)

〈검선도(劍仙圖)〉, 이인상, 96.5x61.7cm, 중앙박물관
비스듬히 자란 소나무 한 그루 앞에 예리한 눈빛을 가진 무인이 칼을 나무에 기대둔 채 정면을 응시하고 앉아 있다. 조금 거리를 둔 뒤편에는 곧은 소나무 한 그루가 무인의 기상을 상징하듯 쑥 뻗어 있다. 이 소나무에는 제법 굵은 담쟁이덩굴이 무인의 오른쪽 어깨 너머에서부터 자리를 틀어 줄기 뒤로 돌아갔다. 다시 앞으로 나와, 첫 번째 가지를 옆으로 감고 가다가 일부 덩굴이 밑으로 길게 처지고 있다. 또 계속 줄기를 타고 올라간 담쟁이덩굴은 위쪽 가지에서도 늘어져 있다. 붉게 물든 담쟁이덩굴 단풍이 명확하게 보이므로 때는 늦가을쯤으로 짐작된다.

담쟁이덩굴은 담이 아니더라도 회색빛 콘크리트 건물을 뒤덮으면 건물의 품위도 올라가고 아울러서 중요한 역할도 할 수 있다. 여름에 햇빛을 차단하여 냉방비를 30퍼센트 정도 줄일 수 있으니 요즘처럼 온 나라가 에너지 문제로 난리일 때는 더욱 그 역할이 돋보인다. 겨울에는 잎이 떨어져 햇빛을 받는데 아무런 지장이 없다.

미국이 자랑하는 단편작가 오 헨리의 〈마지막 잎새〉는 우리에게 잔잔한 감동을 준다. 가난한 화가 지망생인 존시는 폐렴에 걸려 죽어가고 있으면서, 이웃집 담쟁이덩굴의 잎이 모두 떨어지면 자신의 생명도 다한다고 생각한다. 그러나 비바람이 휘몰아친 다음날 틀림없이 나목(裸木)으로 있어야 할 담쟁이덩굴에 마지막 잎새 하나가 그대로 붙어 있는 것을 보고 다시 삶의 의욕을 갖게 된다. 기운을 차린 존시에게 친구인 수우가 '그 마지막 잎새는 불우한 이웃의 늙은 화가가 밤을 새워 담벼락에 그려 넣은 진짜 이 세상의 마지막 잎새'임을 일러주는 내용이다.

담쟁이덩굴 잎은 가을이 되면 단풍나무를 시샘이라도 하듯 붉은 단풍이 아름답게 든다. 이 담쟁이덩굴의 단풍은 단번에 잎을 떨어뜨리게 하는 '떨켜'가 잘 생기지 않으므로 바로 떨어지지 않고 겨울에 들어서야 떨어진다.

조선조의 선비들은 담쟁이덩굴이 다른 물체에 붙어서 자라는 것을 두고 비열한 식물로 비하했다. 인조 14년(1636)에 김익희란 이가 올린 상소문에 보면 "빼어나기가 송백(松柏)과 같고 깨끗하기가 빙옥(氷玉)과 같은 자는 반드시 군자이고 빌붙기를 등나무나 담쟁이같이 하고 엉겨 붙기를 뱀이나 지렁이같이 하는 자는 반드시 소인

미국담쟁이덩굴, 재래종과는 달리 다섯 개의 잎으로 이루어지는 겹잎이다(2004.07.12. 대구)

일 것이요"라고 하여 담쟁이덩굴은 등나무와 함께 가장 멸시하던 소인배에 비유했다.

   담쟁이덩굴의 오래된 줄기는 회갈색인데, 발목 굵기 정도까지 자라기도 한다. 잎은 어긋나기로 달리고 넓은 달걀모양이며, 끝이 세 개로 깊이 갈라지는 것이 보통이나 얕게 갈라지기도 하여 모양이 여러 가지다. 잎의 크기는 아기 손바닥만 하며, 가장자리에 불규칙한 톱니가 있고 잎자루가 매우 길다. 꽃은 암꽃과 수꽃이 따로 피는데, 초여름에 황록색으로 핀다. 열매는 작은 포도 알처럼 열리고 하얀 가루로 덮여 있으며, 검은빛으로 익어서 포도와 같은 집안임을 금세 알 수 있다. 최근에는 담쟁이덩굴과 꼭 닮은 미국담쟁이덩굴을 많이 심고 있다. 잎이 다섯으로 갈라지는 겹잎이며, 가장자리에 톱니가 있는 것이 재래종 담쟁이덩굴과의 차이점이다.

봉화 닭실 마을의 전통 기와 돌담에 붙어 가을을 맞은 담쟁이덩굴의 붉은 단풍(2004.11.15.)

《동의보감》에 보면 "작은 부스럼이 잘 낫지 않는 데와 목 안과 혀가 부은 것, 쇠붙이에 상한 것 등에 쓰며 뱀독으로 가슴이 답답한 것을 없애고 입안이 마르고 혀가 타는 것 등을 치료한다"라고 하였으며, 잔뿌리가 내려 바위에 달라붙어 있으며, 잎이 잘고 둥근 것이 좋다고 한다.

강진 영랑생가 앞뜰에 있는 둘레가 한 아름에 이르는 보기 드문 돈나무 고목(2009.06.29.)

돈나무과
학명: *Pittosporum tobira*
영명: Japanese Pittosporum
일본명: トベラ扉
중국명: 海桐, 七里香
한자명: 海桐花

돈나무

돈나무란 이름의 나무가 있다. 으레 사람들은 돈과 관련된 나무일 것이라고 생각한다. 심지어 돈을 '돼지 돈(豚)'으로 보고 역시 돈나무일 것이라고 믿는다. 그러나 아무리 살펴보아도 돈과 연관이 있다는 실마리를 찾을 수 없다.

가장 많이 만날 수 있는 곳은 제주도다. 제주 사투리로 '똥낭'이라고 하는데, 이는 '똥나무'란 뜻이다. 된발음이 거북하여 정식 식물 이름을 정할 때 순화된 발음으로 돈나무가 된 것이다. 어차피 돈과 똥은 발음상으로나 실제로도 그렇게 먼 사이가 아니다. 살아가는 데 둘 다 반드시 필요하지만 잘못 다루면 결과는 마찬가지기 때문이다.

돈나무는 우리나라 남부와 제주도, 일본, 타이완, 중국 남부 일부에 걸쳐 자라는 자그마한 늘푸른 동양 나무다. 다 자라도 키가 3~4미터에 불과하고, 지름이 한 뼘 정도면 아주 굵은 나무에 속한다. 바닷가의 절벽에 붙어 바람에 실려 넘쳐오는 바닷물을 온몸에 뒤집어쓰고도 끄떡없다. 웬만한 가뭄에는 버틸 수 있는 강인한 체력까지 타고났다. 또 몸체의 여기저기서 가지를 잘 내밀어 자연 상태 그대로 두어도 모양새가 아름답다. 조금만 손을 봐주면 더욱 예쁜 몸매를 자랑하므로 정원이나 공원에 심기 적합하다.

잎은 어긋나기로 달리지만 가지 끝에 모인다. 매끈한 잎은 작은

정원수로 가꾸는 나무

하얀 꽃과 둥그스름한 잎사귀(2005.06.03. 제주)

장난감 주걱모양으로 예쁘고 앙증맞게 생겼다. 도톰하고 윤기가 자르르 하여 잠깐씩 비추는 남쪽나라의 겨울 햇살을 붙잡기에 모자람이 없다. 돈나무 잎을 비비거나 가지를 꺾으면 악취가 풍기고, 특히 뿌리껍질을 벗길 때 더 심한 냄새가 난다. 모양새와 어울리지 않는 냄새는 돈나무만의 특징이다. 일본 사람들은 이런 돈나무 냄새가 귀신을 쫓아낸다고 생각하여 춘분 때 문짝에 걸어두었다. 그래서 돈나무의 일본 이름은 문짝이란 뜻으로 '도베라'이다.

돈나무는 암수가 다른 나무로 5월에 흰 꽃이 피었다가 질 때쯤이면 노랗게 변한다. 꽃에는 약간의 향기가 있어서 이때만은 잠시나마 냄새나무라는 오명을 씻을 수 있다. 가을에는 구슬 굵기만 한 동그란 황색 열매가 열리는데, 완전히 익으면 셋으로 갈라져 안에는 끈적끈적하고 빨간 끈끈이로 둘러싸인 씨가 얼굴을 내민다. 이 점액이 곤충을 유혹하는 포인트다. 특히 파리가 많이 날아온다. 끈끈

완전히 익은 열매는 갈라져 끈끈이가 씨앗을 둘러싼다(2007.12.05. 제주)

이는 점점 지저분해지고 나중에는 냄새까지 풍긴다. 무엇 때문에 이렇게 끈끈이로 씨를 둘러쌌는지는 아직 확실히 밝혀지지 않았다. 제법 굵은 씨를 곤충이 멀리 옮겨줄 수도 없으니, 일방적으로 곤충에게 베푸는 수밖에 없는 셈이다. 땅에 떨어졌을 때 씨를 보호하고자 하는 의미도 있을 터이고, 지나가는 동물의 털에 묻어 멀리 옮겨달라는 깊은 뜻이 숨어 있는지도 모른다. 어쨌든 제주도 사람들은 열매의 이런 특성을 보고 '똥낭'이란 이름을 붙였다. 똥낭이 돈나무가 된 사연으로 제주도에서 이 나무의 이름을 처음 들은 일본인이 '똥'자를 '돈'으로 알아들어서 돈나무가 되었다는 이야기도 있다. 돈나무는 돈나무과(科)라는 큰 집안에 달랑 혼자만 속해 있다. 3천 종이 넘는 대 식구를 거느린 장미과와 비교하면 너무나 외로운 가계다. 속명(屬名)인 *Pittosporum*은 씨가 끈적끈적하다는 뜻이다. 역시 열매의 끈끈이가 돈나무의 트레이드마크인 모양이다.

협죽도과
학명: *Trachelospermum asiaticum* var. *asiaticum*
영명: Chinese Ivy
일본명: テイカカズラ定家葛
중국명: 細梗絡石
한자명: 長節藤, 白花藤, 石薜荔

마삭줄

옛사람들의 일상생활에서 무엇을 묶을 때 쓰이는 밧줄은 필수품이었다. 농산물을 수확하여 옮길 때는 물론이고 산에서 나무 한 짐을 등에 지고 내려오려 해도 튼튼한 줄이 필요했다. 그래서 사람들은 지금도 출세를 하고 큰일을 하려면 '줄'이 있어야 한다고 믿는다.

마삭줄이라 불리는 덩굴나무가 있다. '마삭(麻索)'이란 원래 삼으로 꼰 밧줄을 뜻하는 삼밧줄의 한자식 말이다. 마삭줄은 삼밧줄 같은 줄이 있는 덩굴나무라 하여 붙여진 이름이다. 그러나 마삭줄의 줄은 간단한 밧줄로 쓸 수는 있지만, 삼과 비교할 만큼 튼튼한 덩굴은 아니다. 다만 남부지방의 숲속에서 흔히 자라는 탓에 쉽게 만날 수 있는 덩굴나무로서 삼밧줄처럼 요긴하게 쓸 수 있다는 뜻으로 해석된다.

마삭줄은 따뜻한 남부지방이 자람 터다. 요즈음은 지구 온난화의 영향으로 중부지방인 경북 남부까지 올라와 있다는 보고도 있다. 늘푸른 넓은잎나무이며, 상록수 숲에서 다른 큰 나무를 타고 올라가면서 살아간다. 때로는 바위나 산사태가 난 땅을 뒤덮기도 한다.

대체로 바위를 덮거나 땅바닥을 길 때는 작은 잎을 달고 꽃이 잘 피지 않는다. 반면 나무를 타고 올라가면서 비교적 햇빛을 잘 받을

정원수로 가꾸는 나무

◀ 대부분 가느다란 줄기지만 오래되면 팔뚝 굵기 정도가 된다 (2010.06.30. 강진)

바람개비처럼 생긴 하얀 꽃(2009.06.30. 완도)

때는 잎도 크고 꽃도 잘 핀다. 잎은 손가락 한두 마디 정도로 기본적인 모양은 타원형이며, 표면에 광택이 있는 녹색이며, 환경에 따른 잎 모양의 변화가 다른 어떤 나무보다도 크다. 때로는 같은 나무라고 보기 어려울 만큼 잎의 형태가 서로 다른 경우도 있다.

마삭줄이 큰 나무를 타고 올라가는 방식은 비정한 자연계의 치열한 경쟁사회에서도 지켜야 할 도리를 지키는 것 같아 마음이 훈훈하다. 짧은 공기뿌리를 키다리 큰 나무의 껍질에 조심스럽게 붙이면서 올라간다. 이런 방식은 자람의 장소를 아무런 대가 없이 빌려준 나무에게 피해를 입히지 않는다. 휘감고 올라가면서 아낌없이 몸을 빌려준 나무를 되레 조여서 결국 숨 막혀 죽게 하는 등나무와 비교하면 마삭줄은 '신사 덩굴'이다. 또 높이 올라가는데도 절제가 있다. 원래 강한 햇빛을 좋아하지 않으니 꼭대기로 올라가 광합성 공간을 빼앗지 않는 것도 그의 마음씨를 알 수 있는 대목이다.

송악과 함께 섬마을 돌담을 움켜잡고 잘 자란다(2007.09.28. 신안 장산도)

    비교적 잎이 많이 달리는 나무지만 줄기가 그렇게 굵지 않고, 나무를 잘라 현미경으로 들여다보면 물관이 가늘고 수도 많지 않다. 어린잎은 가장자리에 털이 있다가 차츰 없어지며, 안으로 약간 휘는 감이 있다. 겨울에는 검붉은 색으로 변하기도 한다. 자람이 까다롭지 않으므로 아파트 베란다 등 실내에 심어도 좋다. 흰 꽃과 여러 가지 잎 모양을 감상할 수 있고 아무 곳에나 덩굴을 올릴 수 있다.

    꽃은 늦봄 새 가지 끝에 다섯 장의 하얀 꽃잎이 완전히 뒤로 젖혀지고, 가장자리가 안으로 휘어진다. 아기 선풍기의 날개와 꼭 닮은 모습이다. 하얀 꽃은 시간이 지나면 노란빛으로 변하고 향기가 난다. 콩꼬투리처럼 생긴 열매는 9월쯤 익으면서 가운데로 갈라지고, 은빛 관모(冠毛)를 가진 씨가 나온다. 씨의 관모는 바람을 타고 멀리 날아갈 수 있게 설계되어 있다.

정원수로 가꾸는 나무

늦가을에서부터 초겨울에 걸쳐 자잘한 하얀 꽃이 핀 구골나무(2009.10.20. 대구)

물푸레나무과
학명 : *Osmanthus fragrans*
영명 : Sweet Osmanthus
일본명 : ギンモクセイ
중국명 : 銀桂
한자명 : 木犀

목서

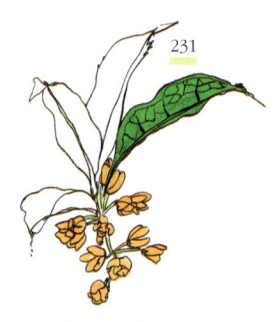

목서는 남부지방의 따뜻한 곳에 주로 심는다. 키가 4~5미터까지 자랄 수 있는 늘푸른나무다. 땅에서부터 많은 줄기가 올라와 타원형의 나무모양을 만드는 경우가 많다. 잎은 마주보기로 달리며, 새알 크기에서부터 달걀 크기 정도로 다양하고 가장자리에 물결모양이나 때로는 잔 톱니가 보이기도 한다. 잎은 두껍고 딱딱하기까지 하다.

목서는 봄에서부터 여름에 걸쳐서는 별달리 사람들의 주목을 받지 못한다. 가을이 깊어지면 목서는 비로소 자신의 존재가치를 드러낸다. 대부분의 나무들이 한 해를 마무리하고 겨울 준비에 들어가는 늦가을에 목서는 때늦게 꽃을 피우는 탓이다. 잎겨드랑이에 손톱 크기 남짓한 작은 꽃들이 줄줄이 뭉쳐 달린다. 꽃을 피우는 나무가 거의 없는 계절이기도 하지만, 코끝을 스치는 강한 향기는 주위에 목서가 있음을 금방 알아차리게 한다. 가을꽃이 피며 강한 향기가 특징인 목서는 그 자체로도 정원수로서 사랑을 받고, 새싹이 잘 돋아나므로 산울타리로 널리 쓰이는 나무이기도 하다.

우리가 간단히 목서라고 부르는 나무에는 몇 종류가 이름에도 혼란이 있다. 꽃이 하얗게 피는 은목서를 대표로 하여 꽃이 등황색이며, 목서 종류 중에는 향기가 가장 강한 금목서가 널리 알려져 있

정원수로
가꾸는
나무

〈화훼초충도(花卉草蟲圖)〉, 심사정, 18C 중반, 58x31.5cm 중앙박물관
바위 위에 자그마한 고목이 구부러져 자라면서 노란 꽃을 소복이 피우고 있다. 갸름한 잎 모양과 잎맥 뻗침으로 보아 오늘날 남부지방에서 흔히 심는 금목서임을 알 수 있다. 나무 아래에는 붉게 익은 구기자 열매가 보이며, 화면 아래는 노란 국화가 피어 있다. 여름 곤충인 참매미가 줄기에 붙어 있으므로 금목서가 꽃피우기를 시작하는 9월 중순쯤의 풍경을 상정한 것 같다.

은목서(2002.09.27. 순창)와 금목서 꽃(2009.09.29. 순천 선암사)

다. 우리가 그냥 목서라고 부를 때는 대부분 은목서를 말한다. 은목서와 금목서는 모두 중국 원산이다. 그 외에 남부지방에서 자라는 구골나무는 목서보다 잎이 작고 더 두꺼우며 새 가지 잎은 날카로운 가시모양이 되기도 한다. 은목서와 구골나무를 교배하여 만들었다고 하는 구골목서도 있다. 그러나 구골목서는 조경업을 하시는 분들 이외에는 인정을 하지 않고 수목도감에도 올라 있지 않다. 구골나무와 구골목서를 같은 나무로 보고 있다. 또 거문도에는 우리나라 특산인 희귀한 박달목서가 자란다. 금목서만 이름 그대로 노란 꽃이고 나머지 목서 종류는 모두 하얀 꽃이 핀다.

정원수로 가꾸는 나무

　옛 시가집을 비롯한 문헌에서도 목서를 찾을 수 있다. 《점필재집(佔畢齋集)》[5], 《완당집(阮堂集)》[6], 《해동역사》 등에 대부분 꽃향기와 관련된 시가(詩歌)가 들어 있다. 《점필재집》에 실린 것으로 보아 15세기 이전부터 목서의 향기는 시인들이 좋아한 것 같다. 이 목서가 우리나라의 구골나무인지, 아니면 중국에서 수입한 은목서

정원수로 잘 다듬어 키운 진주 반성수목원의 목서 고목(2010.04.06.)

인지는 알 길이 없다. 《완당집》 제7권 〈잡저(雜著)〉에는 "넓고 아득한 대지에/비릿한 냄새가 코를 스치네/바로 앞의 묘한 향기는/누구라서 그 신비를 발견하리/목서 향기는 숨길 수가 없네……"라는 시가 실려 있다.

　목서는 이렇게 옛 문헌에 목서 자체로도 기록되어 있지만, 계수나무로 표기되어 있는 경우가 많다. 목서의 중국 이름은 銀桂(은목서), 刺桂(구골나무), 丹桂(금목서)로서 모두 계수나무란 의미가 들어 있다. 속명 *Osmanthus*는 향기를 뜻하는 오즘(osm)과 꽃을 말하는 '안토스(anthus)'의 합성어로서 '꽃에 향기가 있다'라는 의미다.

반송

반송은 소나무의 한 품종이다. 품종이란 원래의 소나무 종(種)과 비슷하지만 모양이 조금 다른 것을 말한다. 소나무는 외줄기가 올라와 자라는 것에 비하여 반송은 밑에서부터 줄기가 여러 갈래로 갈라지는 것이 특징이다. 또 물리적으로도 반송이 생길 수 있다. 어릴 때 소나무의 가운데 새순이 잘려나가면 옆가지가 자라 반송 모양이 나타나기도 한다. 반송은 전체적인 바깥 모습이 둥그스름하거나 부챗살 모양으로 소나무보다 더 부드러운 맛이 나고 정제된 느낌이다.

정원수로 가꾸는 나무

줄기가 아홉 개 갈라져 있어서 구송이라 부르는 함양 목현리 천연기념물 358호 반송(2009.01.27.)

부챗살 모양의 전형적인 반송 모습을 하고 있는 천연기념물 357호 선산 독동 반송 (2009.10.27.)

소나무과
학명 : *Pinus densiflora* for. *multicaulis*
영명 : Multistem Japanese Redpine
일본명 : タギョウショウ多行松
한자명 : 盤松, 萬枝松

반송의 생김새나 자라는 모습이 자식에게 유전이 되어야만 비로소 보통 소나무가 아니고 반송이란 품종 이름을 달 수 있다. 그러나 반송은 씨앗을 따다 심으면 극히 일부만 어미의 특징이 나타나고, 대부분은 보통 소나무처럼 자란다고 한다. 자연 상태에서 여러 가지 원인으로 반송이 나타나기도 하지만 당대(當代)에 반송의 특징이 끝나고 일부만 유전이 된다는 것은 아직 품종으로서 충분히 고정이 되지 않았다는 이야기다. 식물학자들 사이에 이럴 때는 품종으로 분류를 해야 하느냐 마느냐를 두고 논쟁이 붙는다. 우리나라에서는 반송, 혹은 만지송(萬枝松)이라 하며, 일본에서는 다행송(多幸松)이라 하여 품종으로 인정하고 있다. 그래서 이런 나무의 번식은 꺾꽂이나 접붙이기로 하는데, 소나무 종류는 꺾꽂이보다는 접붙이기를 더 흔히 한다.

반송은 아름다운 모양새 때문에 옛날부터 선비들이 좋아했다. 조선 초기 한양에서 개성으로 가는 길목인 지금의 서울 서대문구 천연동 부근에는 고려 때부터 커다란 반송 한 그루가 자라고 있었다. 그늘이 수십 보를 덮을 만큼 큰 나무라서 길 가는 사람들의 좋은 휴식처가 되었다. 고려시대 어느 임금도 남쪽으로 행차를 하다가 비를 만나 잠시 반송 밑으로 피한 적이 있었는데, 훗날 '반송정(盤松亭)'이란 이름을 지어주었다고 한다.

또 반송은 귀한 손님을 맞이할 때나 떠나보낼 때 '영접과 환송의 장소'로 유명했다. 그래서 문인들의 '반송송객(盤松送客)'이란 시가 여럿 전해지기도 한다. 태종 7년(1407)에는 반송정 옆에 중국 사신을 맞이하는 모화루를 짓고 서지(西池)라는 못까지 팠다고 전해진다.

〈사직노송도(社稷老松圖)〉, 정선, 18C 전반, 61.8x112.2cm, 고려대박물관
지금의 서울 천연동과 사직동 어디쯤에 자라던 반송을 그린 것이다. 우리의 옛 시문집에 흔히 등장하는 '반송송객'이나 '반송정' 등은 이 나무로 짐작된다. 용트림하듯 이리저리 휘어져 자라는 이 반송에 수많은 받침대를 설치하여 둔 것으로 보아 옛사람들도 무척 아낀 것 같으나, 조선 후기에 죽어버린 것으로 짐작된다.

우리
나무의
세계

우리나라에는 천연기념물로 지정되어 아름다움을 뽐내고 있는 여섯 그루의 반송이 있다. 291호로 지정된 무주 설천면의 반송은 타원형의 모양새가 가장 아름답다. 293호인 상주 상현리의 반송은 탑 모양이 연상된다고 하여 '탑송(塔松)'이란 별명이 있으며, 이무기가 살았다는 전설을 갖고 있다. 357호인 선산 독동의 반송은 부챗살 모양으로 가지 뻗음이 독특하다. 358호인 함양 목현리의 반송은 가지가 아홉 개로 갈라졌다 하여 구송(九松), 399호인 영양 답곡리의 반송은 가지가 수없이 갈라졌다 하여 만지송이라 부른다. 그 외에 292호인 문경 화산리의 반송도 있다.

처진소나무

처진소나무는 가지가 아래로 처진 소나무의 한 품종으로서 모습이 다른 두 가지 형태가 있다. 하나는 가지가 아래로 길게 뻗어서 마치 삿갓 모양을 하고 있는 것이다. 삿갓송의 대표적인 형태는 천연기념물 180호로 지정된 운문사의 처진소나무와 409호로 지정된 울진 행곡리의 처진소나무다.

  운문사의 처진소나무는 키가 6미터 정도이고, 땅 위 2미터쯤 되는 곳에서 줄기가 갈라져 많은 가지가 옆으로 뻗으면서 밑으로 처진다. 처진 가지가 땅에 닿지 못하도록 보호 목적으로 수십 개의 받

정원수로 가꾸는 나무

천연기념물 180호 청도 운문사 처진소나무(2009.10.07.)

침대를 세워두었다. 소나무는 암수가 같은 나무이니 암나무와 수나무가 따로 있을 수 없으나, 나무를 보는 느낌은 아무래도 암나무 같은 착각에 빠진다. 자라는 모습이 우아하고, 가지 뻗음이 섬세하며, 솔잎도 더 부드러워 보여 비구니 사찰인 운문사의 분위기와도 잘 어울린다. 옛날에는 여름철이면 수십 명의 여승들이 이 소나무 아래 둘러앉아 큰 스님의 강론을 듣기도 했다.

울진 행곡리의 처진소나무는 키 14미터, 줄기둘레가 두 아름 정도이며, 방랑시인 김병연으로 유명한 김삿갓의 외모와 비슷하다. 키가 크고 받침대가 없으므로 처진소나무란 이름과 잘 어울리는 나무다. 그 외에 460호로 지정된 포천 직두리의 부부송 및 함양 개평리의 경남기념물 211호로 지정된 소나무도 삿갓 모양의 처진소나무로 분류된다.

보통 소나무도 주위에 다른 나무 없이 홀로 자랄 때는 가지가 옆으로 길게 뻗으므로 조금씩 밑으로 처지는 경향이 있다. 삿갓 모양의 처진소나무는 어느 정도까지 가지가 밑으로 처진 것을 처진소나무란 품종으로 구분할 것인지의 기준이 애매하며, 형질이 유전되는 것인지도 충분히 검증되지 않았다.

처진소나무의 또 다른 형태는 키가 크고 가지가 짧으면서 밑으로 늘어진 버들 형태의 모습을 지닌 수양버들 모양의 소나무(柳松)다. 대표적인 유송은 청도 매전면 동산리의 천연기념물 295호로 지정된 처진소나무로 키 14미터, 줄기둘레가 한 아름 반 정도이며, 옆으로 크게 퍼지지 않아 훤칠한 키에 늘씬한 몸매를 자랑한다. 꼭

◀버들처럼 가지가 늘어지는 천연기념물 295호 청도 동산리 처진소나무(2007.02.28.)

북한천연기념물 235호 창도 늘어진소나무

대기에 둥근 수관을 만들고 밑으로 내려오면서 세 개의 굵은 가지가 아래로 내리 뻗어 있고, 작은 가지는 꽈배기처럼 꼬였으며, 잔가지들이 늘어져 있다.

같은 처진소나무라도 버들 형태의 유송은 대단히 희귀하며, 이 유송 이외에 우리나라에는 아직 알려진 곳이 없다. 일본에는 이와테현(岩手県) 타마야마 마을에 이 유송과 똑같이 생긴 한 그루가 있을 뿐이다. 유송과 비슷한 모습을 갖춘 나무는 강원도 창도군 장현리에 북한 천연기념물 235호로 지정된 '창도 늘어진소나무'가 있다. 하지만 이 나무는 산발한 여인의 모습처럼 위쪽에 10여 개의 가지가 사방으로 길게 늘어져 청도 동산리의 처진소나무와는 형태가 약간 다르다.

백량금

단풍이 지고 찬바람이 피부로 느껴질 즈음이면 사람들은 꽃 피는 계절을 그리워한다. 꿩 대신 닭이라고 하였던가. 이럴 즈음 꽃가게의 앞줄에는 빨간 열매를 줄줄이 매달고 있는 자그마한 나무를 내놓는다. 바로 '백량금(百兩金)'이라는 이름부터 흥미를 끄는 나무다.

백량이라는 적지 않은 돈과 나무가 무슨 관련이 있는 것일까? 실망스럽게도 돈과 특별한 인연이 있어서가 아니라 중국 이름을 그대로 따왔을 따름이다. 20세기 초 우리나라에 자생하는 식물을 처음으로 조사하여 통일된 이름을 정하면서 대부분 예부터 사용하던

정원수로 가꾸는 나무

새 꽃이 피는데도 지난해 열린 열매 일부가 그대로 달려 있다(2009.06.30. 완도수목원)

콩알 굵기의 빨간 백량금 열매 (2010.04.06. 제주)

자금우과
학명: *Ardisia crenata*
영명: Coral Ardisia
일본명: マンリョウ 万両
중국명: 朱砂根, 大罗伞, 圆齿紫金牛
한자명: 百兩金
북한명: 선꽃나무

우리 이름을 그대로 가져다 붙였다. 제대로 된 적절한 이름이 없을 때, 혹은 한약재로 알려진 나무들은 중국 이름을 그대로 빌려 쓰는 경우가 많았다.

지금 우리가 말하는 백량금은 뿌리를 자르면 붉은 점이 있다고 하여 중국에서는 '주사근(朱砂根)'이라 했다. 한편 주사근과 비슷하고 학명이 'Ardisia crispa'라는 나무가 있는데, 이 나무의 원래 중국 이름이 백량금이었다. 학자들이 중국 이름을 빌려다 붙이면서 주사근이라고 해야 할 것을 착오로 유사 종류인 백량금이라고 해 버린 것이다. 진짜 중국 백량금은 주사근보다 잎이 조금 더 가늘고 긴 것 외에는 너무 비슷한데다, 우리나라에서는 자라지 않는 탓에 전문 학자들도 이런 실수를 한 것이다. 참고문헌으로 쓴 중국 원예서 《본초강목》의 설명이 좀 헷갈리게 기술된 것도 착오 이유라 할 수 있다.

똑같은 일이 일본에서도 벌어졌다. 중국 백량금을 가져다 처음 정원수로 개발할 때 그들은 엉뚱하게 '당귤(唐橘)'이라 하고 우리가 말하는 백량금은 '만량(萬兩)'이라는 다른 이름을 붙였다. 같은 식물을 두고 중국에서는 주사근, 우리나라에서는 백량금, 일본에서는 만량이 된 셈이다. 액수로 따져 백량보다 100배가 많다는 뜻의 일본 이름은, 이 나무가 처음 알려진 에도시대에는 비싼 값이 아니면 살 수 없었던 탓이라는 것이다. 일본인들은 자금우를 십량(十兩), 중국 백량금은 백량, 열매가 비슷한 죽절초를 천량, 백량금은 만량이란 이름으로 부르기도 한다. 붉은 과실은 큰돈을 가져온다는 믿음 때문에 이렇게 돈으로 이름을 지었다는 이야기도 있다.

백량금은 남부지방의 상록수 숲에서 햇빛을 거의 받지 않고 살아가는 나무다. 키는 30~50센티미터 정도로 큰 것이라고 해도 1미터가 넘는 경우는 거의 없다. 작긴 해도 곧추선 하나의 줄기를 가지며 가지와 잎은 대체로 줄기 끝에 모여 달린다. 가지는 줄기에 비하여 훨씬 가늘고 오래지 않아 떨어져버리므로 가지가 옆으로 퍼지는 일은 거의 없다. 잎은 어긋나기로 달리고, 좁고 긴 타원형으로 표면은 짙은 초록빛이며 뒷면은 연한 초록빛이다. 가장자리에는 물결모양의 톱니가 있다. 특징적인 것은 톱니와 톱니 사이에 '선체(腺体)'라는 작은 점이 나타난다.

6월경 손톱 크기만 한 흰 꽃이 가지 또는 줄기 끝에 우산모양으로 적게는 몇 개에서 많게는 수십 개까지 핀다. 9월이면 꽃이 진 자리에 둥글고 콩알 크기만 한 빨간 열매가 가득 열린다. 열매는 이듬해 다시 꽃이 필 때까지 떨어지지 않고 그대로 매달려 있다. 진초록 바탕에 빨간 열매로 악센트를 준 백량금의 모습은 겨우 내내 잿빛 아파트의 베란다를 아름답게 꾸며주는 일등공신이다. 이렇게 오래 열매를 달고 있는 이유는 숲속의 그늘에서 자라는 탓에 새들의 눈에 띄는 기간을 늘려 잡은 선조들의 배려라고 한다. 꽃가게에 가서 백량금을 달라고 하면 잘 알아듣지 못한다. 일본 이름인 만량에다 '금(金)'자 하나를 더 붙인 만량금으로 모두가 알고 있기 때문이다.

자금우

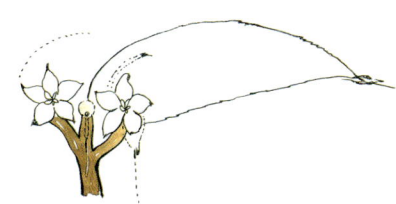

겨울날에 남해안이나 섬 지방, 또는 제주도를 여행하다 보면 색다른 상록의 자연경관이 강한 인상으로 남는다. 중북부지방에서는 초록을 떨쳐버린 앙상한 나뭇가지에서 지난 세월의 아쉬움을 느낄 때, 동백나무를 비롯하여 후박나무, 참식나무, 까마귀쪽나무 등 웬만한 전문가가 아니면 이름도 생소한 늘푸른나무들로 온 산은 겨울에도 초록덮개다. 그러나 제대로 잘 보존된 상록수 숲은 사실 욕심쟁이들만 모여 사는 곳이다. 다른 종류는 아예 발을 못 붙이도록 저희들끼리 잔뜩 잎을 내밀어 숲속은 대낮에도 빛 한줄기조차 들

정원수로 가꾸는 나무

푸른 잎 사이사이에서 붉은 열매가 얼굴을 내밀고 있다(2008.04.06. 통영 매물도)

자금우는 햇빛이 거의 들지 않는 늘푸른나무 숲 아래서도 무리를 이루어 잘 자란다(2007.08.28. 완도 주도)

자금우과
학명: *Ardisia japonica*
영명: Japanese Ardisia
일본명: ヤブコウジ 藪柑子
중국명: 紫金牛, 地橘子, 矮地茶
한자명: 紫金牛

어오지 못하게 한다. 구름이라도 살짝 끼면 거의 깜깜한 수준이다. 이런 상록수 숲에 감히 어느 나무가 발을 들여놓을 수 있을까 생각하겠지만 자금우란 나무는 당당히 터전을 잡고 있다.

자금우(紫金牛)는 이름 그대로 해석하면 '아름다운 빛을 내는 소'란 뜻이다. '자금'이란 불교용어로 부처님 조각상에서 나오는 신비한 빛을 일컫는다.

자금 빛을 내는 덩치 큰 소의 이미지로 나무를 상상했다면 너무도 다른 모습에 실망할 것이다. 실제로 자금우는 가느다란 몸체에 키 자람이라고 해봐야 한 뼘 남짓한 피그미나무다. 그렇다면 왜 이름만 이렇게 근사한 것일까? 작은 몸체가 한약재로 쓰이는데, 그 약의 이름이 '자금우'이기 때문이다. 중국인들이 붙인 이름을 우리가 그대로 받아들인 것이다. 기관지에 특히 효험이 있으며, 그 외에도 종기에서부터 습진까지 여러 가지 처방이 알려져 있다.

자금우는 우리나라의 남해안에서 울릉도까지, 그리고 일본과 중국 및 동남아시아까지 세력을 펼치는 나무다. 직접 햇빛을 받지 않아도 상록수 그늘 밑에서 광합성을 할 수 있는 능력을 지녔다. 번식은 낙엽이 썩어서 쌓인 부엽토 속에 땅속줄기를 이리저리 뻗어서 새로운 개체를 만들어 가는데, 서로 연결되어 무리를 이루는 경우가 많다.

줄기는 하늘로 향하여 곧바로 서지 않는다. 사실 햇빛 경쟁에 뛰어들지 않을 바에야 그럴 필요도 없다. 땅속처럼 땅 위 줄기도 옆 뻗음으로 충분하다. 자금우는 나무라는 사실을 알기 전에는 자라는 모습만 보면 군말 없이 풀이라고 생각하기 쉽다.

잎은 주로 마주나기로 달리지만 흔히 줄기 끝에서는 돌려나기로 모여 달린다. 작은 달걀 크기에 표면에는 윤기가 있고, 가장자리에는 거의 침처럼 생긴 톱니가 있다. 음지에서 자라는 잎이라 수명이 길다. 적어도 몇 년 동안은 잎갈이를 하지 않고 그대로 붙어 있다. 작년에 자란 줄기의 잎겨드랑이에서는 6~7월에 걸쳐 손톱 크기 남짓한 꽃이 핀다. 다섯 장의 꽃잎(정확히는 花冠)은 거의 흰빛이며, 차츰 주근깨 소녀의 얼굴마냥 보랏빛 반점이 점점이 생긴다. 거의 땅에 붙어 있다시피 한 키에 꽃은 아래로 달려 있다 보니 눈에 잘 띄지 않고 수정을 해줄 곤충도 그리 많지 않다. 개미가 도와준다는 이야기도 있다. 그러나 자금우는 종자 번식에 크게 신경 쓰는 것 같지 않다. 땅속줄기를 믿고 있기 때문일 것이다.

꽃이 지고 나면 초록 열매가 열리기 시작하다가 가을이 되면 콩알 굵기로 빨갛게 익는다. 열매는 겨울을 넘겨 다음해 꽃이 필 때까지 달려 있다. 초록을 바탕으로 잎 사이사이에 2~3개씩 얼굴을 내미는 빨간 열매는 자금우의 매력 포인트다. 아파트와 같은 회색공간에 특히 잘 어울리는 나무다.

자금우와 매우 비슷한 나무로 산호수가 있다. 자라는 지역도 같고 잎 모양이나 줄기가 옆으로 뻗어나가는 모습도 거의 차이가 없다. 산호수는 잎 가장자리의 톱니가 크고 때로는 겹 톱니이며, 양면에 털이 있는 점이 자금우와 다르다. 자금우의 또 다른 형제인 백량금은 키가 더 크고, 잎이 길며 두껍고, 가장자리에 둔한 물결 톱니가 있어서 이 둘을 구별할 수 있다. 이 셋이 모여 자금우과(科)라는 일가를 이룬다.

비목나무

초연(硝煙)이 쓸고 간 깊은 계곡 양지 녘에

비바람 긴 세월로 이름 모를 비목이여

먼 고향 초동친구 두고 온 하늘가

그리워 마디마디 이끼 되어 맺혔네

궁노루 산울림 달빛 타고 흐르는 밤

홀로선 적막감에 울어 지친 비목이여

그 옛날 천진스런 추억은 애달퍼

서러움 알알이 돌이 되어 쌓였네

정원수로
가꾸는
나무

잎이 나오면서 잇달아 연노랑의 작은 꽃들이 핀다(2009.04.30. 청송 주왕산)

낙엽이 채 들기 전부터 열매는 붉게 익는다(1999.10.12. 대구 팔공산)

녹나무과
학명: *Lindera erythrocarpa*
영명: Spice Bush
일본명: カナクギノキ鉄釘の木
중국명: 红果钓樟
한자명: 白木

〈비목〉은 〈선구자〉, 〈반달〉 등과 함께 우리 국민 모두의 사랑을 받는 가곡이다. 1964년, 백암산 비무장지대에서 육군 소위로 근무하던 한명희 씨는 어느 맑은 밤에 순찰을 돌다가 양지바른 산모퉁이에서 녹슨 철모와 이끼 낀 돌무더기 하나를 발견한다. 한국동란 때 처참하게 죽어간 이름 없는 젊은이의 초라한 무덤이었다. 그는 무엇인가 사연을 간직한 것 같은 이 현장을 기억해두었다가 훗날 가사로 엮고 장일남 씨가 곡을 붙여 가곡 〈비목〉이 탄생한다. 6월이면 비목의 가사처럼 가슴이 저며 오는, 지나간 우리의 아픈 상처를 다시 한 번 되돌아보게 한다.

　비목나무는 가곡의 비목과 발음이 같아 사람들은 초연 속에 사라져버린 비극의 주인공들을 상징하는 나무로 생각하기 쉽다. 게다가 잘 알려진 나무가 아니므로 구부정하고, 어둠침침하며, 곧 썩어 넘어질 것 같은 나무로 상상한다. 그러나 '보안목'이라고도 불리는 비목나무는 황해도 이남의 산이라면 어디에서나 건강하게 자라는 흔한 나무의 하나일 뿐이다.

　비목나무는 겨울에 잎이 떨어지는 갈잎나무이며, 키 10여 미터, 지름이 거의 한 아름까지 자란다고 하나 대체로 지름 한 뼘 정도다. 나무껍질은 어릴 때는 황갈색이고, 오래되면 얇고 커다란 비늘조각으로 떨어진다. 잎은 어긋나기로 달리며, 가장자리가 밋밋하고, 거꾸로 세운 피뢰침 모양이다. 꽃은 암수 다른 나무로 한창 봄이 무르익을 때 핀다. 연한 노란빛으로 잎겨드랑이에서 나온 작은 우산 모양의 꽃차례에 달린다. 화려하지는 않으나 깔끔한 꽃 모양이 품위가 있다. 열매는 작은 콩알 크기 정도로 처음에는 초록색이었다가 늦여름이나 초가을에 차츰 붉은빛으로 익는다. 황색으로 차츰 물들어 가는 비목나무의 단풍과 함께 작은 루비 구슬 같은 열매가 다소곳이 열려 있는 모습은 가을 숲의 정취를 돋운다.

높은 벼슬아치들은 재임기간 동안의 자기 업적을 비(碑)에 새겨서 남기기를 좋아했다. 《목민심서》 6장 〈유애(遺愛)〉편에 이런 이야기가 있다. 판서 이상황이 충청도 암행어사가 되어 괴산군에 당도했는데, 미나리 밭에서 한 농부가 나무 비에 진흙 칠을 다섯 번이나 하고 있었다. 어사가 "그것이 무엇이냐?" 하고 물으니, 농부는 "이것이 바로 선정비요"라고 대답했다. 왜 진흙 칠을 하는지 다시 물었더니, "암행어사가 온다는 소문이 퍼지자 이방이 나를 불러 이 비를 세우게 하였소. 혹시 눈 먼 어사가 이것을 진짜 비로 알까 봐 걱정되어 진흙 칠을 해서 세우려는 것이요"라고 했다. 어사는 그길로 바로 동헌으로 들어가 먼저 진흙 비의 일을 따지고 고을 원님을 봉고파직시켜버렸다.

나무 비를 만든 비목(碑木)과 여기서 말하는 비목나무는 어떤 관련이 있을까? 비목나무 목재는 나무질이 치밀하고 잘 갈라지지 않아 가구재나 조각재로 드물게 사용되기는 하지만, 관리들의 거창한 업적을 적어 넣기에는 적합하지 않은 나무다. 굳이 관련이 있다면 달랑 나무토막 하나에 이름 석 자라도 새겨지는 것으로 풍진세상을 하직하는 민초들의 무덤 앞에 세워지는 초라한 비(碑) 나무들 중 하나가 아닐까 나름대로 생각해본다.

사스레피나무

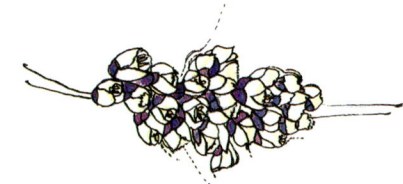

까만 사스레피나무 열매와 잎(2003.04.22. 남해)

낙엽이 진 중부지방의 겨울 산은 온통 잿빛이다. 띄엄띄엄 섞여 있는 소나무가 가버린 푸름을 일깨워줄 뿐, 삭풍이라도 몰아치면 삭막함이 숲을 훑어 놓는다. 그러나 멀리 남해안에서 제주도를 잇는 난대림의 겨울은 중부지방과 풍광이 크게 다르다. 늘푸른 넓은잎나무가 산을 덮고 있어서다. 난대림의 상록수는 대체로 두꺼운 잎사귀에 왁스 성분이 풍부하여 광택이 난다.

정원수로 가꾸는 나무

 양지바른 난대림의 나무들 사이로 자잘한 톱니와 갸름하고 도톰한 잎사귀를 달고 있는 자그마한 늘푸른나무를 흔히 만날 수 있다. 바로 난대림의 붙박이인 사스레피나무다. 이 나무는 자람 터를 까다롭게 고르지 않는다. 나지막한 야산 자락에서부터 숲이 우거진 산속까지 어디라도 적응하며 잘 살아간다. 주로 우리가 쉽게 만나게 되는 곳은 메마르고 건조한 산자락의 빈터다. 웬만한 건조에는

사스레피나무는 작디작은 꽃이 땅을 향하여 줄줄이 피어 있다(2004.03.10. 남해)

차나무과
학명 : *Eurya japonica*
영명 : Japanese Eurya
일본명 : ヒサカキ姫榊
중국명 : 柃木
한자명 : 野茶

잘 버틸 수 있는 능력이 있다. 잎 뒷면에 있는 기공(氣孔)이 소나무처럼 약간 함몰된 위치, 즉 '함몰기공'을 가지고 있기 때문이다. 공변세포[7]에 의하여 증산작용을 조절하는 기능도 있지만, 기공 위치 자체가 쓸데없이 수분이 날아가버리는 것을 줄여주도록 설계되어 있다.

자람 터가 만족스럽지 않다 보니 사람 키 남짓한 작은 나무가 되어버렸지만, 강한 생명력으로 잘 버텨 나간다. 줄기 여기저기에는 싹눈을 숨겨두어 잘려지면 금세 싹을 내밀 만반의 준비를 갖춘다. 쓸데없이 키를 키우느라 아까운 에너지를 소비하지 않는다. 자람 환경은 좋지 않지만 잎사귀는 놀놀해지는 법 없이 언제나 푸르고 싱싱하다. 이런 특성 때문에 사람들에게도 자주 만날 수 있은 쓰임이 하나 있다. 우리의 일상에서 접하는 꽃다발의 바닥나무는 대부분 사스레피나무다. 화려한 꽃만 모여 자칫 천박해질 수도 있는 꽃다발의 품위를 올려주는 품격나무다.

사스레피나무는 한 번 쓰고 버리는 꽃다발로 세상의 임무가 전부 끝나는 것이 아니다. 숲속의 기름진 땅에 씨가 떨어지면 왕성한 생장으로 주위의 다른 나무들과 당당하게 경쟁한다. 진짜 사스레피나무인지 의심될 만큼 제법 큰 나무로 자랄 때도 있다. 간단한 기구를 만들 수 있는 굵기의 나무가 되는 것이다. 사스레피나무는 난대림의 숲이라면 어디라도 찾아들어 숲을 더욱 풍요롭게 하는 중요한 역할을 한다. 다만 추위에 버틸 힘은 거의 없다. 남해안에서 내륙으로 조금만 올라와도 사스레피나무를 만나기가 어려워진다.

사스레피나무는 암수가 다른 나무로서 이른 봄날 꽃을 피운다.

양지바른 난대림에서 자라는 사스레피나무(2003.03.10. 해남 녹우단)

다섯 장의 꽃잎을 가진 작은 꽃이 가지 밑에서 땅을 향하여 수십 수백 개가 줄줄이 매달린다. 암꽃과 수꽃의 모양이 비슷하고, 꽃이래야 새끼손톱만 한 크기다. 암꽃은 황백색에 꽃잎의 끝부분은 꽃이 피고 조금만 지나면 보랏빛으로 변한다. 꽃에는 특별한 냄새가 있다. 향기로운 냄새가 아니라 가정용 LPG가스가 누출될 때 나오는 퀴퀴한 냄새에 가깝다. 꽃이 필 때면 후각이 예민한 사람들은 금세 알아챌 수 있다. 열매는 늦가을에서부터 초겨울에 걸쳐 까맣게 익으며 다음해까지 달려 있다. 열매가 많지 않은 겨울 동안에 새들에게 먹이를 제공하여 효과적으로 종자를 퍼뜨린다.

사촌나무로 우묵사스레피나무가 있다. 이름 그대로 사스레피나무와 꽃, 열매, 나무 모양은 모두 비슷하나 잎 꼭지만 요(凹)형으로 우묵하게 들어가 있는 나무다. 내가 본 우묵사스레피나무의 아름다운 군락은 제주도 성산일출봉에서 구좌읍 쪽으로 이어진 해안도로다. 겨울날 제주도를 여행하게 된다면 한번 가보기를 권하고 싶다. 사스레피나무란 이름을 갖게 된 사연은 나무를 좋아하는 사람들 모두의 궁금증이나 아직 어원을 찾지 못하고 있다.

정원수로
가꾸는
나무

연한 녹황색 사철나무 꽃이 한창 피어 있다(2010.06.29. 강진)

노박덩굴과
학명: *Euonymus japonicus*
영명: Evergreen Japanese Spindle, Japanese Euonymus
일본명: マサキ柾, 正木
중국명: 大叶黄杨, 冬青卫矛
한자명: 冬靑, 凍靑
북한명: 푸른나무

사철나무

독도하면 으레 삭막한 바위 덩어리가 연상되지만, 자그마치 46종의 식물이 절벽의 곳곳에 붙어 자라고 있는 녹색 섬이다. 독도에서 가장 오래된 생물체는 동도 천장굴 위쪽에 있는 약 100년 된 고목 사철나무다. 주변에 여섯 그루의 식구와 서도 정상 부근의 세 그루 등 모두 10여 그루가 자란다. 고목 사철나무가 태어난 시기는 일본이 독도를 몰래 자기네 땅에 편입시킨 1905년 전후다. 나라님이 나서서 당연히 따지고 들어가야 했지만, 당시의 대한제국은 시비를 걸 만한 여력도 의지도 없었다. 이즈음 기특하게도 사철나무가 독도에 먼저 터를 잡고 '독도는 우리 땅'임을 굳힌 것이다. 그것도 그냥 사철나무가 아니라 울릉도 출신으로 짐작되는 토종 사철나무다. 때맞춰 옮겨준 공신들은 사철나무 열매를 뱃속에 담고 독도에서 잠시 쉬어가던 떼까치나 지빠귀 종류다.

사철나무가 독도 바위틈에서 씨앗을 싹틔우고 살아가는 과정은 마치 나라를 잃고 고통받는 민초들의 삶과 닮았다. 일제강점기의 어린 독도 사철나무는 보살핌은 고사하고 짠물과 바람과 지독한 가뭄을 혼자서 견뎌야만 했다. 강인한 생명력은 광복을 거쳐 혼란기와 한국전쟁의 와중에도 독도의용수비대가 우리 땅을 힘겹게 지키는 과정을 바라보면서 조금씩 몸체를 불려나갔다. 지금은 10여

정원수로
가꾸는
나무

〈후원유연(後園遊宴)〉, 김홍도, 1795년, 사계풍속도병의 일부(모사품), 파리 기메박물관
힘깨나 쓰는 권세가의 후원에서 벌어지는 잔치를 묘사한 그림이다. 연회장과 아래쪽으로 음식을 나르는 여인들 사이에 취병(翠屛)이란 가리개가 있다. 손님과 안주인이 서로 볼 수 없게 하는 시설이며 대나무로 거푸집처럼 엮고 가운데에다 주로 줄사철나무를 심었다. 줄사철나무는 1년 내내 푸른 잎을 가지고 있으며 가지와 잎 뻗음의 간격이 적당하여 안주인이 찾아온 손님을 살짝 확인할 수도 있다. 이대를 심었다는 설도 있으나 번식력이 너무 왕성하여 적당하지 않다고 생각된다.

그루로 늘어났지만, 모진 환경에 적응하느라 한결같이 바위에 붙어 납작 엎드려 있는 모습이 안쓰럽다. 우리가 미처 챙기지 못한 긴 세월 동안 온갖 고난을 무릅쓰고 외롭게 독도를 지켜온 사철나무는 이제야 '보호수'란 이름으로 나라의 보살핌을 받고 있다.

사철나무는 독도와 같은 열악한 조건에서도 자라는 나무이다 보니 자랄 터를 가리지 않는다. 아주 추운 북쪽지방이 아니면 어디에서나 만날 수 있다. 소금바람에도 강하여 바닷가에서도 잘 자란다.

사철나무란 이름이 너무 포괄적이고 광범위하여 다소 혼란스럽다. 북한은 그냥 '푸른나무'다. 옛 이름은 동청(冬靑)으로 겨울에도 푸른 나무란 뜻인데, 어디 이런 나무가 한둘인가? 바늘잎나무 거의 대부분과 넓은잎나무 수백 종이 동청나무다. 문헌을 찾아보니 옛 어른들은 동청을 세 갈래로 정리해두었다. 첫째는 우리가 지금 알고 있는 사철나무, 둘째는 겨우살이, 셋째는 광나무와 감탕나무 등이다. 모두 동청이란 글자로 표시하고 있으므로 앞뒤의 설명으로 어느 것인지 찾아내야 한다.

사철나무의 잘 나가는 쓰임새는 산울타리다. 촘촘한 가지 뻗음과 사철 잎을 달고 있어서 가리개의 기능을 잘해주며, 이리저리 잘라 대도 금방 가지를 내민다. 햇빛을 잘 받지 못하는 아래 잎도 위 잎을 밀치고 나오려는 욕심을 피우지 않고 주어진 만큼 광합성을 하면서 큰 불평 없이 서로 잘 어울려 자란다. 쥐똥나무와 함께 가장 널리 쓰이는 울타리나무다.

조선시대 전통 양반 가옥의 안채와 사랑채 사이에는 손님이 왔을 때 안채가 바로 보이지 않게 취병(翠屛)이라는 가리개 시설을 만들

분홍색 껍질을 깨고 붉은 씨앗을 내밀고 있다(1998.11.27. 남해)

었다. 이때 돌담보다는 흔히 사철나무로 산울타리를 만들었다. 때로는 대나무로 담장을 거푸집처럼 엮고 안에다 줄사철나무를 올리기도 했다.

흔히 만날 수 있는 사철나무는 자연 상태로 자란 모습이 아니라 대부분 사람들이 다듬어준 모습이다. 울타리나 정원수로서 작은 나무처럼 생각되나 그냥 두면 중간 키 정도는 자란다. 충남 간월도에서 자라는 사철나무는 키 3.2미터, 줄기둘레가 100센티미터이고, 울산 대송리에 자라는 사철나무는 키 7미터, 줄기둘레가 100센티미터에 이른다. 잎은 마주나기로 달리고 두꺼우며, 타원형으로 가장자리에 둔한 톱니가 있고, 표면에 윤기가 흐르며 짙은 초록빛이다. 꽃은 암꽃과 수꽃이 따로 있고, 초여름에 손톱 크기 남짓한 꽃잎 네 개가 정확히 마주 보면서 연한 녹황색 꽃을 피운다. 열매는 굵은 콩알만 하고 주황색으로 익는다. 겨울이 되면 씨껍질(가종피, 假

서산 간월암에서 만날 수 있는 줄기둘레 100센티미터의 사철나무 고목(2010.04.03.)

種皮)[8]은 넷으로 갈라지고 안에서 빨간 씨가 얼굴을 내민다.

사철나무와 생김새는 같으나 줄기가 나무나 바위를 기어오르며 자라는 줄사철나무가 있다. 진안 마이산 일대의 줄사철나무 군락은 천연기념물 380호로 지정되어 보호받고 있다. 이외에도 사람들이 개량한 수많은 품종이 있다. 잎 가장자리에 백색 줄이 들어간 것은 은테사철, 노란색인 것은 금테사철이라 한다.

정원수로 가꾸는 나무

송악은 늘푸른 잎 사이에 까만 열매가 무더기로 달린다 (1998.01.06. 홍도)

두릅나무과
학명 : *Hedera rhombea*
영명 : Japanese Evergreen Ivy
일본명 : キズタ木蔦
중국명 : 日本常春藤
한자명 : 賞春藤, 爬山虎, 龍鱗
북한명 : 큰잎담장나무

송악

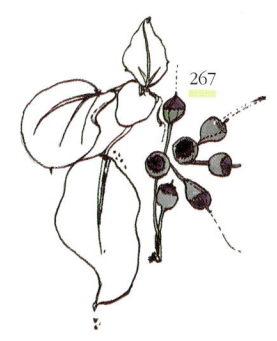

송악은 눈보라 치는 매서운 추위를 별로 좋아하지 않는 늘푸른 덩굴나무다. 따뜻한 남쪽 섬 지방과 서남해안을 따라 인천 앞바다까지 흔하게 자란다. 그러나 내륙으로는 고창 선운사 일대가 자랄 수 있는 북쪽 끝자락이다.

선운사 주차장 옆 선운천 건너편에는 천연기념물 367호로 지정된 송악 한 그루가 절벽에 붙어 자라고 있다. 이 송악은 굵기는 물론 나무 길이와 나이까지 모두 우리나라 최고라는 타이틀을 가지고 있다. 작은 절벽의 아래쪽에 뿌리를 박고 절벽을 온통 뒤덮고 있다. 줄기는 지난 세월의 험난함을 말해주듯 아래서부터 구불구불하게 여러 갈래로 갈라져 있다. 바위에 오랫동안 붙어 있다 보니 색깔마저 바위를 닮아버린 줄기는 이리저리 용트림으로 이어간다. 땅 위 약 5미터 정도부터 비로소 가지가 나와 잎 달림을 한다. 갈래 줄기를 합친 땅에 닿은 밑 둘레는 0.9미터이고, 뿌리에서부터 절벽 꼭대기까지 걸쳐 있는 나무의 길이는 약 15미터이며, 가지가 퍼져 있는 너비는 12.8미터에 이른다.

송악은 대부분 숲속에서 자라지만 바닷바람을 마주하는 시골집의 담장에 흔히 심기도 한다. 오래 두면 굵기가 10여 센티미터에 이르러 튼튼히 담을 감싸게 되므로 강풍에 담이 넘어지는 것을 막

정원수로 가꾸는 나무

〈수하한일도(樹下閑日圖)〉, 윤두서, 18C 초반, 26.6x16.2cm, 선문대박물관

고목나무 아래에 한 농부가 모자를 옆에 벗어두고 도롱이를 깔고 앉아 한가롭게 쉬고 있다. 고목은 잎을 모두 떨어뜨린 팽나무로 짐작되고, 밑동에서부터 감고 올라간 덩굴이 아래로 드리워져 있다. 나무로 봐서는 겨울인데, 덩굴의 잎은 그대로 붙어 있다. 잎 모양으로 보아 이 덩굴은 늘푸른 잎을 가진 송악이며, 주로 남해안에서 자란다. 따라서 그림의 배경은 남부지방이며 윤두서가 1713년 낙향하여 1715년에 생을 마감한 3년이라는 시간과 이 그림이 어떤 관련이 있지 않나 생각된다.

고창 선운사 입구의 천연기념물 367호 송악이 절벽을 뒤덮고 있다(2007.03.28.)

을 수 있다.

　송악은 다른 나무들과 햇빛 경쟁을 하여 쑥쑥 하늘로 뻗을 수 있는 조상의 음덕(蔭德)을 입지 못하고 땅 위를 이리저리 기어다니거나 다른 나무나 절벽에 빌붙어 살아야 하는 슬픈 운명을 타고났다. 임대료도 내지 않고 타고 올라갈 장소를 빌리지만 어미나무에 큰 피해를 주지 않는다. 줄기에서 조심스럽게 공기뿌리의 한 종류인 부착근(附着根)을 내밀어 정답게 자신의 몸을 붙여가면서 장소를 빌려준 이에게 폐가 가지 않게 적당히 타고 올라간다.

　잎은 윤기가 자르르한 짙은 녹색이며 가장자리는 밋밋하다. 어린 가지에 달린 잎은 3~5개로 갈라지고, 오래된 나무의 잎은 갸름한 달걀모양이며 크기는 손바닥 반만 하다. 꽃은 늦은 가을에 피고 녹황색이며, 우산모양의 꽃차례에 많은 꽃이 모여 달린다. 열매는 둥글고 다음해 봄에 검게 익는다. 한자로는 '상춘등(常春藤)'이라 하여

정원수로
가꾸는
나무

송악은 강하게 달라붙어 돌담이 허물어지지 않게 보호한다(2008.11.30. 신안 장산도)

늘푸른 등나무에 비유했다. 잎과 줄기에는 사포닌이 5~8퍼센트, 약간의 알칼로이드 성분이 들어 있어서 약용식물로 쓰인다. 한방에서는 지혈과 경련을 멈추게 하는 효능이 있다고 알려져 있다.

흔히 실내에서 키우는 아이비란 이름의 덩굴이 있다. 바로 서양송악인데 잎 모양이 우리의 송악과 거의 같다. 그러나 실제 영어 이름인 아이비(ivy)는 담쟁이덩굴을 말하고, 송악을 일컬을 때는 앞에 상록이란 말을 더 붙여서 '상록아이비(evergreen ivy)'라고 해야 맞는 이름이다.

위성류

작은 잎이 가느다란 가지를 말고 있는 독특한 잎과 꽃(2006.07.03. 영덕)

중국 대륙의 중북부에 있는 산시성의 성도 시안(西安)에서 서북으로 약 25킬로미터 떨어진 곳에 셴양(咸陽)이란 옛 도읍지가 있다. 지난날의 이름은 위성(渭城)이며, 진시황이 천하통일을 한 후 수도를 삼았던 곳이다. 이후 진나라가 망하고 한나라와 당나라를 거치면서 바로 옆의 시안이 융성하여 위성은 차츰 쇠락의 길을 걷게 된다.

정원수로 가꾸는 나무

위성에 아침 비 내려 먼지를 씻어내니
객사의 버들잎은 더욱 푸러지네
그대에게 술 한 잔 권해 올리니
양관(陽關)을 떠나 서역으로 가면 옛 친구는 아무도 없어지네

중국 당나라 때의 유명한 시인 왕유가 친구와 이별하면서 지었다는 〈송원이사안서(送元二使安西)〉라는 유명한 시다. 이 시의 내용처

위성류과
학명 : *Tamarix chinensis*
영명 : Chinese Tamarisk
일본명 : ギョリュウ御柳
중국명 : 檉柳, 西河柳
한자명 : 渭城柳, 赤徑柳, 垂絲柳

위성에는 버들을 많이 심은 것으로 짐작된다. 그러나 이 버들이 과연 오늘날 우리가 생각하는 수양버들인지는 잠시 망설여지게 한다. 왜냐하면 생김새가 비슷한 위성류라는 '짝퉁 버들'이 있어서다.

위성류는 키 5~7미터에 보통 지름이 한두 뼘 정도 자라는 갈잎나무다. 얼핏 보면 가지가 늘어지는 수양버들과 비슷하다. 그러나 자세히 들여다보면 버들과는 인연이 먼 식물임을 금세 찾아낼 수 있다. 우선 잎이 잘 보이지 않고 가지가 수없이 갈라지며, 어린가지는 실처럼 가느다랗다. 버들도 흔히 우리가 세류(細柳)라고 할 만큼 가는 가지를 갖지만 위성류에는 미치지 못한다.

식물분류학이란 학문을 알지 못했던 옛 시인들은 머리 썩힐 일 없이 위성류를 간단히 버들 종류에 넣었다. 그래서 위성에서 흔히 볼 수 있는 버들이란 뜻으로 '위성류'라고 부르게 된 것 같다. 그러나 정작 중국 본토에서는 위성류라고 부르지 않는다. 중국에서는 정류(檉柳)라고 하며, 우리의《물명고》에도 같은 한자를 쓰고 '당버들'이란 한글명을 병기했다. 다른 이름으로는 비를 내리게 하는 신이란 뜻으로 '우사(雨師)'라고도 한다. 중국 최초의 백과사전인《이아》에는 "위성류는 비가 내릴 기색이 있으면 생기가 돌고 가지가 뻣뻣해진다"라고 했다. 위성류의 영어 이름은 타마리스크(Tamarisk)로, 잎갈나무를 일컫는 타마락(Tamarack)과 거의 철자가 같다. 두 나무 모두 노랗게 물드는 가을 단풍의 모습이 비슷하여 유사한 이름이 붙은 것이 아닌가 생각해본다. 타마르 강 유역에 많이 자라서 생긴 이름이라는 이야기도 있다.

◀크게 자란 위성류 전체 모습(2010.09.25. 대구)

이 나무의 여러 가지 특징 중에 하이라이트는 잎이다. 향나무의 비늘잎처럼 2밀리미터 남짓한 작디작은 잎이 겹쳐지면서 가느다란 가지를 감싼다. 자세히 보지 않으면 그냥 녹색 가지로 보일 따름이다. 이는 건조지역에 자랄 때 쓸데없이 잎을 넓게 펼쳐 수분이 달아나는 것을 막아보자는 설계다. 분명히 잎이 넓다는 뜻의 활엽수에 들어가는 나무인데, 아무래도 잎 모양만 봐서는 바늘잎나무인 것처럼 보인다.

꽃은 늦봄과 여름에 두 번 핀다. 연분홍의 작은 꽃이 어린가지 끝의 원뿔모양의 꽃차례에 핀다. 그러나 꽃대가 옆으로, 혹은 밑으로 처지므로 오히려 이삭모양의 꼬리꽃차례 모습이다. 봄에 피는 꽃이 여름 꽃보다 약간 크지만, 열매를 맺지는 않는다. 여름 꽃은 10월경에 마른 열매로 익고 씨에는 작은 깃털이 있다. 버들처럼 물기가 많은 곳에서 잘 자라지만, 건조한 곳에서도 어렵게나마 자라기도 한다. 사막의 오아시스에서도 흔히 자란다고 한다. 소금기에도 강하므로 바닷가나 해안 매립지 등에도 심을 수 있다. 그래서 '솔트시다(salt cedar)'라는 다른 이름을 갖기도 한다.

위성류는 잎이 떨어진 나목의 모습은 엉성하고 볼품이 없다. 잎이 나오고 꽃이 핀 이후에도 아름답다고 말하기는 어렵다. 다만 나무의 모습이 독특하여 여기저기에서 정원수로 심고 있는 것으로 생각된다.

작살나무

/

가을의 초입부터 낙엽이 뒹구는 늦가을까지 우리 산 가장자리에는 귀여운 보라색 구슬을 송골송골 매달고 있는 자그마한 나무가 눈길을 끈다. 고운 자수정 빛깔을 그대로 쏙 빼닮은, 대자연이라는 장인이 만들어놓은 아름다운 조각품의 극치. 가을 산 어디에서나 쉽게 만날 수 있는 작살나무 열매가 바로 이들이다.

작살나무는 원래 습기가 많은 개울가에서 올망졸망한 크기의 다른 나무들과 사이좋게 살아간다. 그는 주위의 키다리 나무들과 햇빛을 받기 위한 키 키우기 무한경쟁에 무모하게 뛰어들지 않는다. 큰 나무들이 위로 올라가느라 미처 챙기지 못한 아래 공간을 '틈새시장'으로 활용한다. 우선 알차게 이리저리 가지 뻗음을 해두고 나름대로의 방식에 따라 살아갈 방법을 모색한다. 적게 들어오는 햇빛으로 광합성 효율을 높이는 기술은 비정한 식물사회에서 살아남을 수 있는 그만의 노하우다. 괜스레 덩치만 키웠다가는 실속도 못 차리고, 주위 나무들로부터 견제만 받는다는 사실을 잘 알고 있다.

작살나무는 봄에서부터 여름까지 아름다운 가을 열매를 만들기 위하여 조용히 준비를 한다. 이 시기에는 엇비슷한 이웃나무들과 푸름에 섞여서 전혀 자신을 나타내지 않는다. 전문가의 눈이 아니면 찾아낼 수도 없다. 숲속의 초록빛이 한층 짙어진 한여름의 어느

정원수로 가꾸는 나무

작고 귀여운 보라색 구슬을 송골송골 매달고 있는 늦가을의 작살나무 열매(2001.11.10. 진주)

마편초과
학명:*Callicarpa japonica*
영명:Japanese Beautyberry, Japanese Mulberry
일본명:ムラサキシキブ紫式部
중국명:日本紫珠
한자명:紫珠

날, 비로소 작살나무는 잎겨드랑이에 연보랏빛의 깨알 같은 꽃들을 살포시 내민다. 나무나라의 쓸 만한 백성이 여기에도 있다는 사실을 알려주는 첫 신호다. 그러나 꽃이 너무 작아서 벌이나 나비들에게도 거의 주목을 받지 못한다. 이어서 열리는 좁쌀 크기의 열매가 익어 가는 가을과 함께 차츰 연보랏빛으로 변신하면서 숨겨둔 아름다움을 조금씩 내보인다.

가을이 완전히 깊어지면 지름 2~5밀리미터의 동그란 열매로 성숙한다. '올챙이 시절'을 상상할 수 없을 만큼 자수정 구슬로 장식한 아름다운 작살나무 미인을 비로소 사람들이 알아준다. 열매는 혼자가 아니라 가녀린 가지가 휘어질 듯 수십 개씩 옹기종기 붙어 있다. 여름 끝 무렵에 열리기 시작하여 낙엽이 진 앙상한 가지에 삭풍이 휘몰아쳐 나뭇가지를 온통 훑어버릴 때까지 열매가 오랫동안 떨어지지 않는 것도 작살나무의 자랑거리다. 하늘이 더욱 높아진 맑은 가을날 햇빛에 반사되는 작살나무의 보랏빛 열매는 우리나라 특유의 코발트 빛 가을 하늘과의 어울림이 환상이다.

중국 사람들은 작살나무 열매의 아름다움을 보라 구슬, 즉 '자주(紫珠)'라 했다. 반면 일본 이름은 '무라사키시키부(紫式部)'다. 《겐지 이야기(源氏物語)》라는 그들의 유명한 고전 소설의 저자와 같은 이름이다. 불과 25살에 과부가 된 총명하고 아름다운 여인, 일본인들이 아끼고 사랑해 마지않는 그녀의 이름을 작살나무에 그대로 붙인 것이다. 그만큼 작살나무 열매를 좋아했다는 것을 알 수 있다. 보랏빛 아름다움과 썩 잘 어울리는 낭만적인 이름이다.

그러나 같은 나무를 두고 우리만 '작살'이라는 조금은 삭막한

여름에 피는 작살나무의 연보랏빛 꽃(2006.07.24. 통영 비진도)

이름으로 부른다. 무슨 일이 잘못되어 아주 결딴나거나 형편없이 깨지고 부서질 때 우리는 흔히 '작살난다'라고 말한다. 작살나무의 가지는 정확하게 서로 마주나기로 달리고 중심 가지와의 벌어진 각도가 60~70도 정도로 약간 넓은 고기잡이용 작살과 모양이 닮았다.

전국 어디에서나 흔히 만날 수 있는 작살나무는 다 자라도 사람 키를 조금 넘는 정도의 작은 나무이며, 대체로 줄기는 길게 늘어진다. 좋아하는 자람 터는 습기가 많은 구석진 곳이지만, 조금 메마른 땅에 심어도 운명처럼 적응하며 잘 자란다. 조그만 정원이라도 가진 분들이라면 가을의 정취를 만끽할 수 있는 작살나무 한 그루를 심어보라고 권하고 싶다. 가을에 씨를 따서 땅에 묻어두었다가 봄에 심으면 어렵지 않게 키울 수 있다.

작살나무는 좀작살나무와 새비나무를 포함하여 세 종류가 우리나라에 자란다. 서로 비슷하게 생겼으며 작살나무는 잎 가장자리 전체에 톱니가 있고 꽃대가 잎겨드랑이에 붙어 있다. 좀작살나무는 잎 가장자리 아래 3분의 1의 상반부에만 톱니가 있고 꽃대는 잎겨드랑이와 조금 떨어져 있다. 열매의 굵기는 작살나무가 3~4밀리미터, 좀작살나무가 3밀리미터로 좀작살나무의 열매가 약간 작다. 새비나무는 작살나무와 거의 비슷하게 생겼으나, 잎 표면에 털이 있고 주로 남해안의 섬 지방에서만 자란다. 이들 외에 열매가 우윳빛인 흰작살나무도 원예품종으로 개발되어 심고 있으나, 작살나무는 역시 보라 구슬을 달고 있어야 제격이다.

정원수로
가꾸는
나무

주목과
학명: *Taxus cuspidata*
영명: Japanese Yew
일본명: イチイ一位
중국명: 东北红豆杉, 紫杉, 赤柏松, 枷罗木
한자명: 朱木, 赤木, 慶木, 赤柏松

주목

국토의 척추인 백두대간을 타고 점봉산, 태백산, 소백산, 덕유산, 바다 건너 한라산까지 태산준령이 줄줄이 이어진다. 이런 명산의 꼭대기에는 어디에서나 은근하게 우리를 맞아주는 나무가 있다. 바로 늙은 주목들이다. 비틀어지고 꺾어지고 때로는 속이 모두 썩어버려 텅텅 비워버린 몸체가 처연하다. 그런 부실한 몸으로 매서운 한겨울의 눈보라에도 여름날의 강한 자외선에도 의연히 버틴다. 굵기가 한 뼘 남짓하면 나이는 수백 년, 한 아름에 이르면 지나온 세월은 벌써 천 년이 넘는다.

정원수로 가꾸는 나무

 강원도 정선 사북읍을 못 미처 철쭉꽃으로 유명한 두위봉이란 곳이 있다. 이곳에는 우리나라에서 가장 오래된 주목 세 그루가 천연기념물 433호로 지정되어 있다. 가운데 맏형의 나이는 자그마치 1천 4백년이나 되었으며, 지름은 세 아름에 이른다. 김유신 장군과 계백 장군이 그의 동갑내기다. 삼국통일의 소망을 달성한 승자나 백제의 최후를 몸으로 저항했던 패자나 모두 영욕의 세월을 뒤로한 채 한 줌의 흙으로 돌아가 버렸다. 그러나 주목 세 그루는 지금도 두위봉의 터줏대감으로 자리매김하고 있다. 아무리 발버둥쳐도 100년을 넘기지 못하는 사람들을 불쌍하게 내려다보고 있는

◀나무껍질이 거의 붉은빛을 띠므로 주목(朱木)이라 부른다(2006.05.04. 정선 두위봉)

것 같다.

오래 산 주목은 모두가 높은 산에서 만날 때처럼 육신이 병들고 허해져 있는 것만은 아니다. 몸 관리를 잘한 주목의 육체는 빈속 없이 꽉꽉 채워져 있다. 이름대로 껍질도 속도 붉은색이 자르르함은 물론이다. 옛사람들에게 붉은 주목은 잡귀신을 물리치는 데 쓰이는 벽사(辟邪) 나무였다. 아울러 몸체 일부에서 '탁솔(Taxol)'이라는 항암물질을 만들어내는 만큼 나무를 썩게 하는 미생물들도 함부로 덤비지 못한다. 금상첨화로 나무의 질이 좋기로 정평이 나 있다. 천천히 세포 속을 다지고 필요할 때는 향기도 조금씩 넣어 가면서 정성스레 '명품'을 만들다 보니 시간이 오래 걸리는 것은 당연하다.

주목의 속살이 명품임을 먼저 알아준 이는 바로 절대 권력자들이었다. 살아생전에 누리던 기득권을 저승길에서도 언감생심 주목과 함께 가져가고 싶어 했다. 우선은 자신의 주검을 감싸줄 목관(木棺)

작디작은 컵처럼 생긴 분홍빛 열매 안에 흑갈색 씨앗이 들어 있다(2008.09.20. 봉화)

으로 주목을 따를 나무가 없다. 중국의 지리지인 《성경통지(盛京通志)》[10]란 옛 책에 보면 "주목은 향기가 있고 목관으로서 가치가 높아 아주 귀하게 쓰인다"라고 했다. 서양에서도 주목을 관재로 쓴 예가 여럿 있다. 우리나라에서는 평양 낙랑고분, 경주 금관총, 고구려 무덤인 길림성 환문총의 나무 관(棺) 등에 모두 주목이 쓰였다. 귀하신 몸과 함께 땅속에는 같이 들어갔지만, 주인의 간절한 바람과는 아랑곳없이 2천 년 된 낙랑고분에서처럼 주목은 거의 원형 그대로 남아 있고, 권력자는 흔적도 없이 사라져 버렸다. 부질없는 욕심은 이렇게 허망하다. 그 외에 우리 주목과 모양이 조금 다른 중국 주목(학명 *Taxus chinensis*)은 톱밥을 물에 우린 다음 궁중에서 쓰는 붉은색 물감으로 이용하기도 했다. 고급 활을 만드는 재료에서부터 임금을 알현할 때 손에 드는 홀(笏)에 이르기까지 주목은 육신을 나누어 주어야 할 곳이 너무 많았다. 흔히 주목의 특징을 얘기할 때 하는 '살아 천 년, 죽어 천 년'은 결코 빈말이 아니다.

그가 속한 집안은 대부분 솔방울을 달고 있는 구과(毬果)식물인데, 이웃들과는 달리 특별한 모양의 열매를 만들어냈다. 고운 분홍빛의 갸름한 열매는 작은 컵처럼 생겼고, 가운데에 흑갈색의 씨앗을 담아두는 식의 독특한 설계를 했다. 분홍빛의 말랑말랑한 육질은 '탐내는 누구나 따 잡숫고 멀리 가서 볼일을 봐 달라'는 희망이 담긴 것이다. 딱딱한 씨앗 속에는 독성이 강한 성분을 넣어두었다. 씹어 먹지 말고 그대로 삼켜 달라는 사전경고다.

주목은 아스라이 먼 3억만 년 전부터 지구상에 자리를 잡아오다가, 한반도에서 새 둥지를 마련한 세월만도 2백만 년이 훨씬 넘는

나이가 1천 4백년이나 된 정선 두위봉의 천연기념물 433호 주목(2006.05.04.)

다고 한다. 몇 번에 걸친 빙하기의 혹독한 추위를 이겨내고 자자손손 삶을 이어왔다. 어릴 때부터 많은 햇빛을 받아들여 더 높이, 더 빨리 자라겠다고 발버둥치지 않는다. 아주 천천히 숲속의 그늘에서 적어도 몇 세기를 내다보는 여유가 있다. 오랜 세월이 지나면 성급한 주위의 다른 나무들은 어느새 수명을 다할 것이니 그날이 오기를 조용히 기다린다. 하루 종일 바쁘게 살아가는 현대인들에게 주목이 주는 메시지는 한 번쯤 곱씹어 볼 만하다.

팔손이나무

팔손이나무는 손바닥을 펼친 모양의 커다란 잎을 달고 있는 자그마한 상록수다. 키 2~3미터에 아무리 굵어도 어른 발목 굵기를 넘지 않는다. 손가락처럼 잎은 대부분 여덟 개로 갈라진다. 손가락이 여섯인 사람을 '육손이'라고 하듯이 여덟 개의 손가락을 가진 나무란 뜻으로 '팔손이'란 이름을 붙였다. 접미어 '-이'는 국어사전을 찾아보면 어근에 붙어 사람·동물·사물을 만드는 말이라고 했다.

잎 손가락에는 톱니가 있고 깊게 갈라지며, 가운데가 약간 통통해 보인다. 잎자루가 길고 잎의 표면은 약간 윤기가 난다. 잎 전체는 손바닥 두 개를 펼친 만큼이나 크다. 원래의 자람 터는 동아시아, 즉 일본에서부터 중국 남부, 타이완을 거쳐 인도까지 주로 아열대지방이다. 그래서 우리나라에서는 거제도와 남해도의 남부 및 비진도를 잇는 선(線)이 팔손이나무가 자랄 수 있는 북방한계선이다. 옛날에는 흔히 만날 수 있었으나, 사람들의 무분별한 채취로 인해 모두 없어지고 지금은 비진도 바닷가의 작은 숲이 천연기념물 63호로 지정되어 겨우 명맥을 유지하고 있을 따름이다.

나무의 특성이 음지에서 잘 버티고 넓적한 잎은 시원하게 보여 실내에서 기르는 나무로 제격이다. 지금은 북쪽지방에도 아파트 베란다에서 흔히 만날 수 있는 나무가 되었다. 잎이 떨어진 자국이

팔손이나무는 새까만 열매가 동그랗게 모여 달린다(2006.04.15. 순천 선암사)

두릅나무과

학명: *Fatsia japonica*
영명: Japanese Fatsia
일본명: ヤツデ八つ手
중국명: 八角金盘
한자명: 八金盤, 八角金盤

뚜렷하게 남아 있어서 팔손이나무는 두릅나무, 음나무, 황칠나무와 가까운 집안임을 알 수 있다.

잎이 팔손이가 된 이유에는 이런 전설이 있다. 옛날 인도에 한 공주가 있었다. 공주의 생일날 어머니가 예쁜 쌍가락지를 선물로 주었다. 그런데 공주의 시녀가 청소를 하다가 반지를 보고 너무 탐이 나서 양손의 엄지손가락에 각각 한 개씩 끼어 보았다. 이런 일에는 마가 끼어야 이야기가 제맛이 나는 법, 당연히 반지가 빠지지 않았다. 겁이 난 시녀는 그 반지 위에 헝겊을 감아 감추고 다녔다. '반지 도난사건'으로 난리가 난 궁궐에서는 왕이 직접 나서서 한 사람씩 조사를 했다. 차례가 된 시녀는 두 엄지를 밑으로 구부린 다음 두 손을 합쳐 여덟 개의 손가락뿐이라고 하면서 왕에게 손등을 내밀었다. 그때 하늘에서 천둥과 번개가 치고 벼락이 떨어져 시녀는 한 순간에 팔손이나무로 변해버렸다는 것이다.

사실 엄지를 숨기고 두 손을 맞붙여 보면 팔손이 잎과 영락없이 닮았다. 전남 영광의 불갑사 참식나무도 인도 공주와 경운 스님의 사랑 이야기에 등장한다. 유독 인도 공주와 우리 나무와의 인연이 전해지는 것은 김수로왕의 왕비 허왕후 전설과 함께 우리 역사의 어느 부분에 인도와의 인연이 있었음을 짐작케 한다.

팔손이나무는 초겨울이 되면 덩치에 어울리지 않게 커다란 원뿔 모양의 꽃대에 우윳빛 꽃이 잔뜩 매달린다. 암수가 같은 나무이고 암수 꽃이 같이 있다. 처음 수꽃은 수술이 자라서 꽃가루를 만들고 꿀을 분비한다. 수꽃으로서의 기능이 다하면 수술 아래에서 지금까지 작은 흔적처럼 잘 보이지 않던 암술이 자라 다시 꿀을 분비하

팔손이 잎을 밑에 두고 큰 꽃대가 쑥 올라와 자잘한 우윳빛 공모양의 꽃이 핀다(2010.11.14. 밀양)

는데, 당도가 굉장히 높다. 꽃이 피는 시기는 초겨울인데, 이는 몇 안 되는 곤충을 불러들이기 위한 강력한 유인방책이라고 한다. 이렇게 함으로서 암꽃과 수꽃이 동시에 피어 남매 수정이 되는 것을 피할 수 있다. 근친교배로 열성인자를 가진 자손이 생기는 것을 막겠다는 식물의 여러 가지 전략 중 하나다. 다음해 봄에 콩알 굵기만 한 새까만 열매가 열린다.

팔손이나무는 생약이름으로 팔각금반(八角金盤)이라 하여 잎과 새싹을 삶은 물은 기침을 멈추게 하고 가래를 제거하는 효과가 있다. 다만 사포톡신(sapotoxin)이란 유독물질이 들어 있으므로 함부로 먹어서는 안 된다.

피라칸다

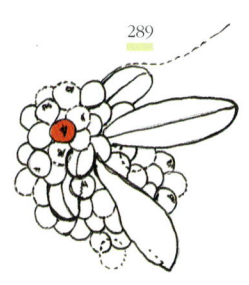

가을이 짙어 가면서 공원 한 구석에서부터 산울타리까지 빨간 열매를 온몸에 뒤집어쓰고 있는 자그마한 나무들을 흔히 볼 수 있다. 바로 '피라칸다(Pyracantha)'란 나무다. 라틴어로 '파일(pyr)'은 불을 나타내며, '아칸토스(akanthos)'는 가시라는 뜻이라고 한다. 또 영어 이름인 파이어손(fire thorn) 역시 '불 가시'를 뜻한다. 중국에서는 피라칸다 종류를 '화극(火棘)'이라고 부르는데, 이 또한 불 가시란 뜻이다. 종합해보면 나뭇가지에 가시를 달고 있으면서 열매가 익을 때는 나무 전체가 불꽃처럼 붉게 물든다는 뜻으로 해석된다. 겨울

정원수로 가꾸는 나무

늦은 봄날 하얀 꽃이 모여 핀다 (2010.05.25. 대구)

가을부터 나무를 뒤덮듯이 달린 빨간 열매가 해를 넘겨서까지 그대로 있다(2009.09.29. 함양)

장미과
학명 : *Pyracantha angustifolia*
영명 : Narrow Firethorn
일본명 : タチバナモドキ橘擬
중국명 : 窄葉火棘

날, 멀리서 열매가 잔뜩 붙어 있는 피라칸다를 보고 있으면 이런 이름들이 나무의 특징을 잘 나타낸 것이라고 생각된다.

피라칸다는 이름에서 알 수 있듯이 수입 나무다. 처음에 중국 원산의 피라칸다는 일본을 거쳐 광복 이후부터 우리나라에 들어오기 시작했다. 피라칸다는 가시를 가지고 있기는 하지만 탱자나무처럼 위협적인 것은 아니다. 가지를 촘촘히 잘 뻗고 건조한 땅이나 공해가 심한 도로가에서도 잘 자란다. 꼭 출입을 막겠다는 목적으로 나무를 심는 것이 아니라 상징적인 경계 표시로 심는 산울타리로도 제격이다. 금상첨화로 아름다운 열매를 가을에서 이듬해 봄까지 달고 있으니 삭막한 겨울 풍취를 부드럽게 해주는 데도 제 몫을 다한다. 더욱이 늘푸른나무이면서 붉은 열매가 열리는 나무들 중에 추운 지방에서도 버틸 수 있는 나무를 찾는다면 피라칸다 이외에는 마땅히 심을 나무가 없다. 그래서 빠른 속도로 보급되어 이제는 전국 어디에서나 쉽게 만날 수 있는 흔한 나무가 되었다.

우리가 흔히 피라칸다라고 부르는 나무는 모두 여섯 종류가 있다. 일반적으로 우리나라에 처음 들어온 중국피라칸다로 대표되지만, 최근에는 서양피라칸다와 히말라야피라칸다가 들어와 삼파전을 벌이고 있다. 그러나 중국 피라칸다가 아무래도 자꾸 밀려나는 형국이다. 서양피라칸다와 히말라야피라칸다는 중국피라칸다에 비하여 열매가 더 많이 열리며 더 굵고 붉은 열매를 가졌다. 중국피라칸다의 열매는 붉은색이긴 하나 약간 주황색을 띠므로 간색(間色)을 싫어하는 우리의 정서에 맞지 않는데다 새빨간 열매를 더 선호하기 때문이다.

중국피라칸다의 본명은 착엽화극(窄葉火棘), 즉 '좁은 잎, 붉은 열매가 달리는 가시나무'란 뜻이다. 가을에 딴 열매 말린 것을 적양자(赤陽子)라고 하는데, 소화를 돕고 염증을 치료하는 약재로 쓰인다. 키가 2~3미터 정도밖에 자라지 않는 늘푸른 관목이지만, 중부지방에서는 겨울에 갈잎나무처럼 잎이 떨어지기도 한다. 가시가 달린 가지는 서로 뒤엉킬 만큼 많이 뻗는다. 잎은 어긋나기로 달리고 긴 타원형이며 가장자리에 톱니가 없어 밋밋하다. 새끼손톱 크기만 한 작은 흰 꽃이 위가 편평한 우산모양의 꽃차례에 달린다.

서양피라칸다(학명 *Pyracantha coccinea*)는 키가 7미터 정도까지 자라며, 가지가 많이 뻗지 않아 산울타리 나무로서는 중국피라칸다보다 못하다. 잎은 좁은 타원형이며 다 자란 잎에는 앞뒤 모두 털이 없다. 가장자리에는 얕은 톱니가 있다. 꽃은 6월쯤에 우산모양의 꽃차례에 하얗게 피고, 꽃의 크기는 지름 1센티미터 정도 된다. 열매는 콩알 굵기만 하고 빨갛게 익으며, 잎이 잘 보이지 않을 정도로 많이 열린다.

중국피라칸다는 키가 작고 잎이 더 길며 열매가 주황색인 반면, 서양피라칸다는 키가 크고 잎이 타원형에 가까우며 열매가 선명한 붉은색이므로 쉽게 구분할 수 있다. 그러나 히말라야피라칸다(학명 *Pyracantha crenulata*)와 서양피라칸다는 비슷하여 구분이 어려운데, 서양피라칸다가 더 붉고 열매가 거의 모여 있는 경향이 강하다.

측백나무

서울 삼청동 국무총리 공관에 자라는 천연기념물 255호 측백나무 고목(2009.05.07.)

측백나무는 중국 서부의 위구르 자치구와 칭하이성 및 남부지역을 제외한 중국 전역에 걸쳐 자라는 늘푸른 바늘잎나무다. 소나무처럼 바늘모양의 잎은 아니고 비늘로 덮인 형태이며, 예부터 중국인들에게 친숙한 나무다. 중국 사람들은 바늘잎을 가진 종류는 '송(松)'으로 표기하고, 비늘잎을 가진 종류는 거의 '백(栢)'을 붙였다. 측백(側栢)을 비롯하여 *Cupressus*속의 나무는 백목(栢木), *Sabina*속은 분백(粉栢), 혹은 향백(香栢), *Juniperus*속은 자백(刺栢), 혹은 원백(圓栢)이라 했다. 측백은 백류(栢類)의 대표로서 중국의 시가에 단골로 등장한다.

정원수로 가꾸는 나무

백은 우리나라에 건너와 측백나무와 잣나무를 같이 나타내는 글자로 쓰이면서 혼란이 생겼다. 대체로 고려 이전의 문헌에 나오는 백은 잣나무를 뜻하는 경우가 많고, 조선왕조 시대의 문헌에서는 측백나무를 뜻하는 경우가 더 많은 것 같다. 예를 들어《훈몽자회》,

도깨비 뿔 같은 독특한 모양새의 열매가 익어 가고 있다(2006.07.23. 안동)

측백나무과
학명 : *Thuja orientalis*
영명 : Chinese Arborvitae
일본명 : コノテガシワ児手柏
중국명 : 扁柏, 側柏
한자명 : 栢, 側栢

《동의보감》,《방언유석》 등에는 측백나무,《왜어유해(倭語類解)》[11]에서만 잣나무라 했다.

우리가 잘 아는 《논어》의 〈자한〉 편에는 "추운 겨울(歲寒)이 되어야 송백(松栢)의 굳은 절개를 알 수 있다"라는 구절이 나온다. 이때의 송백은 소나무와 측백나무, 혹은 겨울에 잎이 지지 않는 늘푸른 나무 전체를 가리킨다. 또 《시경》의 〈용풍〉에서 노래한 백주(栢舟)도 잣나무 배가 아니라 측백나무 배로 번역해야 올바르다. 잣나무는 공자의 활동무대가 된 쓰촨성은 물론 중국 문화의 발상지인 황하나 양쯔강 유역 등 중국 본토에서는 자라지 않기 때문이다. 공자는 평생 잣나무를 본 적이 없었다. 측백나무는 중국의 사원이나 귀족의 묘지에는 반드시 심는 나무였다. 관청은 백부(栢府)라 하여 권위의 상징으로 측백나무를 심었으며, 산둥성 곡부(曲阜)에 있는 공자 묘소에는 향나무와 함께 측백나무를 나란히 심었다. 중국의 지방에 따라서는 정월 초하룻날 측백나무 가지를 꺾어 집 안 장식을 하고 가족의 장수와 행복, 번영을 빌기도 한다.

측백(側栢)이란 잎이 납작하고 옆으로 자라기 때문에 붙여진 이름이라고 《본초강목》에서 밝히고 있다. 자세히 들여다보면 비늘잎이 여러 겹으로 포개지면서 전체적으로 납작하다. 꼭 옆으로 자란다고 하기는 어려우나 대체로 눌려 있는 것 같으니 측백이란 이름은 나무의 잎 모양과 관련지을 만하다. 모든 나무들이 햇빛이 드는 동쪽을 향하는데, 유독 측백나무만이 서쪽을 향하는 나무라는 뜻에서 서쪽을 나타내는 백(白) 자에 목(木) 자를 붙여 백(栢), 측백(側栢)이라고 했다는 이야기도 전해진다. 그러나 실제로 측백나무가 서

〈사문탈사(寺門脫蓑)〉, 정선, 1741경, 21.2x33.1㎝, 간송미술관

절문 앞에서 도롱이를 벗는다는 화제(畵題)가 붙어 있다. 제법 규모가 큰 절집 앞 행랑을 따라 여섯 그루의 고목이 한 줄로 심겨 있다. 좁고 납작한 비늘잎과 세로로 길게 골이 지게 껍질이 갈라진 모양 등이 늘푸른 나무인 측백나무임을 알 수 있다. 오늘날에도 측백나무는 이렇게 줄로 심는 경우가 흔하다. 상단부의 측백나무 잎을 비롯하여 행랑 지붕의 희끗희끗한 부분은 탈색된 것으로 보이며, 그림 뒤에 붙은 편지형식의 글에는 소를 타고 간 선비가 이율곡이라고 한다.

쪽을 향해 자라는 것은 아니다.

측백나무는 우리나라에도 자생지가 있다. 충북 단양, 경북 안동과 영양 및 대구의 자생지는 대부분 절벽이며, 천연기념물 숲으로 지정되어 보호받고 있다. 크게 자라면 키 20미터, 줄기둘레가 한두 아름에 이르며, 줄기는 곧게 뻗고 가지도 대체로 예각으로 벌어지는 경우가 많아 전체적인 나무의 모습은 빗자루 형에 가깝다. 겨울에도 푸름을 느낄 수 있고 가지 뻗음이 치밀하여 바람을 막거나 소리를 차단할 수 있으며, 병충해에도 강하므로 주로 산울타리로 흔히 심는다. 우리나라 측백나무는 자람이 늦고 나이테 너비가 비교적 촘촘하지만 비중이 낮아 힘 받는 곳에는 쓸 수 없으며, 큰 나무를 만나기는 어렵다. 하지만 중국에서는 배를 만들고 관재로 이용하는 등 쓰임이 넓은 중요한 나무다.

도깨비뿔 모양으로 생긴 열매와 잎은 약으로 쓴다. 《동의보감》에 열매는 "잘 놀라는 증세를 낫게 하며, 오장을 편안하게 하고 기운을 돕는다. 풍증을 낫게 하고 피부를 윤택하게 하며 음경을 일어서게 하며 오래 살게 한다"라고 했다. 잎은 "피를 토하는 것과 코피와 혈변을 낫게 하며, 음(陰)을 보하는 중요한 약"이라는 것이다. 형제나무로는 고산지대의 산꼭대기에서 자라는 눈측백(쩝빵나무)과 미국에서 수입하여 정원수로 심고 있는 서양측백나무가 있다.

봄날 잎겨드랑이에 황록색의 작은 꽃이 핀다(2010.04.06. 진주)

감탕나무과
학명 : *Ilex cornuta*
영명 : Chinese Holly, Horned Holly
일본명 : ヒイラギモドキ柊擬き
중국명 : 枸骨
한자명 : 苗兒刺

호랑가시나무

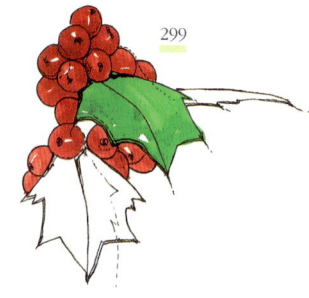

캐럴송이 울려 퍼지고 크리스마스트리의 별 전구가 반짝이는 12월이 되면 우리는 얼마 남지 않은 한 해를 아쉬워한다. 크리스마스는 기독교 신자뿐만 아니라 일반인들에게도 연말을 상징하는 우리의 문화가 되어버린 지 오래다.

크리스마스트리로 서양 사람들이 흔히 사용하는 나무 중에 호랑가시나무가 있다. 십자가를 멘 예수가 가시관을 쓰고 골고다 언덕을 올라갈 때, '로빈'이라는 작은 새가 예수의 머리에 박힌 가시를 빼려고 온 힘을 다하여 쪼았다고 전한다. 로빈이 좋아하는 먹이가 바로 서양호랑가시나무 열매라고 알려져 있다. 또 춥고 음침한 겨울에 진초록 잎을 바탕으로 새빨간 열매를 달고 있어서 행운을 가져다주는 나무로 생각하기도 한다.

호랑가시나무는 늘푸른나무이며, 두꺼운 잎을 가지고 있어서 나무를 꺾어 오래 두어도 잘 썩지 않으므로 크리스마스트리를 만들기에 제격이다. 고전적으로 만들어진 크리스마스카드엔 실버 벨과 함께 어김없이 호랑가시나무의 잎이 그려져 있다. 주로 영국 쪽에서 크리스마스트리로 호랑가시나무가 많이 쓰였다고 한다.

호랑가시나무는 잎 모양이 제멋대로 생겼다. 흔한 나뭇잎 모양으로 생각되기 쉬운 갸름한 잎은 너무 심심하여 싫단다. 그래서 긴 오

정원수로
가꾸는
나무

괴상하게 생긴 잎 사이사이에 붉은 열매가 열린다(2005.11.20. 강진 백련사).

각형에서 육각형으로 모서리마다 가시가 튀어나와 정말 괴상하게 생긴 잎을 만들었다. 마치 피카소 그림을 보는 듯하기도 하고 유치원에서 아이가 서툰 가위질로 아무렇게나 잘라 놓은 것 같기도 하다. 가죽 같은 두툼한 두께에 단단하고 날카로운 가시가 발달해 있다. 얼마나 날카로우면 호랑이 발톱에 비유했겠는가. 호랑이가 등이 가려우면 잎에다 문질러 댄다는 뜻에서 호랑가시나무란 이름이 붙여졌다. 그 외에 고양이의 새끼발톱 같다 하여 묘아자(猫兒刺), 회백색의 껍질을 두고 중국에서는 개뼈다귀 나무란 뜻으로 구골목(狗骨木)이라 한다. 모두 괴상한 모습의 잎을 두고 붙인 이름이다. 다만 서양 이름은 '홀리(holly)'라 하여 성스럽다는 뜻의 '홀리(holy)'와 뜻이 같다.

그러나 이렇게 괴상하게 생긴 잎은 어릴 때만 새로 나온 가지에 달리고 나무가 자라면서 잎 가시는 차츰 퇴화되어 잎 끝의 가시 하

나주 상방리 천연기념물 516호 호랑가시나무 고목(2008.10.04.)

나만 남는다. 무슨 이유로 어린 시절에는 가시가 달린 이런 잎을 만들게 되었을까? 이는 왕성한 식욕을 자랑하는 초식동물로부터 자신을 보호하기 위함이다. 아무리 튼튼한 입과 이빨을 가졌더라도 이 어마어마한 잎 가시를 무시하고 먹어치울 수 있는 동물은 없기 때문이다.

　호랑가시나무는 넓은잎을 가진 늘푸른 작은 나무로, 자연 상태로는 제주도와 전남북 서쪽 해안지대에서 드물게 자랄 뿐이다. 암수 딴 나무이며 늦봄 잎겨드랑이에 5~6개의 황록색 작은 꽃이 핀다. 굵은 콩알 크기만 한 동그란 열매가 가을이면 빨갛게 익어 다음해 봄까지도 가지에 달려 있는 모양이 아름다워 흔히 정원수나 분재로 심는다. 그러나 가시 같지도 않은 잎 가시에 몇 번 호되게 당하고 나면 사람들은 홧김에 나무를 통째로 잘라내 버린다.

　나라마다 호랑가시나무에 얽힌 이야기가 많다. 일본에서는 음력

정원수로
가꾸는
나무

2월 4일 호랑가시나무 가지에 정어리를 같이 묶어 문 앞에 매달아 놓으면 어린애를 괴롭히는 여러 가지 역병을 물리칠 수 있다고 생각했다. 유럽 사람들은 악마들이 호랑가시나무를 무서워하여 집 주변이나 마구간에 걸어두면 사람이나 가축 모두 건강하게 지낼 수 있다고 믿었다. 영국에서는 지팡이를 만들어 짚고 다니면 행운을 가져와서 위험한 일을 막을 수 있다고 생각하였으며, 독일인들은 면류관을 짜는데 호랑가시나무를 썼다고 한다. 중국인들은 주술적인 의미가 아니라 약재로 이용했다. 껍질과 잎이 달린 가지로 즙을 만들어 마시면 강장제로서 특히 신장에 효과가 있는 것으로 여겼다. 우리나라는 자라는 지역이 남쪽 일부이고 험상궂은 잎 가시 탓인지 쓰임이 널리 알려져 있지는 않다.

  호랑가시나무 외에 감탕나무, 먼나무, 꽝꽝나무, 대팻집나무, 일본에서 가져온 낙상홍까지 호랑가시나무 식구들을 여기저기에서 흔히 심고 있다. 대부분 아름다운 붉은 열매를 자랑하는 늘푸른나무이며 남부지방에서만 자랄 수 있으나, 대팻집나무만은 갈잎나무로서 중부지방에서도 자란다.

화살나무

화살이 날아갈 때 곧바로 가거나 곡선을 그리거나, 빠르고 느린 것을 좌우하는 것은 모두 화살대에 매다는 '전우(箭羽)'라는 깃털에 달려 있다고 한다. 깃털의 재료로는 수리나 매가 가장 좋으며, 여의치 않으면 다른 새들의 깃털을 사용했다.

화살나무는 나뭇가지에 화살 깃털을 닮은 회갈색의 코르크 날개를 달고 있다. 이 특별한 모양새를 두고 귀신의 화살 깃이란 뜻으로 예전에는 귀전우(鬼箭羽)라 했다. 너비 5밀리미터에 얇은 깃이 세로로 2~4줄씩 붙어 있어서 다른 나무들과 금방 구별해낼 수 있다.

정원수로 가꾸는 나무

진짜 단풍나무 못지않은 고운 단풍이 든 화살나무(2001.05.08. 서울 홍릉)

화살나무는 가지마다 화살 깃털 모양의 코르크 날개를 달고 있다(2010.03.13. 대구)

노박덩굴과
학명: *Euonymus alatus*
영명: Winged eunoymus, Winged spindle tree
일본명: ニシキギ錦木
중국명: 卫矛, 鬼箭羽
한자명: 衛矛, 鬼剪羽

가끔 혹느릅나무에도 코르크가 달려 있기는 하지만 화살나무처럼 확실하지 않고 모양새도 다르다.

이렇게 다른 나무가 갖고 있지 않은 특별한 모습을 공들여서 만들어내는 이유는 무엇일까? 이는 좀 더 크게 보여 새싹을 먹어치우는 초식동물로부터 보호하기 위한 조치라고 생각된다. 화살나무 종류는 이른 봄에 약간 쌉쌀한 맛이 나는 보드라운 새싹이 돋아난다. 사람들도 나물을 해 먹을 정도이니 초식동물에게는 이 이상 좋은 먹을거리가 없다. 그래서 나름의 대책이 필요했다. 원래 굵기에 날개의 폭을 합치면 3~4배 더 굵어 보이는 데다가, 날카로운 코르크 날개를 무시하고 함부로 덤벼들지 못할 것이기 때문이다.

생김새가 특별한 나무는 흔히 약으로 쓰이기 마련인데, 화살나무도 예외가 아니다. 《동의보감》에는 "여러 가지 원인으로 인한 배 아픈 것을 낫게 한다. 요사스런 귀신에 홀리고 가위 눌리는 것을 낫게 하며 뱃속에 있는 충을 죽인다. 월경을 잘 통하게 하며 산후의 여러 좋지 않은 증상을 멎게 한다"라고 했다. 또 코르크 날개는 "태워서 좋지 못한 기운을 없애는 데 썼다"고 한다. 《동의보감》에 적힌 우리말 이름은 '보대회나무', 《물명고》에는 '횟닙나무'라고 표기했다. 어원은 알 수 없으나 '회'가 본래의 이름으로 생각되며, 화살나무는 근세에 들어와 분류체계에 따라 식물 이름을 정비할 때 새로 붙인 이름으로 보인다.

화살나무는 사람 키 남짓한 작은 나무이며 전국 어디에서나 자란다. 숲에서 만나기도 하지만 정원수로 더 흔히 볼 수 있다. 봄에 손톱만 한 연한 녹색의 꽃이 핀다. 코르크 날개가 달린다는 것 외에 별다른 특징 없이 여름을 넘기고 가을에 들어섰을 때야 비로소 화살나무의 존재를 알아차리게 된다. 열매와 단풍이 특별해서다. 꽃자리에 달렸던 열매는 껍질이 벌어지면서 주홍빛의 동그란 씨가 쏙 나온다. 표면이 매끄러워 마치 루비 알 같은 빛을 내어 우리의 눈을 사로잡는다. 아울러서 달걀 크기의 잎사귀도 붉게 물들기 시작한다. 가을이 짙어지면서 화살나무 단풍은 천천히 거의 동시에 빨갛게 물든다. 화살나무 단풍의 아름다움을 따라갈 나무도 흔치 않다. 일본인들은 화살나무와 단풍나무, 그리고 은방울꽃나무[12]를 '세계 3대 단풍나무'라고 부른다.

화살나무는 비슷한 종류가 여럿 있다. 회잎나무는 화살나무와 거의 같으나 날개가 없고, 참회나무는 열매가 둥글고 다섯 개의 능선으로 갈라지며, 회나무는 다섯 개의 아주 짧은 날개만 있다. 나래회나무는 열매에 네 개의 긴 날개가 달리고 끝이 약간 휘어 있다. 참빗살나무는 줄기둘레가 70~80센티미터까지 자라는 중간 키 나무로, 열매에 네 개의 능선이 있으나 거의 벌어지지 않는다. 늘푸른나무인 사철나무도 화살나무와 형제나무다.

회양목

나무는 종류마다 자람의 속도 차이가 엄청나다. 빠른 자람의 대표는 오동나무이고, 늦은 자람은 둘째가라면 서러운 것이 회양목이다. 자연 상태로 회양목이 자라는 곳은 충북 단양, 강원도 영월, 삼척 지역과 북한의 강원도 회양을 중심으로 평남, 황해도 석회암지대의 척박한 급경사지다.

회양목은 열악한 환경과 작게 자라는 유전인자까지 겹쳐 시간이 지나도 자랐다는 느낌이 잘 오지 않는다. 오죽하면 중국의 유명한 시인 소동파의 시에 "정원의 초목은 봄이 오면 무성하게 자라건만

정원수로 가꾸는 나무

우리나라에서 가장 큰 천연기념물 459호 여주 영릉 회양목 고목 (2006.02.19.)

회양목은 눈이 채 녹지 않은 이른 봄날에 연노랑 작은 꽃이 핀다(2010.03.13. 대구)

회양목과

학명 : *Buxus koreana*
영명 : Box Tree
일본명 : ツゲ黄楊
중국명 : 小叶黄杨
한자명 : 黃楊
북한명 : 고양나무

회양목은 오히려 윤년에 액운을 맞는다"라고 읊었겠는가. 그는 자신의 시에 풀이를 달고 "속설에는 황양목이 1년에 한 치씩 더디게 자라다가 윤년을 만나면 오히려 세 치가 줄어든다고 한다. 그래서 '황양액윤년(黃楊厄閏年)'이라고 하면 무슨 일의 진행속도가 늦음을 빗대는 말로 쓰이기도 한다"라고 했다. 설마 줄어들기야 하랴마는 사람들이 키가 줄어든다고 느낄 만큼 자람이 늦다는 뜻이다. 그래도 타고난 생명력이 강하여 석회암 지대가 아니더라도 환경적응력이 높아 예부터 널리 심고 가꾸었다.

흔히 만날 수 있는 회양목은 키가 2~3미터가 고작이며, 100년을 자라도 팔목 굵기를 넘기기 어렵다. 그러나 천연기념물 459호로 지정된 여주 영릉(효종왕릉)의 회양목은 나이 300년, 키 4.7미터, 줄기둘레가 63센티미터로 우리나라에서 가장 크고 오래된 회양목이다.

불국사 석가탑에서 나온 무구정광대다라니경은 8세기 중엽에 간행된 두루마리 형태의 목판 인쇄물로 알려져 있다. 폭 6.5~6.7센티미터, 전체 길이 약 620센티미터에 이르는 닥나무 종이에 다라니경문을 적어 놓은 것이다. 경을 찍은 목판이 무슨 나무로 만들어졌는지는 우리나라의 인쇄 역사를 아는 데 중요한 부분이다. 그러나 인쇄물만 남아 있으니 목판의 재질은 추정해보는 수밖에 없다. 그런데 추정할 수 있는 단서 하나가 《삼국사기》에 실려 있다. "6두품과 5두품의 말안장에 자단, 침향, 회양목, 느티나무, 산뽕나무 등은 사용할 수 없다"라고 했다. 여기서 관심 있게 보아야 할 나무가 바로 회양목이다. 회양목은 나무를 이루는 물관과 섬유의 크

회양목은 도로 옆 절개지를 꾸미는 등 조경수로 빠지지 않는다(2010.04.21. 대구 갓바위)

기가 거의 같다. 또 둘 다 세포지름도 아주 작고 세포가 촘촘히 들어 있어서 나무질이 곱고 균일하며, 치밀하고 단단하기까지 하다. 다라니경을 새길 목판을 만드는 데 이보다 더 적당한 나무는 우리나라에 없다. 나는 《삼국사기》의 기록과 나무의 세포모양으로 보아 무구정광대다라니경을 찍은 목판 나무는 회양목이라고 확신하고 있다.

회양목은 선비들이 거처하는 사랑채나 서원에 한두 그루씩 정원수로 심었고, 주요한 옛 쓰임새는 이렇게 작은 목판이나 나무활자였다. 조선조에 들어오면서 왕조실록을 비롯한 책을 인쇄하는 데 필요한 나무활자는 주로 회양목으로 만들었다고 한다. 그 외에 점치는 도구, 궁궐을 출입하는 표신(標信), 머리 빗, 장기 알, 각종 공예품 등에도 빠지지 않았다. 또 도장나무라는 회양목의 다른 이름처럼 개인 인장, 관인(官印), 그림이나 글씨를 쓰고 찍는 낙관(落款)

을 회양목으로 만들었다. 옛 문헌에 나오는 이름은 모두 황양목(黃楊木)이며, 회양목이란 이름은 개화 초기 우리나라 식물의 일제 조사를 실시할 때 새로 붙인 이름으로 보인다.

회양목은 손톱 크기 남짓한 크기에 도톰한 잎사귀가 사시사철 달리는 늘푸른나무다. 생명력이 왕성하여 사람들이 기분 내키는 대로 이리저리 잘라대도 금세 가지를 뻗어낸다. 널따란 잔디밭의 가장자리나 고급 주택의 오솔길을 보기 좋게 장식하는 나무로 빠지지 않는다. 아직 눈발이 흩날리는 이른 봄날 회양목은 서둘러 꽃을 피운다. 연한 녹황색 빛깔에 꽃잎도 없이 손톱만 한 꽃을 피워 대니 화려한 다른 꽃들처럼 누가 알아줄 리가 없다. 남쪽 섬 지방에는 회양목보다 잎이 좀 크고 윤기가 있는 섬회양목이 자란다.

정원수로 가꾸는 나무

1 《방약합편》: 조선 고종 21년(1884)에 의원 황도연이 편찬한 의서.

2 《향약집성방》: 세종 15년(1433)에 완성된 조선 초기의 의학서.

3 《일본서기》: 일본의 역사서로 720년에 덴무 천황의 명으로 완성했다 함.

4 김미옥, 2010, 〈조선시대 지피식물에 관한 연구(옛 그림 및 문헌 분석을 중심으로)〉, 상명대학교 박사학위논문.

5 《점필재집》: 조선 초기의 문신이며, 대학자인 김종직(1431~1492)의 시문집.

6 《완당집》: 조선 말기의 실학자인 김정희(1786~1856)가 지은 시문집.

7 공변세포: 식물의 기공 주변을 둘러싸고 있으면서 호흡작용과 증산작용을 조절하는 세포.

8 가종피: 씨의 겉 부분을 둘러싸고 있는 특수한 껍질로 일반 종피(種皮)와는 달리 밑씨의 일부가 변형된 것.

9 《겐지이야기》: 일본 고대 여류작가인 무라사키 시키부(978~1016)가 지은 장편소설.

10 《성경통지》: 중국 랴오닝성(遼寧省)의 지리지.

11 《왜어유해》: 조선시대 사역원에서 사용한 일본어 어휘집으로 1781~1782년경에 간행됨.

12 은방울꽃나무(학명 Oxydendrum arboreum): 북미 원산의 진달래과 작은 나무, Sourwood라고도 함.

재목으로 쓰이는 나무

/

/ 가시나무 / 굴피나무 / 너도밤나무 / 녹나무 / 느릅나무 / 말채나무 / 멀구슬나무 / 물푸레나무 / 비자나무 / 삼나무 / 서어나무 / 소나무 무리 / 소나무 / 곰솔 / 금강소나무 / 리기다소나무 / 잣나무 / 솔송나무 / 오동나무 / 일본목련 / 잎갈나무 / 자작나무 무리 / 거제수나무 / 자작나무 / 사스래나무 / 박달나무 / 전나무 / 조록나무 / 참나무 무리 / 굴참나무 / 상수리나무 / 졸참나무 / 갈참나무 / 신갈나무 / 떡갈나무 / 참식나무 / 편백 / 피나무

▲긴 타원형의 늘푸른 가시나무 잎과 열매 가시(2008.12.25. 진주 가좌동)
▶가시나무 도토리와 나이테 모양 받침[穀斗]

참나무과
학명: *Quercus myrsinaefolia*
영명: Chinese Evergreen Oak
일본명: シラガシ白樫
중국명: 小叶青冈
한자명: 哥舒木, 加時木, 椵樹木, 哥斯木, 麪檔

가시나무

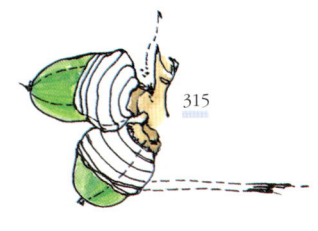

가시나무라고 하면 으레 가시가 삐죽삐죽 나온 험상궂은 나무를 떠올린다. 중국 고사에 나오는 '형차포군(荊釵布裙)'은 비록 박색이지만 가시나무 비녀를 꽂고 무명치마를 입고서 남편을 따뜻이 맞이하는 전형적인 현모양처를 가리키는 말이다. 이렇게 우리가 흔히 쓰는 '가시나무'란 말은 특정 나무를 일컫는 말이 아니다. 가시가 달린 나무 모두에 포괄적으로 쓰인다.

그러나 수목도감에서 찾아보면 실제로 가시나무가 있다. 그것도 가시가 전혀 달리지 않은 늘푸른잎의 참나무 종류다. 참나무 무리에는 온대지방에서 자라는 상수리나무나 떡갈나무와 같은 낙엽참나무와 난대에서부터 아열대에 걸쳐 자라는 상록참나무가 있다. 여러 종(種)의 상록참나무를 대표하는 나무가 바로 가시나무다. 이 가시나무는 우리나라 남해안에서부터 제주도에 이르는 난대지방에서 주로 자란다. 제주도의 돈네코 계곡 등 보호를 받고 있는 상록 숲에서 집단으로 자란다. 키 20미터, 지름이 두세 아름에 이를 정도로 자라는 큰 나무이며, 단단하고 강한 좋은 재질을 갖고 있다.

재목으로 쓰이는 나무

가장자리에 톱니가 없는 붉가시나무 잎(2006.08.26. 함평 기각리)

긴 타원형의 잎은 어긋나기로 달리고 두꺼우며 반질반질하다. 암수가 같은 나무로 봄에 수꽃은 꼬리처럼 길게 늘어져 피고, 암꽃은 곧추서서 핀다. 가을에 익는 열매는 뾰족한 원뿔모양으로 도토리보다 훨씬 작고 날씬하다. 낙엽 참나무들과 다른 점은 도토리를 담고 있는 받침(穀斗)의 바깥 면이 가락지를 차곡차곡 얹어둔 것처럼 6~9개의 나이테 모양을 만드는 것이다.

가시나무란 이름의 유래는 여러 가지로 추정해볼 수 있다. 정조 18년(1794)에 호남 위유사 서용보가 올린 글 중에 "……길고 곧은 나무는 반드시 쓸 만한 재목이고 가서목(哥舒木)은 더욱이 단단하고 질긴 좋은 재목으로서 군기(軍器)의 중요한 수요인데 유독 이 섬(완도)에서만 생산됩니다. 단단한 나무는 자라는 것이 매우 느려서 한 번 잘라버리고 나면 금세 쑥쑥 자라날 수 있는 것이 아니니 더욱 애석하게 여기고 기르기에 겨를이 없어야 할 것입니다. 그런데 가죽

잎의 상반부에만 톱니가 있는 종가시나무 잎(2004.06.23. 전북대)

나무나 상수리나무 같은 쓸모없는 재목들과 마찬가지로 땔나무가 되어버리니 앞으로는 각별히 금해야 합니다"라는 내용이 나온다. 《목민심서》 권3 〈권농(勸農)〉에는 가사목(加斜木) 심기를 권장한 대목이 있고, 《물명고》에도 가서목을 '가셔목'으로 부른다고 했다. 한편 제주도에서는 도토리를 가시라 하며 나무는 가시목이라고 한다. 또 다른 옛 이름은 이년목(二年木)이다. 《오주연문장전산고》에 보면 "가사목은 제주에서 나는데, 이년목이라 부른다"라고 했다.

흥미로운 것은 일본인들도 우리와 꼭 같은 발음으로 '가시(ヵシ)'라고 한다는 것이다. 그들은 우리 문화가 일본열도로 흘러 들어갔다는 사실에 대해서는 무엇이든지 기를 쓰고 인정하려 들지 않지만, 아무래도 가시나무만은 우리 이름이 그대로 건너간 것으로 보인다.

상록참나무는 가시나무를 비롯하여 붉가시나무, 종가시나무, 참

가시나무의 전체 모습(2005.06.17. 통영 욕지도)

가시나무, 개가시나무 및 일본에서 들여와 주로 정원수로 심는 졸가시나무 등 종류도 많고 생김새도 서로 비슷비슷하다. 이들은 잎의 모양으로 서로 구분할 수 있는데, 붉가시나무는 잎의 가장자리에 톱니가 없고, 종가시나무는 잎 길이의 2분의 1 이상에만 톱니가 있으며, 가시나무와 참가시나무 및 개가시나무는 잎 가장자리 모두에 톱니가 있다. 졸가시나무는 잎 끝이 둥그스름하다.

  이런 가시나무 종류는 물관의 크기가 작고 개수가 적으며 배열도 방사상이어서 물관의 크기가 크고 환상(環狀)인 낙엽참나무와는 전혀 다르다. 재질은 참나무보다 더 단단하고 균일하다. 그래서 튼튼한 병기를 만드는 데 안성맞춤이었으며, 남부지방에서는 다듬이나무, 방망이 등 내륙지방의 박달나무와 맞먹는 쓰임에 널리 이용되었다.

굴피나무

다른 생물처럼 나무나라의 생존경쟁도 녹녹치 않다. 한때 귀족으로 영광을 독차지했을지라도 이웃과의 경쟁에서 밀려나면 아예 없어지거나 겨우 생명을 부지하는 천민으로 전락한다. 관심 있는 사람이 아니면 잘 알지 못하는 굴피나무가 바로 이런 경우다.

그는 아스라이 먼 옛날 석기시대와 청동기시대에는 한반도의 중부 이남 지역에서 일찌감치 터줏대감 노릇을 하고 있었다. 수천 년 전에는 지금의 참나무처럼 우리 강토 여기저기에서 서식하고 있었다. 매장문화재 발굴현장에서 수없이 굴피나무가 출토되는 것으로 이러한 사실이 증명된다. 울산 옥현리의 청동기 유적지, 대구 칠곡 아파트 지역 등 대체로 3~4천 년 전의 유적지에서 그의 존재가 확인된다. 역사시대로 넘어와서는 전남 화순군 도곡면 대곡리에서 출토된 원삼국시대 목관, 해상왕 장보고의 유적지가 있는 완도군 장도를 둘러싼 통나무 목책(木柵)에도 비자나무와 함께 섞여 있다. 좀 더 후세로 와서는 1985년 완도군 약산도에서 발견된 고려 초기 화물선을 만드는 선박재의 일부로서 굴피나무는 자신의 존재를 남기고 있다.

그때 그 시절의 굴피나무는 지금처럼 한 아름도 채 안 되어 잡목이라는 영예롭지 못한 이름 속에 섞여 있는 그저그런 나무가 아니

작은 솔방울처럼 생긴 독특한 굴피나무 열매가 여름까지도 달려 있다(1999.06.22. 의령)

가래나무과
학명：*Platycarya strobilacea*
영명：Chinese Wingnut
일본명：ノグルミ 野胡桃
중국명：化香树, 化香柳
한자명：化香樹, 栲, 山栲, 換香樹

었다. 두세 아름은 거뜬히 넘기는 큰 나무이면서 재질이 좋은 나무이었음을 미루어 짐작할 수 있다. 느티나무나 참나무와 같은 막강한 경쟁자를 물리치고 임금의 시신을 감싸는 목관으로 선택되었고, 목책으로 중요한 국방의 일익을 담당하였는가 하면 당시로서는 최첨단 기술이 집약된 선박의 몸체가 되는 영광을 누렸기 때문이다. 찬란했던 굴피나무의 영광이 왜 사라졌는지는 명확하지 않다. 이제는 산속에서 띄엄띄엄 겨우 목숨을 부지하는 처지라서 정확하게 굴피나무를 알고 있는 사람도 흔치 않다. 울산시 울주군 두서면 전읍리에 있는 키 8미터, 둘레 360센티미터, 나이 300년 된 굴피나무 보호수가 현재 알려진 가장 큰 나무다.

  굴피나무는 중부 이남에서 자라는 갈잎나무다. 나무껍질은 회갈색이며 세로로 길고 잘게 갈라진다. 어린 가지는 황갈색, 또는 갈색의 숨구멍이 드문드문 보인다. 잎 대궁 하나에 작은 잎 여러 개가 달리는 겹잎이고 가장자리에 깊은 톱니가 있다. 흔히 만날 수 있는 가죽나무의 잎과 비슷하여 경남 일부 지방에서는 산가죽나무라고도 부른다. 암수 같은 나무로 초여름에 작은 꽃이 피며, 엄지손가락보다 약간 짧은 크기의 열매가 처음에 연노랑빛으로 출발하여 가을에 진한 갈색으로 익는다. 모양은 마치 솔방울 같으나 좀 더 날렵해 보인다. 열매는 낙엽이 진 겨울에도 그대로 매달려 있다. 그것도 한두 개가 아니라 수백 수천 개씩 하늘을 향하여 꼿꼿이 선 채로다. 그 많은 씨앗이면 자손 퍼뜨림에 모자람이 없었을 터인데, 왜 차츰 밀려나 버렸는지 자연의 오묘한 섭리를 알기에는 과학적인 지식이 턱없이 모자란다. 열매는 황갈색 물을 들이는 염료로 이용되고, 열

굴피나무 꽃과 잎(2010.06.11. 청송 보현산)

매가 달린 채로 꺾어다가 꽃꽂이 재료로도 쓴다. 또 나무의 속껍질은 질겨서 줄로 쓰이며 어망을 만들기도 한다. 잎을 찧어서 물에 풀면 물고기를 잡을 수도 있다.

    굴피나무는 흔히 굴피집을 만드는 재료로 오해를 받기도 한다. 굴피집의 '굴피'는 굴참나무 껍질의 준말로서 지붕으로 쓰인 것은 멀리 《고려사》의 기록에도 나올 만큼 오래되었다. 글자 한 자 차이지만 굴피나무와 굴참나무는 서로 쓰임새가 전혀 다를 뿐더러 아예 족보를 달리한 별개의 나무다. 비슷한 이름의 중국굴피나무는 굴피나무의 사촌쯤 되고 잎 대궁 양쪽으로 조그만 날개가 나 있는 점이 다르다.

너도밤나무

동쪽 먼 심해선(深海線) 밖의
한 점 섬 울릉도로 갈거나.
금수(錦繡)로 굽이쳐 내리던
장백의 멧부리 방울 뛰어,
애달픈 국토의 막내
너의 호젓한 모습이 되었으리니,
창망한 물굽이에
금시에 지워질 듯 근심스레 떠 있기에
동해 쪽빛 바람에
항시 사념의 머리 곱게 씻기우고……

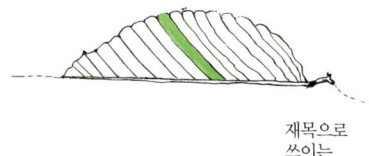

재목으로
쓰이는
나무

    1948년에 발표한 유치환의 시 〈울릉도〉다. 동해 바다 한가운데의 이 작은 섬에는 한 세기 전만 하여도 하늘이 보이지 않는 울창한 숲이 있었다. 울릉도의 생성 원인에 관하여 여러 가지 학설이 있지만, 화산섬이라면 울릉도의 식물들은 일본이나 한반도에서 건너간 것이다. 그렇다면 사람이 배를 타고 건너가기도 어려운 외딴 섬에 식물들은 어떻게 이곳까지 오게 된 것일까? 열매나 씨앗을 먹고 울릉도로 날아간 새들이 가장 큰 역할을 했고, 가벼운 씨앗은 직접 파

참나무과
학명: *Fagus engleriana*
영명: Engler Beech
일본명: エングラーブナ
중국명: 水青冈, 山毛欅
한자명: 山毛欅

도에 실려 건너갔다. 울릉도에서만 자라는 큰 나무는 너도밤나무, 솔송나무, 섬잣나무가 있다.

울릉도 너도밤나무는 한반도에서는 자라지 않으므로 일본열도에서 온 것으로 짐작된다. 이는 동해 쪽의 일본 숲에 너도밤나무가 많이 자라는 것이 증거이다. 울릉도 너도밤나무는 일본 너도밤나무와는 다른 변종으로 취급해 왔다. 오랫동안 격리되어 자라는 사이 서로 독립적인 진화를 했기 때문이다. 그러나 최근에는 중국 너도밤나무에 통합하여 취급하는 경향이 있다.

너도밤나무는 우리나라에서는 울릉도에서만 자라는 탓에 우리에게는 잘 알려져 있지 않지만 세계적으로 유명한 나무다. 목재는 단단하고 질기며 물관이 고루고루 흩어져 있는 산공재(酸孔材)[1]이면서 짙은 갈색의 작은 반점들이 점점이 박혀 있다. 표면이 아름다워 장식용 가구에서부터 합판, 건축 내장재까지 두루두루 쓰인다. 유럽 대륙을 비롯하여 일본 등 온대지방에 널리 자라며, 우리나라의 참나무처럼 그들의 넓은잎나무 숲은 너도밤나무로 대표된다. 지금도 사람이 일부러 심는 인공조림은 너도밤나무가 상당 부분을 차지한다.

너도밤나무는 갈잎의 큰 나무로 키 20미터, 지름은 두 아름이 넘게 자랄 수 있다. 울릉도 성인봉에서 나리 분지까지 다른 넓은잎나무들과 섞여 자란다. 태하령 일대에는 솔송나무, 섬잣나무와 함께 너도밤나무 군락이 천연기념물 50호로 지정되어 있다. 너도밤나무는 나무껍질이 연한 잿빛이며, 상당히 나이를 먹어도 매끈하다. 물푸레나무처럼 흰 얼룩이 생기는 경우도 많다. 긴 타원형의 잎이 어

◀울릉도 나리 분지 숲에서 만난 너도밤나무(2004.10.24. 울릉도)

타원형의 평범한 모양새의 너도밤나무 잎(2004.10.24. 울릉도)

굿나기로 달리며 가장자리는 잎맥 끝이 오므라져서 물결모양, 또는 이빨모양의 톱니로 되며 9~13쌍의 잎맥이 있다.

암수 한 나무로서 10월경 가시가 숭숭한 껍질(총포) 안에 세모모양의 작은 도토리가 1~2개씩 들어 있다. 동그랗거나 타원형의 도토리를 가진 상수리나무나 떡갈나무와는 다른 집안임을 알 수 있다.

씨는 그대로 먹을 수 있으나 몇 년에 한 번씩 열리므로 밤이나 참나무 도토리처럼 식량자원으로 쓰기는 어렵다. 울릉도에 사람이 본격적으로 들어가 살기 시작한 것은 1883년경이다. 그곳에서 풀뿌리와 나무껍질로 버텼으니 너도밤나무 도토리가 양이 적어 아쉽기는 해도 먹을거리에 보탬은 되었다. 잎 모양도 밤나무를 조금 닮았으니 밤나무와 관련된 이름을 붙여주기로 했을 터다. 첫 이주민은 남부지방 사람들이 상당수 포함되어 있어서 육지의 나도밤나무와 구별하기 위하여 너도밤나무란 이름을 붙여 준 것으로 짐작된다.

녹나무

이글거리는 열대의 햇빛 아래 짙푸름의 나무들 사이를 비집고 아름드리의 우람한 몸집을 자랑하는 아열대의 대표적인 큰 나무가 녹나무다. 한자 이름은 장(樟)이며, 예장(豫樟), 향장목(香樟木)이라고도 하여 예부터 좋은 나무로 널리 이용되었다.

키 40~50미터, 줄기둘레가 장정 10명이 팔을 뻗어 맞잡아야 될 정도로 15미터가 넘게 자란다. 또한 세계에서 가장 굵고 키가 큰 나무 중 하나다. 원래 자라는 곳은 열대와 아열대이며, 일본이나 중국의 양쯔강 이남에서도 자라고 있다. 제주도를 비롯한 남부 섬 지방은 녹나무가 자랄 수 있는 최북단 경계의 가장자리에 해당한다.

녹나무는 크게 자라고 목재는 비교적 단단하며, 물속에서도 잘 썩지 않으므로 예부터 배를 만드는 데 널리 쓰였다. 1991년, 진도 벽파리라는 옛 항구의 갯벌에서 길이 19미터, 중앙 지름이 자그마치 2.3미터나 되는 녹나무로 만든 송·원(宋·元)시대의 중국 통나무배가 발굴되었다. 또 1986년, 신안 앞바다에서 인양된 같은 시기의 중국무역선에서도 선체의 격벽(隔壁)을 녹나무로 만들었다. 일본의 역사책 《일본서기》에 보면 그들의 잡다한 시조(始祖) 신은 신체 각 부위의 털을 뽑아 여러 가지 나무를 만들었는데, 그중에서 눈썹 털로 녹나무를 만들고 배를 만드는 데 쓰라고 했다. 그래서 일본인들

녹나무 열매와 잎(2001.10.28. 강진 청자박물관)

녹나무과
학명：*Cinnamomum camphora*
영명：Camhpor Tree
일본명：クスノキ樟, 楠
중국명：樟树, 香樟, 小叶樟
한자명：樟, 豫樟, 香樟木, 樟腦木

은 선박은 물론 여러 가지 용도로 녹나무를 썼다. 그들이 자랑하는 백제관음을 비롯하여 많은 불상도 녹나무로 만들었다.

우리나라의 경우 녹나무를 선박재로 사용한 예는 없으나, 거북선을 비롯한 우리 전함의 외판을 보강하기 위한 재료로 녹나무가 가장 적당했을 것이라고 추정하고 있다. 2004년, 경남 창녕에서 발굴된 6세기경에 축조한 가야고분의 목관이 녹나무였다. 일부에서는 무덤의 주인이 평소 배를 타고 다니다가 죽어서 관으로 재활용했다는 주장도 있다. 발굴된 관의 모양이 마치 배 밑바닥처럼 생겼기 때문이다.

녹나무는 배 만들기 이외에도 여러 가지 쓰임새가 있었다. 고려 원종 14년(1273)에 원나라에서 황제의 용상을 만들 녹나무를 요구하였고, 이어서 10여 년 뒤인 충렬왕 9년(1283)에는 특별히 탐라도의 녹나무를 보내 달라는 기록이 있다. 유럽까지 정벌하여 한때 세계에서 가장 큰 왕국을 만들었던 원나라 임금의 용상을 만드는 재료가 될 만큼 녹나무는 우량재였다. 나무속에는 '장뇌향(樟腦香, Camphor)'이라는 일종의 방충제가 들어 있다. 덕택에 녹나무로 만든 옷장은 좀이 옷을 갉아먹지 않으므로, 예부터 고급 가구재로도 이용되었다. 의약용으로는 강심제로 쓰이고, 무연화약의 제조 등 공업원료로 이용되기도 했다.

제주도에서는 육지에서의 복숭아나무와 마찬가지로 녹나무를 집 안에 심지 않는 풍습이 전해온다. 녹나무가 있으면 귀신이 들어오지 않기 때문에 조상의 제사를 모실 수 없다는 믿음 때문이다. 또 녹나무 잎은 예로부터 죽은 사람도 살릴 수 있다고 널리 알려져 있

서귀포 복자성당 면형의집에 자라는 우리나라에서 가장 큰 녹나무 고목(2008.06.26.)

는데, 갑자기 위급한 환자가 생기면 녹나무 잎이 깔린 온돌방에 눕히고 불을 지핀다. 강심제로 쓰이는 장뇌(camphor)가 나와 환자에게 충격을 주어 깨어나게 하는 것이다. 부처님오신날 전후에는 녹나무 잎을 넣어 시루떡을 만들기도 했다. 향기도 좋지만 더 오래 떡이 상하지 않게 하기 위한 방법이었다.

    잎은 어긋나기로 달리며 긴 타원형인데, 윤기가 있고 두꺼우며 가장자리에 톱니가 없거나 희미한 물결모양의 톱니가 있다. 어린 가지는 황록색이고 윤기가 자르르하며 어긋나기로 달린다. 어린 잎은 붉은빛이 나므로 봄부터 초여름까지 전체가 특이한 붉은빛으로 보인다. 잎맥은 아래쪽의 세 개가 가장 뚜렷하게 보이고 뒷면은 약간 희끗희끗하다. 열매는 콩알 크기 남짓한데, 처음에는 초록색으로 달려 있다가 가을이 되면 흑자색으로 익는다.

느릅나무

북유럽 신화에 나오는 천지창조의 신 오딘은 풍요의 땅 미드가르드(Midgard)를 걷다가 우연히 커다란 두 그루의 나무를 발견한다. 한 그루는 물푸레나무로 남자를 만들어 '아스크르(Askr)'라 하고, 나머지 한 그루는 느릅나무로 여자를 만들어 '엠블라(Embla)'라고 했다.[2] 우리로 말하면 느릅나무는 단군신화의 웅녀인 셈이다. 중국의 《시경》〈진풍(陳風)〉에는 느릅나무 밑에서 청춘남녀가 춤추고 노는 모습을 읊은 시가 나온다. 이렇게 동서양을 막론하고 느릅나무는 재질이 좋고 쓰임새가 많은 나무로 예부터 널리 이용되어 왔다.

재목으로 쓰이는 나무

이중톱니가 특징인 초여름의 느릅나무 잎(2009.06.11. 포항 내연산)

이른 봄, 느릅나무에는 꽃잎이 퇴화해버린 작은 꽃이 핀다(2006.03.06. 영양 주사골)

느릅나무과
학명 : *Ulmus davidiana* var. *japonica*
영명 : Japanese Elm
일본명 : ハルニレ 春楡
중국명 : 楡, 春楡
한자명 : 楡, 枌, 榔楡, 枌楡

《삼국사기》의 〈지(志)〉 '옥사 조'에 보면 집을 지을 때 "5두품은 방의 길이와 폭이 18자를 넘지 못하며, 느릅나무(山楡木)나 당기와를 사용하지 못한다"라고 했다. 적어도 벼슬이 5두품 이상의 고관이 아니면 아예 느릅나무로 집짓기를 금할 정도로 좋은 나무의 대표였다. 또 목재는 물속에서 썩지 않고 버티는 힘이 강하다. 신라 중기의 신승(神僧) 원효대사는 요석공주를 얻기 위하여 계획된 작전을 편다. 경주 남천에 있는 느릅나무 다리(楡橋)를 건너다 일부러 물속에 빠지라는 시나리오다. 이렇게 느릅나무 다리에서 공주와의 사랑 만들기에 성공하여 훗날 설총이 탄생했다. 아쉽게도 일부 발굴된 유교나무의 실제 재질은 참나무였다. 그러나 건조할 당시에는 어떤 형태로든 느릅나무가 쓰였거나, 주변에 느릅나무가 많아서 이런 이름이 붙여진 것으로 보인다. 옛날에는 청명이 되면 임금은 느릅나무와 버드나무를 비벼서 불을 일으켜 각 관사에 내려 보냈다. 《경국대전》에 따르면 '개화(改火)'란 행사를 《주례》의 예에 따라 1년에 다섯 번 하였으며, 청명 때의 개화를 가장 중요하게 생각했다.

느릅나무의 또 다른 쓰임은 껍질이다. 딱딱한 겉껍질을 벗겨내면 수분이 많고 부드러운 속껍질이 나온다. 이것을 방아로 찧으면 말랑거리고 전분이 풍부하여 점액질이 된다. 흉년에는 먹을거리 대용으로 충분히 이용할 수 있다. 소나무 껍질과 함께 느릅나무 껍질은 대표적인 구황식물이었다. 특히 뿌리껍질을 '유근피(楡根皮)'라 하는데, 《동의보감》에는 "성질이 평하고 맛이 달며 독이 없다. 배설을 도와주는 작용이 있어서 대소변이 통하지 못하는 병에 주로 쓰

동그란 날개 열매 한가운데에 씨앗이 들어 있다(2004.12.09. 전주)

인다. 특히 오줌을 잘 누게 하고 위장의 열을 없애며, 부은 것을 가라앉히고 불면증을 낫게 한다. 음력 2월에 뿌리를 캐서 속껍질을 벗겨 햇볕에 말려서 쓴다"라고 했다. 위와 장에 좋다는 이야기가 발전하여 암에 특효라고 한때 소문이 났다. 그렇다 보니 사람들이 가만둘 리 없다. 산속의 웬만한 느릅나무는 강제로 껍질 벗김을 당하여 죽어갔다. 심지어 공원이나 대학 구내의 느릅나무까지 남아나지 않았다. 그러나 효과가 제대로 검증되지 않은 건강식품 수준일 뿐이다.

느릅나무는 북으로는 압록강가에서부터 남으로는 제주도에 이르는 우리나라 어디에서나 자라는 갈잎나무다. 키 10여 미터, 줄기 둘레는 한 아름 정도가 보통이나, 영월 북면 공기리에서 자라는 보호수 느릅나무는 키 20미터, 줄기둘레가 네 아름이 넘는다. 긴 타원형의 잎은 끝이 뾰족한 평범한 나뭇잎이나 자세히 보면 잎 밑이

줄기둘레가 네 아름이 넘는 느릅나무 고목(2008.10.16. 영월 공기리)

특별하다. 잎맥을 중심으로 좌우가 대칭이 아니라 한쪽이 일그러져 있는 것이 다른 나무들과 쉽게 구분되는 현저한 차이점이다. 손톱 크기만 한 납작한 날개 열매의 가운데에는 씨가 들어 있다. 그 모습이 엽전을 닮았다 하여 옛날에는 엽전을 유전(楡錢), 혹은 유협전(楡莢錢)이라고도 했다.

주변에서 흔히 볼 수 있는 느릅나무 무리는 진짜 느릅나무보다 오히려 참느릅나무가 더 많다. 느릅나무는 껍질이 검고 세로로 길게 갈라지며 잎 가장자리가 이중톱니이고, 참느릅나무는 껍질이 회갈색으로 두꺼운 비늘처럼 떨어져 나오며 단순톱니다. 옛사람들이 엄밀하게 두 나무를 구분하여 사용한 것 같지는 않으나, 꼭 참느릅나무를 따로 나타낼 때는 '분유(粉楡)'라고 했다. 그 외에 난티나무와 비술나무가 중부 이북의 추운 지방에서 자란다. 난티나무는 잎 끝이 개구리 발처럼 여러 갈래로 갈라져 있고, 비술나무는 오래된 줄기에 세로로 마치 흰 페인트칠을 한 것 같은 기다란 반점이 있다. 반점이 생기는 원인을 알 수 없을 뿐만 아니라 비술나무에만 생기는 것도 아니지만, 느릅나무와 구분하는 중요한 지표가 된다.

　느릅나무 무리는 이처럼 가난한 백성들에게는 껍질을 벗겨주어 배고픔을 달래주었고, 때로는 몸이 아픈 것을 고쳐주는 은혜를 베풀었다. 아울러 지체 높은 귀족들에게는 몸뚱이 전체를 집짓기에 보시하는 우리 산하의 친근한 나무다.

말채나무

인간관계에서 첫인상은 상대방을 이해하고 평가하는데 굉장히 큰 영향을 미친다. 최근 한 조사에 따르면 취업준비생의 40퍼센트가 성형수술을 생각해본 적이 있다고 한다.

  나무의 첫인상 하면 편안하고 아름다운 게 일반적이다. 그러나 말채나무는 좀 예외다. 흔히 '징그럽게 생겼다'라고 할 정도다. 바로 독특한 껍질 때문이다. 조금 나이를 먹은 말채나무 줄기를 보면 시커멓고 두꺼운 껍질이 불규칙하게 이리저리 갈라져 있다. 깊고 얕은 조각의 크기도 일정치 않아 나무와 대면했을 때 편안함이

재목으로
쓰이는
나무

하얀 꽃이 무리를 이루어 가지 끝에 모여 핀다(2006.07.03. 전주)

층층나무과

학명: *Cornus walterii*
영명: Korean Dogwood
일본명: チョウセンミズキ 朝鮮水木
중국명: 毛梾, 油树
한자명: 朝鮮松楊

느껴지지 않는다. 비슷한 모양의 껍질을 갖고 있는 감나무는 색깔도 회갈색이고 그물 모양의 규칙성이 있어서 말채나무 정도는 아니다.

어쨌든 특별한 모양새의 말채나무 껍질은 숲속에서 쉽게 찾아낼 수 있다. 흔히 볼 수 있는 것은 꼭 다른 나무보다 많아서라기보다 눈에 잘 띄는 탓이다. 형제나무인 층층나무와 달리 왜 이렇게 징그러운 껍질을 만드는지 그 이유는 명확히 알 수 없다. 다만 나무속의 함수율(含水率)이 특히 높아서 혹시라도 동물들이 물 많은 몸체를 탐내지 못하도록 보호대책을 세운 게 아닌가 짐작할 뿐이다.

말채나무는 보통 키가 10여 미터 정도이나, 크게 자라면 아름드리가 훨씬 넘는다. 경북 청송 현동면 개일리의 보호수로 지정된 당산목 말채나무는 키 15미터, 줄기둘레 360센티미터, 나이가 350년에 이르는 거목이다. 이외에도 보호수로 지정된 말채나무는 십여 그루가 더 있다. 일부러 심고 가꿨다기보다는 마을 부근의 당산 숲에 다른 나무와 섞여서 자라다가 고목나무로 남은 경우다.

말채나무의 옛 이름은 송양(松楊)이다. 《물명고》에 보면 "나무껍질은 소나무와 같고 목재는 버들 같다. 잎은 배나무와 비슷하고 열매는 갈매나무 열매를 닮았다. 쪄서 즙을 내면 붉은색을 얻을 수 있다"라고 했다. 말채나무에서 적색물감을 얻을 수 있는 것은 아니기 때문에 다른 나무를 말하는 것일 수도 있다.

말채나무 잎은 평범한 타원형이며 마주보기로 붙어 있다. 늦봄이나 초여름에 작은 하얀 꽃들이 가지 끝마다 모여 피므로 멀리서도

◀시꺼멓고 두꺼운 껍질이 불규칙하게 이리저리 갈라져 있다(2008.07.17. 안동)

재목으로 쓰이는 나무

관상용으로 흔히 심는 흰말채나무는 이름과 달리 겨울 줄기가 붉다(2001.03.15. 진주)

알아볼 수 있다. 가을에 콩알 굵기만 한 까만 열매가 잔뜩 열린다. 과육에 즙이 많고 가운데에 씨가 들어 있는 핵과(核果)로 산새들의 좋은 먹이가 된다. 가지 뻗음은 형제나무인 층층나무를 닮아 돌려나기 하는 경향이 있어서 전체적으로 층을 이루기도 한다.

　나뭇가지는 가늘고 길며 잘 휘어지면서 약간 질긴 성질이 있다. 그래서 옛날에 말을 몰 때 채찍으로 잘 쓰여서 '말채찍나무'라 하였고, 이것이 말채나무로 변한 것이라고 짐작된다. 이와 관련된 전설도 있다. 옛날 어느 산골 마을에는 매년 한가위 보름달이 뜨면 천년 묵은 지네들이 떼거리로 몰려와 거둬들인 곡식을 모두 먹어버렸다. 마침 마을을 지나가던 한 젊은 무사가 이 이야기를 듣고 독한 술 일곱 동이를 빚어서 마을 어귀에 가져다 놓으면 자기가 지네를 퇴치하겠다고 했다. 예년처럼 보름날 다시 나타난 지네들은 술통

지네와 관련된 전설을 갖고 있는 괴산 사담리 말채나무 고목(2008.08.26.)

재목으로
쓰이는
나무

을 보고 정신없이 마시고는 모두 잠이 들었다. 무사는 술 취한 지네들의 목을 모조리 베어 버렸다. 그리고 가지고 다니던 말채를 땅에 꽂아 놓고 마을을 떠났다. 말채는 봄이 되자 싹을 틔워 크게 자라났고, 이후 지네는 다시 나타나지 않았다. 마을 사람들은 이 나무를 말채에서 자랐다 하여 '말채나무' 라 했다. 지금도 말채나무 근처에는 지네가 가까이 오지 않는다고 한다. 이 전설의 실제 나무는 충북 보호수인 괴산 사담리의 말채나무로 짐작된다.

　말채나무와는 모양이 다르나 같은 이름을 쓰는 흰말채나무가 있다. 키가 고작 2~3미터인 작은 나무로서 희게 보이는 동그란 열매가 열려서 이런 이름이 붙여졌다. 그러나 겨울의 흰말채나무 줄기는 거의 붉은색이다. 원예품종으로 노랑말채나무도 있다.

연보랏빛 멀구슬나무 꽃은 초여름에 핀다(2009.06.02. 경북대)

멀구슬나무과
학명:*Melia azedarach*
영명:China Berry, Japanese Bead Tree
일본명:センダン 栴檀
중국명:苦楝, 楝树
한자명:楝, 苦楝木, 川苦楝

멀구슬나무

비 개인 방죽에 서늘한 기운 몰려오고
멀구슬나무 꽃바람 멎고 나니 해가 처음 길어지네
보리이삭 밤사이 부쩍 자라서
들 언덕엔 초록빛이 무색해졌네……

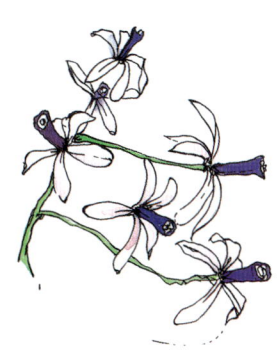

다산 정약용 선생이 1803년에 쓴 〈농가의 늦봄(田家晚春)〉[3]이란 시의 일부다. 초여름에 이를 즈음 다산이 귀양살이를 하던 강진을 비롯하여 남부지방에는, 나뭇가지 끝에 연보랏빛의 조그만 꽃들이 원뿔모양의 꽃차례에 무더기로 핀다. 우리나라의 나무 꽃은 보라색이 흔치 않아 더욱 돋보이며, 라일락처럼 향기롭기까지 하다.

재목으로 쓰이는 나무

원래 멀구슬나무는 아열대의 따가운 햇살에 적당히 자기 몸을 달궈가면서 아름드리로 자라는 큰 나무다. 우리나라는 추위를 버틸수 있는 한계 지역이다. 그래서 멀구슬나무가 일본에서 들어온 것인지, 아니면 중국 남부에서 건너온 것인지는 알 수 없으나 남부 해안에서부터 제주도로 이어지는 섬 지방의 인가 근처 이곳저곳에 흔히 심는다. 동네의 적당한 공터를 차지하면서 그늘을 제공하고, 나무 전체를 뒤덮다시피 열리는 열매는 물론 뿌리까지 나름대로의 귀중한 쓸모가 있다.

노랗게 익은 열매가 겨울 가지 여기저기에 달려 있다(2008.11.30. 신안 장산도)

자람이 워낙 빨라 십여 년 남짓이면 지름이 한 뼘을 훌쩍 넘긴다. 1년에 자라는 나이테 지름이 거의 1~2센티미터에 이르는데, 오동나무와 '형님 아우' 하게 생겼다. 빨리 자라는 나무임에도 비교적 단단하고, 아름다운 무늬를 갖고 있다.

멀구슬나무는 갈잎나무로서 아름드리로 자란다. 나무껍질은 흑갈색으로 세로로 잘게 갈라지며 가지는 굵고 사방으로 퍼진다. 잎은 끝이 뾰족한 작은 계란형으로 불규칙한 톱니가 있고, 한 대궁에서 2~3회씩 갈라져 날개깃 모양으로 수십 개의 잎이 달려서 옆으로 퍼져 있다. 열매는 처음에는 파란색이나 가을에 들어서면 노랗게 익는다. 바깥은 말랑말랑하고 가운데에 딱딱한 씨가 들어 있는 핵과(核果)다. 손가락 마디만 한 크기에 모양은 둥글거나 약간 타원형이고, 긴 열매 자루에 주렁주렁 매달려 겨울을 지나 다음해 여름까지 달려 있다. 달콤하여 먹을 수 있으며, 속의 씨는 세로로 골이

지고 오이씨처럼 생겼는데, 무척 단단하다. 열매는 옷장에 넣어 나프탈렌 대용으로 쓰고 씨에서 짠 기름은 불을 밝히는 데 쓰인다. 염주를 만들 수 있다 하여 처음에는 '목구슬나무'로 불리다가 이후에 '멀구슬나무'가 된 것으로 짐작된다. 씨는 독성이 있으므로 약으로 쓰는 것 외에 사람이 함부로 먹어서는 안 된다.

멀구슬나무의 또 다른 귀중한 쓰임새는 약재다. 《동의보감》에 보면 열매는 "열이 몹시 나고 답답한 것을 낫게 하며 오줌을 잘 통하게 한다. 뱃속의 세 가지 충을 죽이고 옴과 헌 데를 낫게 한다"라고 했다. 줄기의 속껍질은 햇빛에 말려 역시 구충제나 피부병 치료제로 썼다. 《양화소록》의 〈매화〉편에 보면 "꽃을 접붙이는 방법으로 고련수(苦練樹)에 매화를 접붙이면 묵매(墨梅)와 같은 꽃이 핀다"라는 기록이 나온다. 그러나 실제로는 서로 접붙이기를 할 수 없는 나무다.

멀구슬나무와 비슷한 나무로 인도에서 자라는 인도멀구슬나무가 있다. 인도인들은 이 나무를 거의 만병통치약처럼 사용했다. 잔가지로 이를 닦았고 즙으로는 피부병을 고쳤으며, 잎사귀를 놓아두어 해충을 없앴다. 우리나라에서도 잎을 화장실에 넣어 구더기가 생기는 것을 막았으며, 즙액을 내어 살충제로 쓰기도 했다. 종 이름인 'azedarach'에 독이 있는 나무란 뜻이 있듯이 열매 이외에도 잎, 줄기에 유독 성분이 조금씩 들어 있다.

푸른 하늘로 힘차게 뻗은 물푸레나무 잎과 열매(2009.06.11. 청송)

물푸레나무과
학명: *Fraxinus rhynchophylla*
영명: Korean Ash
일본명: トネリコ梣
중국명: 苦枥白蜡树, 大叶蜡树
한자명: 水精木, 水靑木, 榛皮樹, 水蒼木

물푸레나무

우리의 식물 이름 중에는 직설적인 이름이 많다. 예를 들어 제주도에서 자라는 중대가리나무는 열매가 스님의 머리를 닮았다 하여 붙여진 이름이다. 또 풀 종류인 개불알꽃, 며느리밑씻개, 홀아비꽃대 등은 함부로 이름을 부르기도 민망하다. 반면에 '나를 잊지 마세요'란 영어 이름에서 따온 물망초(勿忘草), '알프스에서 자라는 고귀한 흰빛'이란 뜻의 에델바이스 같은 이름은 어쩐지 낭만적이고 멋스러워 보인다. 하지만 수수꽃다리, 다정큼나무, 실거리나무, 자작나무 등 우리 식물도 찾아보면 아름다운 이름이 여럿 있다.

재목으로 쓰이는 나무

물푸레나무는 '물을 푸르게 하는 나무'란 뜻의 아름다운 우리 이름의 대표 주자다. 실제로 어린가지의 껍질을 벗겨 물에 담가보면 파란 물이 우러난다. 물푸레나무의 껍질을 '진피(秦皮)'라 하는데, 《동의보감》에는 "우려내어 눈을 씻으면 정기를 보하고 눈을 밝게 한다. 두 눈에 핏발이 서고 부으면서 아픈 것과 바람을 맞으면 눈물이 계속 흐르는 것을 낫게 한다"라고 했다. 나도 가끔 눈에 핏발이 서는 증상이 있어서 《동의보감》의 처방대로 직접 물푸레나무 가지를 꺾어다 여러 번 실험을 해보았지만 효과는 기대 이하였다. 내 몸이 현대의약품에 찌들어 버린 탓인지, 아니면 정성이 부족한 탓인지 조금은 혼란스럽다. 효과야 어쨌든 옛사람들에게는 다른 방법

〈수하일가도(樹下一家圖)〉, 김득신, 18C 말~19C 초, 27.5x33.0cm, 호암미술관

갓난아이를 옆에 두고 사내는 짚신을 삼으며 아낙은 물레를 돌리는 일상의 모습에서 조선시대 평범한 서민의 삶을 그대로 보는 듯하다. 뒤쪽 고목나무는 잎 모양과 배열로 보아 물푸레나무임을 알 수 있다. 약간 휜 굵은 줄기에는 속이 썩어버린 구멍이 몇 군데 보이고 원래 곧게 자라는 나무이나 낮은 높이에서 여러 갈래로 가지가 갈라져 작달막하다. 이는 마을사람들로부터 보호받아 온 당산목이 아니라 사립문 밖에서 그냥 자라다 세월이 흘러 고목이 되어버린 평범한 나무이기 때문이다. 아무렇게나 생긴 나무의 모습은 사내의 근육질 몸과 대비되어 질곡의 삶을 함께 살아왔음을 말해준다.

이 없었다. 물푸레나무는 껍질 벗김의 아픔을 감내하면서까지 서민의 안약으로 우리 곁에 있어주는 것만으로도 고마운 나무였다.

물푸레나무의 쓰임은 이렇게 안약으로 끝나지 않았다. 자라면서 어린가지는 옛 서당 어린이들의 공포의 대상이었던 회초리로 변신했다. 낭창낭창하고 질겨서 훈장님이 아무리 살살 매질을 하여도 아픔은 곱이 되기 마련이다. 그래서 아버지가 훈장님에게 물푸레나무 회초리를 한 아름 선물하는 것을 제일 두려워했다. 그 외에 도리깨 등의 농사용 도구를 비롯하여 눈이 많이 오는 강원도 산간지방에서는 눈 속에 빠지지 않게 신는 덧신 설피의 재료로 빠질 수 없었다.

물푸레나무는 낭만적인 이름에 어울리지 않게 무시무시한 쓰임이 있다. 옛사람들이 죄인을 심문할 때 쓰는 곤장은 대부분 물푸레나무로 만들었다. 《고려사》에 보면 '물푸레나무 공문(公文)'이란 말이 등장한다. 지배계층의 기강이 흐트러진 고려 말, 관리들이 좋은 토지를 가진 사람들을 출두하라는 공문 한 장으로 불러다 놓고, 물푸레나무 몽둥이로 다짜고짜 곤장질을 했다. 물푸레나무 공문은 이렇게 물푸레나무로 재산을 강탈한 것을 빗댄 말이라 한다. 조선에 들어오면서 처음에는 가죽채찍이 쓰이기도 하였으나 곧 없어지고 역시 물푸레나무로 곤장을 만들었다. 물푸레나무 곤장은 너무 아프므로 죄인을 가엾게 여긴 임금이 보다 덜 아픈 다른 나무로 바꾸도록 했다. 하지만 죄인들이 자백을 잘 하지 않아 다시 물푸레나무 곤장으로 바뀌기도 했다. 《조선왕조실록》에는 예종 때 형조판서 강희맹이 "지금 사용하는 몽둥이는 그 크기가 너무 작아 죄인이 참으면서 조금도 사실을 자백하지 않으니 이제부터 버드나무나 가죽나무 말고 물푸레나무만을 사용하게 하소서"라고 상소한 내용이 나온다.《목민심서》에는 형의 종류를 태형, 장형, 곤형 세 종류라 하였으며,《대명률(大明律)》[4]에 따라 가시나무를 쓰는 곳도 있었으나 대부분 물푸레나무였다. 안약에서 시작하여 농사에 쓰이는 기구를 만들었고, 영문도 모르고 관청에 불려가 볼기짝 맞을 때까지 서민의 애환을 함께한 나무가 바로 물푸레나무다.

물푸레나무는 우리나라 어디를 가나 산속의 크고 작은 계곡 쪽에 아름드리로 자라는 갈잎의 큰 나무다. 어릴 때는 껍질이 매끄럽고 띄엄띄엄 흰 반점이 있다. 그러나 나무가 굵어지면서 줄기 아랫부분부터 조금씩 세로로 갈라지다가 아름드리가 되면 흑갈색의 깊은 골이 생긴다. 달걀모양의 잎이 잎자루 하나에 대여섯 개씩 붙어 있

휴전선 부근의 민간인 통제구역에서 홀로 자라는 천연기념물 286호 파주 무건리 물푸레나무 (2004.10.07.)

는 겹잎이고, 가지와 잎은 모두 마주보기로 달려 있다. 꽃은 초여름에 새 가지 끝에서 하얗게 핀다. 열매는 납작한 주걱모양의 날개가 붙어 있고 크기는 사인펜 뚜껑만 하다. 한꺼번에 수십 개씩 무더기로 달려 있다가 세찬 겨울바람을 타고 새로운 땅을 찾아 제각기 멀리 날아간다.

　잎 모양이나 쓰임이 비슷한 나무로 들메나무가 있다. 이 둘의 차이점은 한 대궁에 달려 있는 여러 개의 잎 중 꼭대기 잎이 가장 크며 금년에 자란 가지에서 꽃대가 나오는 것이 물푸레나무, 잎의 크기가 모두 같으며 작년 가지의 끝에서 꽃대가 나오면 들메나무다. 그러나 두 나무의 구분은 쉽지 않다. 또 잎이 작고 좁으며 대부분 작은 나무로 자라는 쇠물푸레나무도 야산이나 산등성이에서 흔히 만날 수 있다.

재목으로
쓰이는
나무

천연기념물 238호 고흥 금탑사의 울창한 비자나무 숲(2009.04.05.)

주목과
학명 : *Torreya nucifera*
영명 : Japanese Torreya
일본명 : カヤノキ榧の木
중국명 : 日本榧树
한자명 : 榧, 榧子木

비자나무

바둑을 즐기는 사람들은 좋은 바둑판 하나 갖는 것이 평생 소원이다. 이들은 은행나무나 피나무로 만든 바둑판 하나가 서재에 놓여만 있어도 자랑거리로 삼는다. 그러나 최고급품은 비자반(榧子盤)으로 친다. 나무에 향기가 있고 연한 황색이라서 바둑돌의 흑백과 잘 어울리며, 돌을 놓을 때 들리는 은은한 소리까지 그만이란다. 처음에는 표면이 약간 들어가 있는 듯하지만 바둑을 다 두고 돌을 바둑판에서 치우고 나면 다시 회복되는 탄력성은 다른 나무는 감히 흉내낼 수 없는 자랑거리다.

비자나무는 현재 남해안 및 제주도에서 드물게 자라는데, 대부분 천연기념물로 지정되어 있다. 그래서 지금은 비자나무 바둑판을 전혀 만들 수 없다. 보존상태가 좋고 잘 다듬어진 비자나무 바둑판은 소위 명반(名盤)이라고 알려져 부르는 게 값이라고 한다. 1994년 일본의 한 소장가가 구한말의 풍운아 김옥균이 피살되기 직전까지 가지고 있던 바둑판을 한국기원에 기증했다. 이 바둑판은 최고급 비자반은 아니고 중질 정도이나 역사성 때문에 명반의 대열에 들어 있다.

지금은 이렇게 귀한 나무이지만 옛날에는 남해안에서 흔히 자라던 나무였다. 이는 문헌이나 출토유물에서도 확인된다. 《고려사》에 보면 원종 12년(1271)에 원나라의 궁궐을 짓는 데 필요한 비자나무

'非' 자 모양으로 뻗은 잎과 익어도 푸른 열매(2009.08.16. 강진)

판자를 보냈다고 한다. 《동국여지승람》, 《세종실록지리지》, 《조선왕조실록》 등에는 비자나무의 분포지역과 조정에 바치는 세공(歲貢)에 대한 내용이 기록되어 있다. 또 1983년 완도 어두리에서 인양된 고려 초기의 화물운반선 선체의 밑바닥 일부와 완도 장좌리 청해진 유적지의 나무 울타리, 4~6세기 무덤으로 알려진 부여 능산리 고분군에서 나온 관재의 대부분은 비자나무를 사용한 것으로 확인됐다. 비자나무는 부드럽고 연하면서도 습기에 잘 견디므로 예부터 바둑판 이외에도 관재나 배의 재료로 널리 이용된 좋은 나무다.

이처럼 고려 이전만 해도 비자나무는 널리 자라고 있었음을 짐작할 수 있으나 조선조에 들어오면서 사정이 달라진다. 벌써 세종, 예종, 성종 때 여러 번에 걸쳐 비자나무 판자의 수탈에 관한 지적이 있었으며, 영조 39년(1762)에는 제주도에서 바치는 비자나무 판자 때문에 백성들의 폐해가 심해 일시 중지시킨 기록도 있다. 그래서 우리와 가까이서 삶을 함께해 온 비자나무 숲은 안타깝게도 모두 없어지고, 지금은 천연기념물로 지정된 몇 곳만이 겨우 목숨을 이어가고 있는 실정이다.

남해안 섬 지방과 제주도에서 시작하여 육지는 전라남북도의 경계에 있는 백양산과 내장산이 비자나무가 살 수 있는 북쪽 한계선이다. 그러나 이는 교과서에 나오는 이야기고, 지구 온난화의 영향으로 서울 창경궁 온실 옆의 비자나무는 10년 넘게 잘 자라고 있어 우리를 혼란스럽게 한다.

비자 씨앗과 열매(1999.10.25.)

비자나무는 늘푸른 바늘잎을 가진 큰 나무로 어릴 때 생장은 매우 느리나 크게 자라면 두세 아름에 이른다. 나무껍질은 흑갈색으로 세로로 길게 갈라지고 잎은 납작하며 약간 두껍고 끝은 침처럼 날카롭다. 암수가 다른 나무이고 봄에 꽃이 피어 열매는 다음해 가을에 익는다. 크기는 손가락 마디만 하며 새알모양으로 생겼다. 껍질을 벗겨내면 연한 갈색에 딱딱하고 얕은 주름이 있는 씨가 들어 있다. 아몬드와 닮았는데, 맛은 떫으면서 고소하다. 그러나 함부로 먹을 수는 없고 예부터 회충, 촌충 등 기생충을 없애는 약으로 쓰였다. 《동의보감》에는 "비자 열매를 하루에 일곱 개씩 7일 동안 먹으면 촌충은 녹아서 물이 된다"라고 했다.

비자나무는 개비자나무와 잎 모양이 매우 비슷하다. 손바닥을 펴서 잎의 끝 부분을 눌러보았을 때 딱딱하여 찌르는 감이 있으면 비자나무, 반대로 찌르지 않고 부드러우면 개비자나무다.

일본의 산에서는 울창하게 자란 삼나무 숲을 흔히 만날 수 있다(2007.01.28. 일본 교토)

낙우송과
학명 : *Cryptomeria japonica*
영명 : Japanese Cedar
일본명 : スギ杉
중국명 : 日本柳杉
한자명 : 杉, 沙木

삼나무

우리나라의 《삼국사기》에 해당하는 일본 역사책 《일본서기》⁵⁾의 〈신대(神代)〉에 보면 '스사노오노미코토(素戔嗚尊)'라는 신이 나오는데, "'내 아들이 다스리는 나라에 배가 없어서는 안 될 일이다'라고 하여 자신의 수염을 뽑아 흩어지게 하니 삼나무가 되었으며, 가슴의 털을 뽑아 흩으니 편백이 되었다. 이에 '삼나무는 배를 만드는 데 쓰고 편백은 서궁(瑞宮)을 짓는 재료로 하라'"고 했다는 기록이 나온다.

　삼나무는 아득한 옛날부터 일본의 개국신화에 나올 만큼 그들이 자랑해 마지않는 일본 나무다. 이처럼 그들의 시조 신(神) 이야기는 물론 하이쿠(俳句)를 비롯한 문학작품에까지 삼나무는 빠지지 않았다. 그만큼 일본에서는 흔한 나무이면서 동시에 나무로서의 좋은 점은 다 가지고 있다. 줄기는 곧바르게 집단으로 모여서 아름드리로 잘 자라며, 없어서 못쓸 만큼 쓰임새가 넓다. 삼나무는 섬나라인 일본에서 꼭 필요한 배 만들기를 비롯하여 집을 짓고 각종 생활도구를 만드는 데 제몫을 톡톡히 했다. 특히 삼나무로 만든 술통은 나무속의 성분이 녹아 나와 술의 향기를 증가시킨다고 알려져 있다. 한마디로 일본인들에게는 신이 내린 축복의 나무다. 삼나무 하나만으로도 충분하련만 불공평하게도 하느님은 편백, 화백, 금송 등 좋은 나무를 또 보태어 일본열도에만 심어주었다.

재목으로 쓰이는 나무

◀삼나무 꽃(2004.11.21. 제주) ▶삼나무 열매(2010.07.18. 전주)

바로 바다 건너의 이런 좋은 나무에 대하여 우리의 선조들은 별다른 관심을 갖지 않았다. 정약용의 《아언각비(雅言覺非)》[6]에 그 이름이 등장하기도 하지만 개화 이전의 조선왕조 때는 일본의 삼나무를 남부지방에 따로 심었다는 기록은 보이지 않는다. 공주의 무열왕릉에서 나온 목질유물의 일부, 부여 궁남지의 목간(木簡) 등 우리의 문화유적에 가끔 삼나무로 만든 유물이 나온다. 그러나 옛날 한반도에서는 삼나무를 심지 않았으니 모두 일본에서 직접 만들어 가져온 것으로 추정된다. 문헌으로는 《고려도경》 제29권 〈공장(供張)〉의 '삼선(杉扇)'에 보면 일본백삼목(日本白杉木)을 종이처럼 얇게 쪼개서 부채를 만들었다는 내용이 나온다. 고려 때에도 일본에서 삼나무 자체는 수입하여 사용하였으나 씨를 가져다 심을 생각은 하지 않았다. 삼나무를 우리나라에 대량으로 심기 시작한 것은 일제강점기인 1900년대 초부터다. 곧게 빨리 자라는 나무이니 재목을 생산할 목적이었다. 다만 추위를 싫어하므로 경남과 전남의 해안지방에서부터 섬 지방에 주로 심었다.

한편 제주도에서는 목재 생산보다는 귤 밭의 방풍림으로 심기 시작하여 오늘에 이른다. 남해안지방에서는 우리의 고유 수종인 곰솔이나 비자나무를 제치고 가장 널리 퍼져 있는 나무가 되었다. 그러나 삼나무는 어디까지나 일본의 대표 바늘잎나무다. 이런 사연을 잘 모르는 사람들이 우리의 문화유적지, 특히 한산도를 비롯한 이순신 장군의 유적지까지 삼나무를 심어 댄다. 목재 생산을 목적으로 산에 심는 것이야 시비를 걸 생각이 없지만, 적어도 항일유적지에는 삼나무 심기를 삼가야 옳을 것 같다.

삼나무는 늘푸른 바늘잎 큰 나무로 키 40미터, 지름이 두세 아름은 보통인 거목이다. 잎은 약간 모가 나고 길이는 손가락 한 마디 정도로 송곳처럼 차츰 가늘어져 끝이 예리하다. 암수 한 나무이고 꽃은 초봄에 피고 열매는 가을에 익는다. 솔방울은 적갈색으로 직경 2센티미터 정도로 둥글며, 씨는 각각의 솔방울 비늘 조각 안에 3~6개씩 들어 있다. 편백과 함께 일본을 대표하는 나무 중 하나다. 일본인들이 좋아하는 국민 나무지만 치명적인 약점이 있다. 삼나무 꽃가루는 심한 알레르기를 일으켜 일본 국민의 20~25퍼센트가 해마다 고생한다.

재목으로 쓰이는 나무

자작나무과
학명: *Carpinus laxiflora*
영명: Japanese Loose-flowered Hornbeam
일본명: アカシデ赤四手
중국명: 鹅耳枥 鹅旒枥, 鹅耳壢
한자명: 西木, 見風乾, 榆

서어나무

'계절의 여왕' 5월의 숲은 언제나 싱그럽고 아늑하다. 꽃이 곱고 단풍이 아름답다지만 정말 탄성이 절로 나오는 절정은 여러 넓은잎나무들이 새싹을 틔우는 순간이다. 연초록을 기본으로 나무 종류마다 자신의 빛깔을 내지만, 붉은빛을 바탕으로 펼치는 서어나무의 새싹은 단연 돋보이는 주연배우다. 같은 서어나무끼리도 약간씩 잎이 피는 시간 차이가 있으므로 갓 피어날 때의 붉음에서부터 주황색을 거쳐 연한 녹색으로 이어지는 단계를 한눈에 볼 수 있다.

숲은 인간이 간섭하지 않고 그대로 두면 저희들끼리 치열한 경쟁을 치른 후 음수(陰樹)의 특성을 가진 한 무리들이 최후의 승자가 되어 차지한다. 우리나라 남해안과 높은 산꼭대기를 제외한 현재 남한의 대부분을 온대림(溫帶林)이라고 하는데, 이런 곳의 최후 승리자는 바로 서어나무와 참나무 무리다. 온대림의 대표주자로서 흔히 서어나무를 내세운다. 그만큼 넓은 면적에 걸쳐 수천수만 년을 이어온 우리 숲의 가장 흔한 나무 중 하나가 서어나무다.

서어나무의 어원은 알 수 없지만, '서목(西木)'을 우리말로 '서나무'라고 했다가 발음이 자연스러운 '서어나무'가 된 것으로 짐작하

재목으로 쓰이는 나무

◀서어나무 줄기는 굵어지면서 세로로 골이 져 울퉁불퉁해진다(2008.05.12. 밀양 표충사)

〈목기 깎기(手工旋車圖)〉, 조영석, 18C 전반~중반, 28.0x20.7cm, 개인소장
관아재 조영석의 사제첩(麝臍帖)에 실린 14그림 중 하나. 웃통을 벗어부친 사내 둘이 목기를 깎고 있으며 주변에는 꼭 필요한 연장 몇 개만 보인다. 이를 미루어 아마 필요한 나무재료가 있는 산속에 들어가 현장에서 민초들의 생활에 필요한 일반 목기를 바로 만들고 있는 '삶의 현장'으로 짐작된다. 화면 왼편에서 오른쪽으로 비스듬하게 그려진 굵은 나뭇가지는 자세히 보면 세로로 요철이 있음을 알 수 있다. 위쪽의 잎은 끝 부분이 꼬리처럼 길게 그려져 있다. 모두 서어나무임을 알아낼 수 있는 특징이다.

고 있다. 서어나무는 아무래도 독특한 수피에 먼저 눈이 가기 마련이다. 줄기의 굵기 자람이 균등하지 않아 회색의 매끄러운 표면에 세로로 요철(凹凸)이 생겨서 마치 잘 다듬어진 보디빌더(bodybuilder)의 근육을 보는 것 같아서다.

서어나무는 몸체를 불려나가는 메커니즘이 좀 색다르다. 표면이 매끈한 대부분의 나무는 잎에서 만들어진 광합성 물질과 뿌리에서 흡수한 수분 및 영양분들을 이용하여 나이테를 만들 때 치우침 없이 골고루 분배한다. 그러나 서어나무는 나이테의 어느 한 부분에 집중적으로 더 많이 양분을 준다. 양분을 많이 받은 부위의 나이테는 넓어지고 적게 받은 부위는 좁아진다. 나무를 잘라 놓고 보면 나이테는 보통 다른 나무들이 간격이 일정한 동심원인데 비하여 서어나무는 나이테 간격이 일정하지 않아 파도처럼 들쭉날쭉한 경우가 많다. 따라서 줄기의 표면이 울퉁불퉁해진다.

서어나무는 비중이 0.74나 되어 비교적 단단한 나무지만 표면이 고르지 않아 당연히 쓸모에 제약이 따를 수밖에 없다. 표고버섯을 키우는 나무, 방직용 목관(木管), 피아노의 액션 부분 등에 조금씩 쓰일 따름이다.

서어나무는 중부 이남에서 주로 자라며 키 10~15미터, 굵기가 한 아름이 넘게 자랄 수 있다. 밀양 상동면 안인리의 마을 뒤편에서 자라는 서어나무는 키 9.4미터, 둘레 530센티미터, 나이가 약 200년에 이르는 우리나라에서 가장 큰 나무다. 긴 타원형의 잎은 어긋나기로 달리고 끝은 꼬리모양으로 길어진다. 암수 한 나무로 꽃은 잎보다 조금 먼저 피며 열매는 이삭처럼 밑으로 길게 늘어진다. 손가

이삭모양으로 처지는 독특한 열매(1998.07.07. 청송 주왕산)

락 길이만 한 열매 대궁에 긴 손톱같이 생긴 포엽(苞葉)[7]이 수십 개씩 붙어 있고 쌀알 굵기만 한 씨앗은 포엽 밑에 숨어 있다.

　서어나무와 아주 비슷한 개서어나무가 있다. 잎 끝이 꼬리처럼 길고 표면에 털이 없는 것이 서어나무, 잎 끝 꼬리가 짧고 털이 있는 것이 개서어나무다. 남부지방에서 만날 수 있는 서어나무는 거의 개서어나무인 경우가 많다. 그 외에 이름 때문에 박달나무 종류로 오해하기 쉬운 까치박달이 있다. 회갈색의 줄기에 동그란 숨구멍이 있고 잎맥 수가 16~20쌍이나 되어 서어나무의 10~12쌍보다 훨씬 많은 것이 차이점이다. 남서 해안지방 및 섬 지방에는 잎이 훨씬 작은 소사나무가 자란다.

소나무 무리

바늘잎나무(針葉樹)는 전 세계적으로 약 550종이 있고, 이 중 소나무과(科)는 250종으로 약 2분의 1에 이른다. 소나무를 비롯하여 가문비나무, 전나무, 잎갈나무, 미송(Douglas fir) 등 우리가 알고 있는 많은 바늘잎나무 대부분이 소나무과에 포함된다. 범위를 좁혀보면 소나무속(屬)에 포함되는 소나무 무리는 90여 종쯤 된다. 우리나라에는 자생종과 수입종을 포함하여 12종이 자란다.

소나무 무리는 바늘잎나무 중에서 가장 종류가 많고, 아름드리로 자라는 늘푸른 큰 나무가 대부분이다. 또 인구가 많은 온대지방에 주로 분포하므로 사람들과 가장 관계가 깊은 식물 중 하나다. 대체로 줄기가 곧고 떼를 이루어 자라는 경향이 강하여 한꺼번에 많은 목재를 얻을 수 있다. 재질도 좋아 옛사람들의 집짓기에서부터 오늘날의 펄프재에 이르기까지 소나무 무리만큼 쓰임이 넓은 나무도 흔치 않다.

소나무 무리는 다시 소나무 종류와 잣나무 종류로 크게 나눌 수 있다. 소나무 종류는 2~3개씩 바늘잎이 같이 붙어 있으며, 나무의 재질이 조금 단단하여 경송(硬松, soft pine)이라 한다. 우리 땅의 대표 수종인 소나무와 곰솔 이외에 수입나무인 리기다소나무, 테에다소나무, 방크스소나무 등이 여기에 속한다. 잣나무 종류는 3~5개의 바늘잎이 있으며, 재질이 조금 물러 연송(軟松, soft pine)이라 부른다. 바늘잎이 다섯 개인 잣나무와 섬잣나무 및 눈잣나무가 있으며, 잎이 세 개인 중국 원산의 백송이 여기에 포함된다.

  소나무 무리는 6천 5백만 년 전부터 나타나기 시작했지만, 소나무 자체는 그보다 훨씬 뒤에 지구상에 모습을 나타냈다. 약 530만 년 전의 플라이오세(Pliocene Epoch)에서부터 시작하여 인류의 활동이 활발해진 역사시대에 들어오면서 급격히 불어났다.[8] 소나무 무리는 햇빛을 좋아하는 대표적인 양수(陽樹)이므로 숲속에서 다른 넓은잎나무와 같이 자라게 되면 경쟁에 밀려 사라져 버린다. 따라서 문화가 발달하고 사람들이 많이 살아 숲의 나무들을 베어낸 공간이 여기저기 생길 때 소나무는 더욱 번성하게 된다.

소나무

몇 년 전 산림청이 한국갤럽을 통해 일반인들에게 가장 좋아하는 나무를 물어본 결과 절반에 가까운 46퍼센트가 '소나무'라고 답했다. 뒤이어 2위를 차지한 은행나무는 8퍼센트에 그쳤다.

우리나라는 어디에서나 고개를 들어 산과 마주할 때 가장 먼저 눈에 띄는 나무가 소나무다. 따라서 자연스럽게 태어나면서부터 소나무와의 인연은 시작될 수밖에 없다. 옛날에는 소나무로 지어진 집의 안방에서 아이가 태어났고, 소나무 장작으로 데워진 온돌에서 산모는 몸조리를 했다. 새 생명의 탄생을 알리는 금줄에는 솔가지가 끼워진다. 아이가 자라면서 뒷동산의 솔숲은 놀이터가 되고 땔감을 해오는 일터가 되기도 한다. 명절이면 송홧가루로 만든 다식(茶食)을 먹고 양반가라면 십장생도가 그려진 병풍을 치고 꿈나라로 들어간다.

가구를 비롯한 여러 생활필수품에도 소나무는 빠지지 않았다. 선비로 행세를 하려면 송연묵으로 간 먹물을 붓에 묻혀 일필휘지를 할 수 있어야 한다. 한 세상살이가 끝나면 소나무로 만든 관 속에 들어가 땅속에 묻힌다. 그러고도 소나무와 인연은 끝나지 않는다. 도래솔로 주위를 둘러치고는 다시 영겁의 시간을 소나무와 함께 한다.

재목으로 쓰이는 나무

평해 월송정의 솔숲. 우리나라 곳곳에서 이런 솔숲을 흔히 만날 수 있다(2009.04.22.)

소나무과
학명: *Pinus densiflora*
영명: Japanese Red Pine
일본명: アカマツ 赤松
중국명: 赤松
한자명: 松, 松木, 陸松

소나무의 또 다른 귀중한 쓰임새는 구황식물이다. 한 세기 전만 해도 초근목피(草根木皮)로 연명한다는 이야기를 자주 들었다. 풀뿌리의 대표는 칡이며, 나무껍질의 대표는 소나무다. 배고픔을 참을 수 없으면 소나무 속껍질, 즉 송기(松肌)를 벗겨 먹었다. 그러나 섬유질만 많을 뿐 실제로 영양분은 얼마 들어 있지 않다. 우리는 가난을 표현할 때 흔히 '똥구멍이 찢어지게'라는 표현을 잘 쓴다. 이 말은 소나무 껍질을 먹고 소화를 잘 시키지 못하여 변비가 생기는 현상을 빗댄 말이다.

소나무와의 인연은 3~4천 년 전 선조들이 한반도 안으로 내려오면서부터다. 주로 참나무로 이루어진 주변의 숲을 개간하고 연료로 쓰면서 소나무는 점점 세력을 넓혀 갔다. 직접 햇빛을 많이 받아야만 살아남는 소나무는 사람들이 개발을 위해 울창한 숲을 파괴하거나, 산불로 인해 다른 나무가 다 타버려 공간이 생기는 것을 좋아한다. 크고 작은 인간들의 다툼과 대규모 전쟁으로 한반도의 숲이 파괴되면서 소나무는 반대로 자신의 터전을 더욱 넓힐 수 있었다. 오늘날 구릉지가 많은 서해안 일대가 동해안보다 소나무가 더 많은 것은 평양, 개성, 서울, 부여, 나주 등 고대국가의 중심지가 대부분 한반도 서쪽이었던 것과도 관계가 깊다.

역사 흐름에 따라 차츰 세력을 넓혀 가던 한반도의 소나무가 최고의 나무로 자리를 잡은 것은 조선왕조에 들어오면서부터다. 고려시대 이전에는 소나무가 지금처럼 많지 않았다. 최근 각종 건설공사나 문화재 발굴현장에서 출토되는 나무를 분석해보면 고려시대 이전에는 소나무의 비율이 4~6퍼센트에 불과한 경우가 많다.

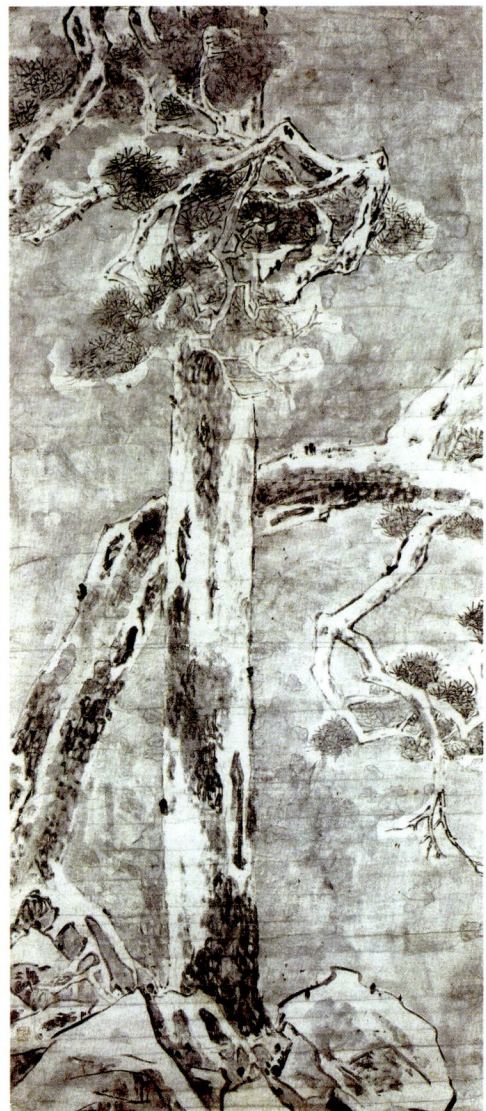

〈설송도(雪松圖)〉, 이인상, 18C 중반, 117.4x52.7cm, 중앙박물관
소나무를 즐겨 그린 이인상의 대표적 작품이다. 조선시대의 그림에서 수없이 만나는 소나무는 대체로 구부러지고 비틀린 형태로 등장한다. 그러나 이 그림은 곧바로 솟아오른 소나무 한 그루의 힘찬 뻗음을 휘어진 또 한 그루와 대비시켜 소나무의 상징성인 절개와 지조를 나타내고 있다. 아울러서 쌓인 눈을 머리에 이고서도 의연히 버티고 있는 모습에서 소나무의 강인함을 강조하고 있다.

또 권력자의 관재는 느티나무나 참나무 및 금송이나 넓은잎삼나무 등 수입나무가 대부분이고, 소나무로 만든 경우는 거의 찾아볼 수 없다. 당시에는 소나무가 아니라 느티나무나 참나무를 더 많이 썼다. 몽고란 이후 사회적인 혼란을 거쳐 조선왕조가 건국되면서 숲은 더욱더 소나무가 많아지고 주위에 쓸 만한 나무는 소나무밖에 남지 않았다.

조선왕조는 소나무 왕조라고 해도 지나치지 않을 만큼 소나무를 숭상했다. 관청이나 양반의 집을 짓는 데 없어서는 안 될 나무였으며, 배를 만들거나 임금의 관재에도 꼭 사용되었다. 이를 위하여 전국에 소나무가 잘 자라는 2백여 곳에 봉산(封山)을 설치하여 아예 출입을 금지시키기도 했다. 엄격한 소나무 보호 정책을 썼지만 조선 후기로 갈수록 숲은 점점 더 황폐화되어 버렸다.

오늘날 소나무가 우리 산의 가장 흔한 나무로 자리 잡은 것은 이런 역사적인 이유도 있지만, 강인한 생명력과 영리함이 있어서다. 햇빛만 풍족하면 척박한 땅과 건조함은 별로 개의치 않는다. 돌무더기나 바위틈에서도 자람을 이어가는 강인한 생명력을 가진다. 소나무의 영리함이란 종족번식의 방법에서 찾을 수 있다. 소나무는 암꽃과 수꽃이 같은 나무에 핀다. 남매끼리의 수정은 자손의 형질을 점점 나빠지게 한다는 사실을 소나무는 본능적으로 알고 있었다. 그래서 우선 암꽃은 꼭대기 근처에, 수꽃은 아래 나뭇가지에 피도록 설계했다. 풍매화인 소나무 꽃가루가 바람에 날아가 위로 올라갈 일은 거의 없으니 남매 수정이 안 되도록 일차적인 안전조치는 한 셈이다. 회오리바람 등 공기의 상하 이동도 드물게 있다는

소나무 수꽃, 꽃가루는 대부분 바람에 날려가 버린 모습이다(2010.05.12. 종묘)

사실을 배려하여 암수 꽃이 피는 시기를 약 일주일 정도 차이를 두었다. 놀라운 사실이 하나 더 있다. 남매 수정 불가라는 원칙만 고수하다 엄혹한 자연계에서 자칫 자손이 아예 생기지 못하는 불행이 생길까봐 5퍼센트 전후는 수꽃이 위로 가고 암꽃이 아래로 내려와 비상사태에 대비했다. 이 정도면 소나무가 영리하다고 해도 이의를 달기 어려울 것 같다.

소나무는 여러 가지 이름으로 불린다. 접미어에 송(松)이 들어가는 이름은 수없이 많다. 우선 소나무의 다른 이름으로 가장 널리 쓰이는 적송부터 알아보자. 나무줄기가 붉다고 하여 흔히 적송(赤松)이라고 하는데, 이는 우리 이름이 아니고 일본 이름이다. 그들은 '아까마쯔'라고 읽는다. 일제강점기에 우리말을 없애고 강제동화 정책을 쓸 때 나무 이름도 일본식으로 부르도록 강요했다. 적송은 붉은 줄기를 가진 소나무의 특징을 잘 나타낸다고 하여 오히려 갈

자갈색의 암꽃이 가지 끝에 달린다
(2005.05.30. 청도)

수록 더 널리 쓰이고 있다. 옛 문헌에 나오는 소나무는 송(松) 아니면 송목(松木)이다.

　소나무 종류는 수많은 다른 이름이 있다. 해송(海松)은 바닷가에서 자라는 소나무의 형제로 원래 이름은 곰솔이다. 반송(盤松)은 보통 소나무가 외줄기인 것과 달리 아래부터 여럿으로 갈라지는 소나무다. 춘양목(春陽木)은 해방 직후 영동선 춘양역에서 많이 가져온다고 하여 붙여진 이름인데, 정식 이름은 금강소나무다. 미송(美松, Douglas fir)은 미국의 대표적인 바늘잎나무로서 소나무와는 과(科)가 같으나 속(屬)이 다르다. 금송(金松)은 낙우송과의 나무로서 소나무와는 아무런 관련이 없다.

　소나무의 영어 이름은 1842년 네덜란드의 식물학자 쥬카르느(Zucarinii)가《일본식물지》1권에 소나무 학명과 함께 '일본적송(Japanese red pine)'이란 이름으로 소개했다. 이후 안타깝게도 우리 소나무는 외국에 일본적송으로 알려져 있다.

곰솔

/

곰솔의 다른 이름은 '해송(海松)'이다. 자라는 곳이 바닷가이기 때문이다. 대부분의 식물들이 감히 살아갈 엄두도 못 내는 모래사장이나 바닷물이 수시로 들락거리는 곳에서도 지평선이 아련한 바다의 풍광을 즐기면서 거뜬히 삶을 이어간다. 파도가 포말(泡沫)이 되어 날아다니는 소금 물방울을 맞고도 사시사철 푸름을 잃지 않는 강인함은 곰솔이 아니면 다른 나무는 감히 넘볼 수도 없다.

재목으로 쓰이는 나무

곰솔은 수십 그루가 모여 자라면서 억센 바닷바람으로부터 마을을 보호해주고 농작물이 말라 버리는 것을 막아준다. 그래서 바닷가에 떼 지어 자라는 소나무는 틀림없이 곰솔이다.

곰솔은 남해안과 섬 지방에서 시작하여 동서 해안을 따라 북부지방을 제외한 남한의 바다를 끼고, 대체로 10여 리 남짓한 사이에 벨트 모양으로 자란다고 한다. 그러나 그 강인한 생명력으로 본래 소나무의 생활터전인 내륙 깊숙이까지 들어가 당당히 경쟁하고 있다. 너무 깊숙이 들어가 해송이라는 그의 별명이 무색해지는 경우도 흔하다. 일본 남부와 중국 일부에서도 분포하며, 우리나라와 마찬가지로 바닷가에서 자란다. 그러나 옛 문헌에 나오는 해송은 지금의 곰솔이 아니라 잣나무를 말한다. 신라 때 당나라로 유학 간 학

◀곰솔은 새싹은 회갈색이고, 꼭대기에 자갈색의 암꽃봉오리가 붙어 있다(2009.05.07. 제주)

곰솔의 자람 터는 대부분 바닷가다(2006.08.03. 통영 추도)

생들이 학비에 보태 쓸 요량으로 가져간 잣을 두고 중국인들은 바다 건너에서 왔다는 의미로 '해송자(海松子)'라고 한 것이다.

같은 나무를 두고 곰솔과 해송이란 이름이 거의 같은 빈도로 쓰인다. 소나무의 줄기가 붉은 것과는 달리 해송은 흑갈색의 껍질을 가지므로 한자 이름은 '흑송(黑松)'이다. 이것을 순우리말로 고쳐 부르면 '검솔'인데, 세월이 지나면서 '곰솔'이 된 것으로 추정된다. 내륙에서도 흔히 자라므로, 해송보다는 곰솔이 더 적합하다.

소나무와 곰솔은 유전적으로 아주 가까운 사이다. 그래서 흔히 이 둘을 묶어서 한 다발에 바늘잎이 둘씩 붙어 있다고 하여 '이엽송(二葉松)'이라고 부른다. 비슷한 면도 여럿 있으나, 각자 개성이 비교적 명확하여 이 둘을 구분하는데 별 어려움이 없다. 곰솔의 껍질은 강렬한 자외선에 타 버린 듯 까맣게 보인다. 또 바늘잎은 너무 억세 손바닥으로 눌러 보면 찔릴 정도로 딱딱하고 새순이 나올 때

제주 아라동 산천단에 있는 천연기념물 160호 곰솔 고목(2009.04.11.)

는 회갈색이 된다. 반면 소나무는 아름다운 붉은 피부를 갖고 있으며, 잎은 보드랍고 새순은 적갈색이다. 이런 특성을 두고 강인해 보이는 곰솔은 남성적이고, 소나무는 여성적이라고 말한다.

곰솔과 소나무의 꽃가루를 받아 교배를 시키면 두 나무의 중간쯤 되는 '중곰솔'이란 혼혈종이 생긴다. 중곰솔은 자연 상태에서도 가끔 볼 수 있으며, 양부모의 좋은 점을 물려받아 더 빨리 자라고 더 곧게 되는 성질을 갖는다. 물론 못된 점만 닮은 망나니도 태어난다. 곰솔은 어릴 때 생장이 대단히 빨라서 소나무를 능가하지만 나이를 먹어가면서 추월당하고 만다. 또 나무의 성질은 소나무보다 못하나 더 곧게 자라는 경향이 있어서 남부지방의 바닷가에서는 심을 만하다.

우리나라에서 제일 큰 곰솔은 제주 아라동의 천연기념물 160호이며, 그 외에 부산 수영동 353호, 전주 삼천동 355호, 장흥 관산 356호, 해남군청 앞 430호, 제주 수산리 441호가 있다.

금강소나무

태백산맥 줄기를 타고 금강산에서부터 경북 울진, 봉화를 거쳐 영덕, 청송 일부에 걸쳐 자라는 소나무는 우리 주위에서 흔히 볼 수 있는 꼬불꼬불한 일반 소나무와는 달리 줄기가 곧바르며, 마디가 길고 껍질이 유별나게 붉다. 이 소나무는 금강산의 이름을 따서 학자들이 금강소나무(金剛松), 혹은 줄여서 '강송'이라고 이름을 붙였다. 흔히 '춘양목(春陽木)'이라고 더 널리 알려진 바로 그 나무다. 금강소나무는 결이 곱고 단단하며 켠 뒤에도 크게 굽거나 트지 않을 뿐만 아니라 잘 썩지도 않아 예부터 소나무 중에서 최고로 쳤다.

재목으로 쓰이는 나무

소나무는 자라면서 여러 가지 화학물질이 쌓여서 나무속이 진한 황갈색을 띤다. 이 부분을 옛사람들은 '황장(黃腸)'이라 하였으며, 가장자리의 백변(白邊)에 비해 잘 썩지 않고 단단하기까지 하다. 황장이 넓고 백변이 좁은 금강소나무는 나무 중의 나무로서 왕실에서 널리 쓰였다.

세종 2년(1420)에 예조(禮曹)에서는 "천자의 곽(槨)은 반드시 황장으로 만드는데, 견고하고 오래되어도 썩지 않으나, 백변은 내습성이 없어 속

▶ 진한 황갈색을 띤 금강소나무의 속
◀ 울진 소광리의 약 500년 된 금강소나무의 늠름한 모습(2009.04.23.)

〈백화암부도(白華庵浮圖)〉, 김홍도, 1788년, 30.4x43.7cm, 개인소장
김홍도의 금강사군첩에 들어 있는 그림이다. 오늘날 우리가 최우량 소나무로 생각하는 금강소나무를 볼 수 있으며 잣나무와 거의 반반으로 섞여 있다. 부도 뒤와 오른쪽의 활엽수는 참나무다.

히 썩는데 있습니다. 대행 왕대비의 재궁(梓宮)은 백변을 버리고 황장을 서로 이어서 만들게 하소서"라고 임금에게 아뢴다. 조선왕조 내내 좋은 소나무를 보호하기 위하여 황장금표(黃腸禁標)를 세우고, 《경국대전》에는 좋은 소나무의 벌채를 법으로 금하는 등 여러 조치를 취했다.

세월이 지나면서 서울과 비교적 가까운 곳의 금강소나무는 차츰 고갈되어 멀리 태백산맥의 오지까지 가서 벌채를 하여 한강을 타고 운반해왔다. 한강 수계(水系)로의 운반이 불가능한 울진, 봉화 지역의 금강소나무는 그래도 생명을 부지하여 가장 최근까지 남아 있다. 그러나 일제강점기 영주-봉화-태백을 잇는 산업철도가 놓이면서 이들도 무차별로 벌채되기 시작했다. 조선시대에는 권세 있는 양반이 아니면 지을 수도 없었던 소나무 집을 너도 나도 짓기 시작하자 급격한 수요가 생긴 것이다. 이렇게 잘려진 금강소나무는 영동선 춘양역에 모아두기만 하면 철마(鐵馬)라는 괴물이 하룻밤 사이 서울까지 옮겨다 주었다. 사람들이 춘양역에서 온 소나무란 뜻으로 '춘양목'이라 부르기 시작하여 오늘에 이르고 있다. 모진 수탈에도 그나마 남아 있는 곳은 경북 울진군 서면 소광리 일대, 봉화군 춘양면과 소천면 일대다. 이곳은 1981년에 유전자 보호림, 1985년에는 천연보호림으로 지정되어 보호받고 있다.

소나무와 금강소나무는 별개의 나무일까? 그렇게 말하기는 어렵다. 소나무라는 성씨를 가진 종갓집의 자손에는 반송, 금강소나무, 황금소나무 등 할아버지나 아버지와 모양새가 꼭 같지 않은 몇 종류가 있다. 그렇다고 다른 나무 족보에 넣어야 할 만큼 전혀 닮지 않는 것도 아니다. 조상의 모양새와 조금 다르기는 하나 전체적으로 같은 자손으로 인정될 때 우리는 품종(品種)이라고 한다. 금강소나무는 한마디로 조상인 일반 소나무보다 더 잘생긴 소나무의 한 품종이다.

소나무과
학명 : *Pinus rigida*
영명 : Pitch Pine
일본명 : リギダマツ
중국명 : 剛松
북한명 : 세잎소나무

리기다소나무

한때 우리는 미제(美製)라고 하면 깜빡 숨이 넘어가던 시절이 있었다. 광복과 한국전쟁의 소용돌이 속에 남아난 산업이 없으니 국산품은 무엇 하나 제대로 만들어지지 않았다. 그때의 미제는 튼튼하고 품질 좋은 우량품의 상징이었다.

이런 시절 헐벗은 우리 산에는 '리기다소나무'라는 미제 소나무가 이곳저곳에 심기기 시작했다. 미국 동남부지방이 고향인 리기다소나무는 대체로 일제강점기인 1907년경 우리나라에 처음 시집왔다. 이후 한국전쟁이 끝나고 한창 복구가 시작된 1960~1970년대에는 산마다 리기다소나무 천지였다. 정부에서 공짜로 묘목을 나누어주었고, 인부까지 동원해 심어주었으니 산 주인이야 마다할 리 없었다. 자그마치 48만 헥타르의 리기다소나무 숲이 생긴 것이다.

당시 사람들이 나무까지 미제를 좋아하여 우리 나무를 놔두고 이렇게 리기다소나무를 많이 심었던 것일까? 그렇지 않다. 그때의 우리 산은 나무가 거의 없는 민둥산이었다. 여름에도 산이 푸른 것이 아니라 흙이 그대로 드러나 있었다. 비만 오면 흙이 흘러내려 강바닥이 농경지보다 더 높았다. 천정천(天井川)이란 이름의 이런 강은 홍수가 나면 금세 농경지를 덮어 버렸다. 사정이 이렇다 보니 산에

재목으로 쓰이는 나무

◀다른 소나무와는 달리 리기다소나무는 줄기에서 바로 잎이 돋아난다(2009.05.05. 경북대)

리기다소나무 수꽃과 솔방울(2010.05.08. 경북대)

우리
나무의
세계

나무를 심는 일이 시급했다. 게다가 나무의 종류를 가려 심을 처지가 아니었다. 우선 뿌리를 박고 살 수 있는 나무가 최우선이었다. 비료 성분이라고는 아무것도 없는 척박한 곳에서도 자랄 수 있는 나무가 바로 리기다소나무였다. 리기다소나무라고 메마른 땅을 좋아하는 것은 아니다. 다만 더 잘 버틸 수 있다는 의미다. 이런 한계 조건에서는 겨우 생명을 부지하는 것만으로도 만족해야 한다.

　리기다소나무는 줄기 여기저기에 '맹아(萌芽)'라는 부정기적인 작은 새싹을 내밀어, 부분 부분을 털북숭이처럼 만들어둔다. 설령 윗부분이 말라죽어도 줄기의 어디에서라도 다시 새로운 가지를 만들어 생명을 이어가겠다는 강한 의지의 표현이다. 토종 우리 소나무나 곰솔 등 다른 소나무 종류는 줄기에서 맹아가 돋아나지 않는다. 그래서 멀리서도 리기다소나무 숲은 금세 찾아낼 수 있다. 또 리기다소나무는 솔방울이 잔뜩 열리는 나무로도 유명하다. 대부분의 식물들이 그러하듯 리기다소나무 역시 삶이 편편치 않으면 우선 자손부터 퍼뜨릴 궁리를 하기 때문이다.

  우리나라에서 자라는 리기다소나무의 환경이 이렇다 보니 좋은 나무가 될 수 없다. 리기다소나무의 정착 과정을 잘 모르는 사람들은 쓸모없는 나무를 심었다고 이제 와서 비판한다. 그러나 리기다소나무가 있었기 때문에 오늘날 푸른 우리 산을 보게 된 것이다. 한마디로 올챙이 시절을 모르는 사람들의 부질없는 이야기일 뿐이다.

  이제 리기다소나무는 그에게 주어진 역할을 모두 끝내고 우리나라 숲에서 차츰 사라져 가고 있다. 쓸 만한 다른 나무로 교체하기 위하여 잘려나갈 영순위 나무다. 관심은 어떻게 이용할 것인가이다. 어렵게 생명을 유지하다 보니 그의 속살이라고 온전할 리 없다. 우선 나이에 비해 나무 지름이 작고 온통 옹이투성이다. 또 원래부터 그에게는 송진이 많아 영어 이름도 '송진소나무'인데, 힘들게 살다 보니 더 많아졌다. 종이 만드는 회사에서도, 나무 켜는 공장에서도 달가워하지 않는다. 알려진 바로는 1헥타르에 자라는 30년생 리기다소나무의 값어치가 모두 합쳐 1백만 원 남짓이라 한다. 심을 때야 공짜로 심었지만 산 주인 입장에서는 마음이 편할 리 없다.

  웰빙 바람으로 사람들은 건강 지키기에 여념이 없다. 무엇이든 건강에 좋다면 남아나지 않은 세상이다 보니 솔잎도 훑어가기 바쁘다. 리기다소나무보다는 진짜 소나무가 나을 터이니, 바늘잎이 세 개씩 붙어 있는 리기다소나무와 두 개인 토종 소나무는 구분하는 것이 좋을 것 같다.

잣나무

조선 중기 문신인 유몽인의 설화집《어우야담(於于野譚)》[9]에는 이런 내용이 실려 있다. 성균관에서 선비들이 시험을 보고 있었는데, 세종의 꿈에 용 한 마리가 나타나 성균관 서쪽 뜰에 서 있는 잣나무 고목에 구불구불 서려 있었다. 꿈에서 깬 세종은 이를 이상히 여겨 사람을 시켜 몰래 가보게 하였더니, 한 선비가 잣나무 아래에서 전대를 베고 발을 나무에 올린 채 자고 있었다. 이 시험에서 장원을 한 선비가 최항(崔恒)[10]이었는데, 세종이 꿈에 본 바로 그 선비였다. 이후 이 잣나무에게 '장원백(壯元栢)'이란 새로운 이름을 지어주었다고 한다. 그러나 중종 21년(1527)에 벼락을 맞고 죽어버려 지금은 남아 있지 않다. 임금의 꿈에 나타날 만큼 큰 잣나무는 귀중하게 생각한 것 같다.

잣나무는 커다란 솔방울 하나에 많을 때는 200개나 되는 씨앗을 품고 있다. 딱딱한 씨앗 껍질을 깨면 안에는 노르스름한 배젖(胚乳)이 들어 있다. 여기에는 지방유(脂肪油)와 단백질이 많이 함유되어 있어 고소하고 향기가 좋다. 게다가 자양강장 효과뿐만 아니라 약용으로 쓰이기까지 하니 귀하게 여기지 않을 수 없다. 잣나무의 배젖은 잣이라 하며, 해송자(海松子), 백자(栢子), 송자(松子)라고도 한

재목으로 쓰이는 나무

◀ 잣나무 잎과 열매 (2006.02.05. 김제 금산사)

〈화강백전(花江栢田)〉, 정선, 1742년, 32.3x24.9cm, 간송미술관

겸재의 해악전신첩(海嶽傳神帖)중 한 장면이다. 화강(花江)은 지금의 금화읍으로 그림의 배경이 된 곳은 병자호란 때의 전쟁터라고 한다. 화제(畵題)에 백전(栢田)이라 함은 잣나무 숲이란 뜻이다. 먹물의 퍼짐효과를 이용하여 앞쪽은 진하게, 뒤로 갈수록 연하게 처리하여 잣나무 숲이 깊음을 느낄 수 있도록 처리하였다. 잣나무는 원래 생태적인 성질이 홀로 자람보다는 이렇게 숲을 이루어 자라기를 좋아한다. 바늘잎 하나 하나를 따로 나타내지 않고 먹 퍼짐의 기법으로 잎 부분을 처리하였어도 서로의 수관(樹冠)이 맞닿아 울창한 숲을 만드는 잣나무의 특징이 잘 나타나 있다.

다. 중국 사람들도 잣을 좋아하여 당나라 때는 "신라 사신들은 올 때마다 잣을 많이 가지고 와서 선물했다"라는 기록이 《지봉유설》 등의 옛 문헌에 나와 있다. 《동의보감》에는 "산후통과 뼈마디가 아픈 것, 어지럼증 등을 치료하며 피부를 윤기 나게 하고 오장을 좋게 한다. 허약하고 여위어 기운이 없는 것을 보한다"라고 했다.

잣나무는 우리나라가 고향인 진짜 우리 나무다. 제주도와 남해안의 섬 지방 및 울릉도를 제외한 한반도에서 주로 자라며 북으로는 만주, 우수리지방까지 걸쳐 있다. 집단으로 잘 자라는 곳은 중부 이북의 추운 지방이다. 잣나무는 곧게 자라고 가지가 돌려나기로 고루 뻗어 긴 삼각형의 안정된 모습을 보인다. 또한 늘푸른나무이면서 주변에서 쉽게 볼 수 있어서 옛사람들은 소나무와 함께 임금을 향한 충성과 절개의 상징을 송백(松柏)에 비유했다. 송백은 글자 그대로 소나무와 잣나무를 가리킬 뿐만 아니라, 소나무와 측백나무, 푸른 잎을 매단 채 겨울을 넘기는 바늘잎나무를 통틀어 말할 때도 쓰이는 말이다.[11] 《산해경》이나 《시경》을 비롯한 중국의 고문헌에 나오는 송백을 소나무와 잣나무로 번역한 것은 오역이다. 중국 본토에는 우리가 알고 있는 잣나무가 자라지 않기 때문이다.

홍송(紅松)으로도 불리는 잣나무 목재는 관재로 쓰였다. 삼국 초기의 경북 경산 임당동 고분에서 나온 목관은 잣나무였다. 그 외에 조선시대 기록 등에 잣나무 관재를 선호한 예가 여럿 있다. 또 해인사의 팔만대장경을 보관하고 있는 건물, 조선조에 축조된 여러 사찰 건물의 기둥도 잣나무가 섞여 있다. 약간 붉은 기가 도는 잣나무 목재는 소나무와 함께 널리 쓰였으며, 지금도 인삼상자 등 각종 고

크게 자란 공주 마곡사의 잣나무(2004.02.10.)

급포장재 등에 이용된다.

잣나무는 이렇게 쓰임이 많다 보니 아주 옛날부터 잣나무를 심고 가꾸었다. 경덕왕 14년(755)에 만들어진 것으로 추정되는 《신라민정문서》에는 우리나라 최초로 사람이 심은 인공조림(人工造林) 잣나무에 관련된 내용이 실려 있다. 오늘날의 충청도 청주지방으로 추정되는 마을의 실태를 상세히 기록한 문서로서 세금부과를 위한 목적이었다고 한다.

잣나무는 키 20~30미터, 줄기둘레가 한두 아름 정도로 자랄 수 있는 나무다. 나무껍질은 흑갈색이고 세로로 큰 비늘이 붙어 있어서 거북등처럼 갈라지는 소나무와는 다르다. 잎은 다섯 개씩 모여 나고 손가락 길이보다 조금 길며, 양면에 하얀 숨구멍이 5~6줄 있다. 멀리서도 잎이 희끗희끗하여 숲의 푸름 속에서도 금방 눈에 들어온다. 잣나무와 비슷하나 잎과 열매가 잣나무보다 짧고 울릉도에서만 분포하는 섬잣나무, 미국에서 1920년경에 수입하여 정원수나 목재생산을 목적으로 심고 있는 스트로브잣나무는 잣나무와 가까운 사이다. 그러나 잣은 오직 우리 잣나무에만 열린다.

솔송나무

솔송나무는 우리나라에서는 울릉도에서만 자란다. 같은 종(種)이 일본에도 있다. 북미에서 자라는 미국솔송나무는 좋은 재목을 생산하는 큰 나무로 유명하다. 울릉도 솔송나무는 조선 정조 18년(1794)에 강원도 관찰사 심진현이 울릉도를 조사하고 올린 보고서에 향나무, 잣나무와 함께 처음 등장한다. 원전에는 전나무를 뜻하는 '회(檜)'라고 기록하였으나, 옛사람들이 전나무와 솔송나무를 구분할 수 있는 안목이 있었던 것 같지는 않고, 또 울릉도의 식생과 전후관계를 따져볼 때 솔송나무임을 알 수 있다.

재목으로 쓰이는 나무

솔송나무 잎과 솔방울 (2007.03.14. 울릉도)

울릉도 태하령 부근에 자라는 솔송나무 숲(2009.03.06.)

소나무과
학명 : *Tsuga sieboldii*
영명 : Japanese Hemlock
일본명 : ツガ栂
중국명 : 日本铁杉
한자명 : 梅鐵杉

솔송나무는 울릉도와 일본에만 있고 한반도에서는 자라지 않는다. 아득한 지질시대에 일본과 울릉도가 연결되어 있었는지, 아니면 파도에 씨가 떠밀려 간 것인지, 그도 아니면 새가 날라준 것인지는 하느님밖에 모를 일이다.

울릉도는 아주 옛날부터 사람이 살았으나 공도(空島)정책을 펼 때도 있었다. 본격적으로 사람이 들어가 터를 잡기 시작한 것은 1883년 54명의 이주민이 처음 들어가면서부터다. 당시만 해도 울릉도는 이름 그대로 정말 '숲이 울창한(鬱) 언덕(陵) 섬'이었다. 구한말 울릉도 산림의 벌채권을 두고 러시아와 일본이 다투다가 노일전쟁에서 승리한 일본인들이 울릉도의 아까운 산림을 송두리째 베어가 버렸다.

울릉도의 솔송나무는 바닷가에 가까운 곳보다 조금 고도가 높은 곳에서 주로 자란다. 오늘날 남아 있는 곳도 너도밤나무, 섬잣나무와 함께 천연기념물 50호로 지정된 태하령 부근이다. 일본에서도 자라는 곳이 높은 산능선이나 바위가 많은 장소이며, 떼거리로 모여서 숲을 이루는 경우가 드물고 한 그루씩 띄엄띄엄 자라는 경우가 많다고 한다. 지금의 태하령 자생지에서 자라는 모습과 별반 다르지 않다.

솔송나무는 늘푸른 바늘잎나무로 키 30미터, 둘레가 두 아름이 넘게 자랄 수 있는 큰 나무다. 최근 태하령 부근에서는 키 17미터, 둘레가 두 아름에 이르는 고목이 발견된 바도 있다. 잎은 선형(線形)으로서 짧고 납작하며 끝이 약간 오목하다. 잎 표면은 윤기가 있는 짙은 초록빛이고, 뒷면의 숨구멍은 하얀 두 줄의 선으로 보인다. 5월에 꽃이 피고 나면 10월경에 엷은 갈색의 자그마한 솔방울이 열린다. 울릉도 개척민들이 울릉도의 깊숙한 곳에서 자라는 솔송나무와 처음부터 친숙해졌을 리는 없고, 겨울날이 되어 하얗게 눈을 뒤집어쓴 모습이 눈에 잘 들어왔을 것이다. 그래서 처음에는 '설송(雪松)나무'로 불리다가 지금의 '솔송나무'가 된 것으로 짐작된다. 《문화재대관》[12]에는 솔송(率松)이란 표기도 하였으나 근거를 찾을 수 없다.

우리나라와 일본에서는 솔송나무가 거의 희귀수종에 가까운 나무이나 북미에서는 목재를 생산하는 대표적인 나무다. 미국솔송나무는 알래스카 남부에서부터 캐나다 남서부, 미국의 북서부 오리건 주까지 분포하며, 자라는 곳에 따라 서부솔송나무(Western hemlock)와 동부솔송나무(Eastern hemlock)로 나누기도 한다. 미국솔송나무는 키 50~60미터, 직경이 1~2미터에 달하며 미송(美松, Douglas fir)과 함께 대형 목조구조물의 기둥 등 구조용재(構造用材)로 널리 쓰인다.

영명인 '햄럭(Hemlock)'은 서양 사람들에게는 또 다른 의미가 있다. 초본식물에 '포이즌햄럭(Poison hemlock, 학명 *Conium maculatum*)'이란 독초가 있는데, 기원전 399년 소크라테스가 마신 독배의 재료가 바로 이 식물이었다는 것이다. 북미대륙을 처음 찾아간 유럽식물학자들은 독초인 햄럭과 비슷한 향을 가진 미국솔송나무를 햄럭이라 불렀다고 한다.

오동나무

오동나무는 어느 날 갑자기 뜻밖의 장소에서 만날 수 있다. 아파트 정원이나 마당 구석, 담장 아래, 나무를 베어 버린 신설 도로 옆 등 햇빛이 잘 드는 공간이면 어디든 자랄 터의 가림이 없다. 주름 날개를 양옆으로 단 가벼운 씨앗이 바람을 타고 멀리 날아다니게 하는 어미의 계획된 대량살포 작전 때문이다. 적당한 곳을 만나면 싹이 트고 당년에 사람 키를 훌쩍 넘겨버린다. 마치 풀이 자라듯 빨리 자란다.

사실 오동나무 집안은 현삼과에 속하는데, 우리나라에는 초본과 목본을 합쳐 84종이나 있지만, 나무는 오동나무 종류뿐이고 나머지는 모두 풀이다. 빠르면 10년, 늦어도 15~20년이면 키가 10미터를 간단히 넘기고 줄기둘레는 한두 아름에 이른다. 속전속결을 하려는 오동나무의 전략은 커다란 잎에 있다. 보통은 오각형에 지름이 20~30센티미터지만 생장이 왕성한 어릴 때는 잎 지름이

재목으로 쓰이는 나무

봄이 무르익을 즈음 오동나무 꽃이 만개한다
(2010.05.12. 밀양)

넓은 오동나무 잎과 열매(2008.06.30. 진안)

현삼과
학명 : *Paulownia coreana*
영명 : Royal Paulownia
일본명 : チョウセンギリ朝鮮桐
중국명 : 朝鮮泡桐
한자명 : 桐, 梧桐

거의 1미터에 육박하는 경우도 있다. 광합성을 많이 하여 단기간에 집중적인 양분 공급으로 급속히 몸체를 불리자는 속셈인데, 그의 전략은 그대로 맞아 들어갔다. 우리나라에서 가장 빨리 자라는 나무가 된 것이다.

세상만사는 양지가 있으면 음지가 있는 법, 빨리 자라다 보니 목질이 단단하지 못하다는 단점이 생긴다. 잘라서 현미경으로 속을 들여다보면 약 40퍼센트의 세포가 양분공급과 저장을 담당하는 유세포(柔細胞)란 녀석들이다. 물관도 20퍼센트쯤 되고, 나무의 단단하기에 관여하는 목섬유(木纖維)는 40퍼센트 남짓이다. 비중은 0.3으로 박달나무의 3분의 1 수준이다. 수치상으로만 보아서는 푸석푸석한 나무가 되어 쓸모가 없을 것 같다. 그러나 오동나무는 효과적인 세포배열을 하고 여러 가지 화학물질을 적절히 넣어 자신의 몸값을 올렸다.

오동나무는 비중에 비해서 단단한 편이고 재질이 좋기로 널리 이름을 떨친다. 나무는 가볍고 연하여 가공하기 쉬우며, 무늬가 아름답고 잘 뒤틀어지지 않는다. 습기에도 강하며 불에 잘 타지 않는 성질까지 있다. 그래서 전통 옷장 재료로 흔히 쓰인다.

오동나무의 여러 가지 쓰임 중에 가장 널리 알려진 것은 옛날 악기 재료이다. 소리의 전달 성능이 다른 나무보다 좋아서다. 우리나라의 가야금과 거문고는 물론 중국과 일본의 전통악기에도 오동나무는 빠지지 않는다. 우리나라의

재목으로 쓰이는 나무

오동나무(왼쪽)와 참오동나무(오른쪽) 꽃

〈출문간월도(出門看月圖)〉, 김득신, 18C 후반~19C 전반, 25.3x22.8cm, 개인소장

조촐한 초옥의 사립문 앞에 우뚝 솟아오른 오동나무 한 그루가 화면 전체를 압도하고 있다. 먹물의 짙고 연함으로 표현한 커다란 잎사귀는 모양새가 아니라 느낌으로 오동나무의 특징을 잘 나타내고 있다. 빨리 자라고 줄기가 곧으며, 재질이 좋은 오동나무는 요긴한 여러 쓰임을 위하여 널리 심었으며, 아울러서 가을 정취를 돋우는 나무로도 사랑을 받았다. 그림 속의 글처럼 높다란 오동나무 끝에 걸린 달을 보고 짖어대는 개소리가 선비들의 시심을 자극하기도 했다.

옛 문헌을 살펴보면 거문고를 만든 오동나무 이야기를 수없이 찾을 수 있다. 인상적인 것은 수많은 관리들이 관청이나 서원의 앞마당에 자라는 오동나무를 베어 거문고를 만들려다 불이익을 당하고 심지어 파직되는 경우까지 있었다고 한다. 신흠[13]의 《야언(野言)》에도 "오동은 천년이 지나도 가락을 잃지 않고, 매화는 일생 추위도 향기를 팔지 않는다"라고 했다.

오동나무는 꽃의 아름다움도 빼놓을 수 없다. 봄의 끝자락인 5월 말경 가지 끝에 원뿔모양의 꽃대를 내밀고 손가락 길이만 한 종 모양의 통꽃이 연보라색으로 핀다. 꽃통의 끝은 다섯 개로 갈라지며 향기가 진하다. 열매는 익으면서 밑으로 늘어지고, 10월에 끝이 뾰족한 달걀모양으로 껍질이 변하면서 회갈색이 된다. 초겨울에 들어서면서 둘로 갈라지고 안에 들어 있던 날개 열매들은 겨울바람을 타고 제 갈 길을 찾아간다.

우리나라에서 자라는 오동나무 종류는 오동나무와 참오동나무이며, 남부지방에서는 드물게 대만오동도 심고 있다. 오동나무는 원래 우리나라에서 자라던 나무로 추위에 강하여 북한의 일부까지 자라고, 참오동나무는 울릉도가 고향이다. 우리 주변에는 오동나무보다 참오동나무가 더 흔하다. 오동나무는 통꽃의 안쪽에 보랏빛의 점선이 없고, 참오동나무는 점선이 뚜렷하다. 일본은 원래 오동나무가 없었으나 울릉도의 참오동나무가 건너가면서 널리 심고 있다. 일본인들도 오동나무를 좋아하며, 나막신을 비롯한 생활용품에 널리 쓰였다. 오동나무 잎과 열매는 형상화하여 일본 총리의 문장으로 쓴다.

어른 주먹보다 큰 꽃이 처음에는 하얗게 피었다가 차츰 노랗게 변한다(2009.05.12. 밀양 표충사)

목련과
학명：*Magnolia obovata*
영명：Japanse Bigleaf Magnolia
일본명：ホオノキ朴木
중국명：日本厚朴
한자명：日本木蓮
북한명：황목련

일본목련

이 시대의 선승 법정 스님은 입적을 하면서 '무소유'라는 철학을 그대로 실천하여 우리에게 깊은 감동을 주었다. 스님이 오랫동안 머물던 송광사 불일암 뜰에는 30여 년 전부터 손수 심고 가꾼 굵은 '후박나무' 한 그루가 오랫동안 스님과 맑은 대화를 나누며 살았다. 스님은 수필 〈버리고 떠나기〉에서 "뜰가에 서 있는 후박나무가 마지막 한 잎마저 떨쳐버리고 빈 가지만 남았다. 바라보기에도 얼마나 홀가분하고 시원한지 모르겠다. 이따금 그 빈 가지에 박새와 산까치가 날아와 쉬어간다"라고 했다. 그 '후박나무' 밑에 스님은 한 줌의 재가 되어 묻히셨다. 스님이 평생 '후박나무'라고 알고 있었던 그 나무는 우리나라 남부지방에서 자라는 늘푸른 잎을 가진 진짜 후박나무가 아니라 일본목련이다. 하찮은 나무 이름 하나 잘못 안 것이 스님의 명성에 무슨 누가 될까마는 나무를 업으로 살아온 사바세계의 중생에게는 자꾸 생각이 지워지지 않아 적어 본다.

재목으로 쓰이는 나무

　일본목련은 이름 그대로 일본에서만 자라는 목련 집안의 나무다. 일제 초기에 우리나라에 들어와서 지금은 조경용으로 널리 심고 있다. 일본에서는 '호오노키(朴木)'라고 하는데, 껍질을 약으로 쓸 때는 생약명이 후박(厚朴)이다. 처음 수입한 사람들이 일본 생약명을 우리 이름으로 붙이면서 원래 우리나라에서 자라던 진짜 후박나무와 중복되어 혼란이 생긴 것이다. 일본목련은 일본 전역에 걸쳐 분포하며, 우리나라를 건너 뛰어 중국 남부에도 비슷한 수종이 있다.

일본목련은 키 30미터, 줄기둘레가 몇 아름까지 자랄 수 있는 큰 갈잎나무다. 계곡부의 비옥한 곳에 터를 잡으며, 줄기가 곧고 가지가 좀 성기나 자람은 굉장히 빠르다. 일본목련의 눈에 띄는 특징은 긴 타원형의 커다란 잎이다. 보통은 잎 길이가 30센티미터 전후이나 때로는 40센티미터를 훌쩍 넘기며, 너비도 15~20센티미터나 되어 잎 한 장으로 사람 얼굴 전체를 가릴 수 있을 만큼 넓다. 잎에는 향기가 있고 살균작용을 하며 표면이 매끄러워 떡이나 주먹밥을 싸는 재료로 이용되었다. 잎 뒷면은 털이 덮여 있어서 하얗게 보이는데, 녹색 표면과의 대비가 볼 만하다. 잎은 가지 끝에 거의 돌려나기 모양으로 달리며, 그 가운데에 잎 크기에 버금가는 커다란

법정 스님의 수필에 '후박나무'로 나오는 송광사 불일암의 일본목련(2010.06.30.)

꽃이 얼굴을 내민다. 여러 장의 꽃잎이 나선상으로 나고 수술과 암술이 다른 색으로 솟아 있다. 꽃은 처음에는 거의 흰색이었다가 차츰 연노랑으로 변한다. 목재는 치밀하면서도 부드러워 각종 기구를 만들기 쉽다. 가구, 조각, 칠기, 나막신을 만드는 데 좋은 나무로 알려져 있다.

일본목련은 살아가는 방식이 지극히 이기적이다. 나무뿌리에서는 다른 식물의 씨가 싹트는 것을 훼방 놓고, 혹시 싹이 터도 잘 자랄 수 없는 물질을 분비한다. 그도 모자라 낙엽에 이런 물질을 섞어 놓기까지 했다. '너 죽고 나만 살자'라는 얌체 심보다. 일본목련 이외에 편백 등도 이런 작용을 하는데, 이를 전문용어로 타감작용[14]이라고 한다.

일본목련의 껍질을 일본에서는 '후박(厚朴)'이라 하여 한방에서는 약재로 쓰였다고 한다. 한편 중국에는 일본목련과 아주 비슷한 '중

재목으로 쓰이는 나무

긴 타원형의 붉은 일본목련 열매(2002.08.20. 남해)

국목련(학명 Magnolia officinalis)'이 자라는데, 중국 이름 역시 '후박(厚朴)'이다. 후박은 껍질을 벗겨 위장을 다스리는 데 사용하기도 하며, 기관지염 및 천식 등의 치료에 예부터 널리 이용되었다. 일본의 후박도 중국의 후박과 쓰임이 거의 같았고, 둘을 구분하기 위하여 자기네 것은 화후박(和厚朴), 중국 후박은 당후박(唐厚朴)이라 부르기도 했다. 이 중국 후박은 집합과[15]로 열매가 둥글고 일본목련은 긴 것이 거의 유일한 차이점이다. 그러나 껍질의 약효는 당후박이 더 좋으며 생산량이 적어서 값이 훨씬 비싸다. 당연히 당후박의 대용으로 화후박이 쓰이면서 약재로 널리 알려졌다. 한마디로 화후박은 당후박의 핀치히터인 셈이다. 세월이 지나면서 일본목련의 껍질은 화후박에서 일본을 뜻하는 '화(和)'가 생략되고 그냥 '후박'이란 또 다른 이름을 갖게 되었다.

이렇게 일본목련은 일본이나 중국에서 후박이라는 별칭이 있기는 하지만, 공식 이름은 아니며 같은 이름의 다른 나무가 우리나라에 원래부터 자라고 있으므로 혼란을 피하기 위하여 일본목련을 후박으로 불러서는 안 될 것 같다.

잎갈나무

가지마다 파아란 하늘을 받들었다

파릇한 새순이 꽃보다 고웁다

청송이라도 가을되면 홀홀 낙엽진다 하느니

봄마다 새로 젊은 자랑이 사랑웁다

낮에는 햇볕 입고 밤에 별이 소올솔 내리는 이슬 마시고

파릇한 새순이 여름으로 자란다

재목으로 쓰이는 나무

1939년 《문장》 8호에 실린 박두진의 시 〈낙엽송〉의 한 구절이다.

잎이 나오면서 암꽃이 피고 솔방울이 달린다(2010.04.30. 대구)

집단으로 심은 일본잎갈나무의 겨울 숲(2002.04.02. 청송)

소나무과
학명: *Larix olgensis* var. *koreana*
영명: Dahurian Larch
일본명: チョウセンカラマツ唐松
중국명: 落叶松
한자명: 落葉松, 伊叱可木
북한명: 이깔나무

낙엽송은 푸른 소나무처럼 생겼으나 가을이 되면 잎이 떨어지는 다른 나무다. 순우리말 이름은 잎갈나무, 이깔나무, 잇가나무(伊叱可木)이며, 백두산과 개마고원의 북쪽지방에서 원시림을 이루는 대표적인 나무 중 하나다. 《지봉유설》의 화훼부에 "……곧 세속에서 말하는 익가목(益佳木)인데, 삼수갑산에서 난다. 그 나무는 전나무와 비슷한데 몹시 기름기가 많다고 한다. 들건대 갑산의 객사(客舍)는 이 나무로 기둥을 했는데, 주춧돌을 쓰지 않았다. 그러고도 100년이 지나도 새것과 같으니 견고하고 오래 가기가 이와 같다"라고 했다. 또 중종 28년(1533)에 성절사 남효의의 보고 중에 이런 내용이 있다. "신이 경사에 갈 때 잇가나무(伊叱可木)에 대하여 확실히 알아오라는 전교가 계셨는데, 경사에 도착하여 물었더니, 아는 이가 없었고 서반(西班)들의 말로는 그것이 필시 삼목(杉木)일 것이라고 하였습니다"라고 했다.

그러나 지금 우리 주변에서 볼 수 있는 잎갈나무는 모두 수입한 일본잎갈나무다. 혼동을 피하기 위하여 일본잎갈나무는 '낙엽송', 우리의 잎갈나무는 그냥 '잎갈나무'라고 따로 구분하기도 한다. 일본잎갈나무는 60~70년대에 나무 심기가 한창일 때 권장 1순위였다. 곧게 잘 자라기 때문이다. 또 우리 잎갈나무는 남북이 분단되어 씨 구입이 여의치 않았으나, 일본잎갈나무는 손쉽게 일본에서 가져올 수 있는 것도 큰 이유였다. 덕분에 우리나라 방방곡곡 어디에서나 일본잎갈나무를 무더기로 심은 곳을 쉽게 만날 수 있다.

푸름에 나무가 묻혀 있을 때는 어디에 있는지 잘 모르지만 11월 말쯤의 늦가을이면 노란 단풍으로 금세 일본잎갈나무를 찾아낼 수

늦가을에 노란 단풍이 든 일본잎갈나무(2003.11.22. 거창)

있다. 산이 조금 깊은 곳이면 더 흔히 만날 수 있다. 어느새 가을 산을 노랗게 수놓은 아름다운 일본잎갈나무가 우리의 머릿속에 자리를 잡아 버렸다. 반면 순수 우리 잎갈나무는 광릉수목원 안에 1910년경에 심은 30여 그루가 남한에서 자라는 거의 전부다.

잎갈나무는 솔방울의 비늘 끝이 곧바르고 비늘의 숫자가 20~40개, 일본잎갈나무는 비늘 끝이 뒤로 젖혀지고 비늘이 50개 이상이라는 것이 두 나무의 구별 포인트다. 글로야 이 둘의 차이점을 쉽게 설명할 수 있지만 실제로 산에 가보면 솔방울이 달린 잎갈나무를 찾기도 어렵고, 용케 찾아도 비늘의 수를 세다 보면 40개나 50개 그게 그것이다. 게다가 비늘 끝이 뒤로 젖혀졌느냐 곧바르냐는 전문가도 헤맬 수밖에 없다. 한마디로 남한에는 우리 잎갈나무가 자라지 않는다고 해도 크게 틀림이 없다.

잎갈나무는 아름드리로 자라는 큰 나무로 쭉 뻗은 늘씬한 몸매에 가지와 잎이 달리는 수관(樹冠)이 자그마하여 마치 얼굴이 작은 현대미인의 이상형에 가깝다. 그러나 미인박명이란 말이 있듯이 고목이 될 만큼 오래 살지는 못한다. 40~50년이면 자람 속도가 뚝 떨어져 베어 쓰라는 신호를 보낸다.

오래된 나무껍질은 회갈색이며 세로로 갈라진다. 때로는 이순신 장군이 갑옷을 입고 있는 형상으로 보이기도 한다. 잎은 길이가 짧고 10여 개의 잎이 소복이 모여 나며, 암수가 같은 나무이고 솔방울은 위를 향하며 모양은 약간 퍼진 원형이다. 자람이 곧바르고 빨리 자라는 나무지만 재질이 단단하여 건축재, 갱목 등으로 한때 널리 쓰였다. 그러나 질긴 성질이 약하여 잘 부러지는 단점이 있다. 폭설이 내리면 소나무, 잣나무는 멀쩡해도 일본잎갈나무는 가지가 부러지는 경우를 흔히 볼 수 있다. 또 같은 나이테 안에서도 봄에 자란 목질은 너무 무르고 여름에 자란 목질은 너무 단단하여 재질이 균일하지 않은 것도 큰 단점이다. 이래저래 쓰임에 제약이 많은 나무다. 이제는 거의 심지 않으므로 현재 산에서 만나는 일본잎갈나무는 대부분 옛날에 심은 것들이다.

자작나무 무리

자작나무 무리는 추운 지방에서 자라는 대표적인 넓은잎나무다. 시베리아, 알래스카, 히말라야 고산지대까지 식물이 살기 가장 어려운 조건을 극복하고 살아가는 나무들이다. 약 40여 종류가 자라며 아름드리 큰 나무도 있고 작은 나무도 있다. 그러나 우리나라에서 자라는 자작나무 무리는 대부분 큰 나무이며 11종이 자란다.

자작나무 무리 중 거제수나무, 자작나무, 사스래나무, 물박달나무 등은 종이와 같은 얇고 하얀 껍질이 켜켜이 쌓여 줄기를 둘러싼다. 종이가 발명되기 전에는 이 껍질에 그림을 그리고 문자기록을 하였으며, 지붕을 이고 카누를 만들었다. 봄날에는 나무에서 수액을 빼내 마시는 등 추운 곳에서 사는 사람들에게는 없어서는 안 될 귀중한 나무였다.

박달나무와 개박달나무는 같은 자작나무 무리에 속하지만, 나무가 단단하며 껍질이 조금 두껍고 비늘조각처럼 떨어져 나오는 점이 다른 자작나무 종류와의 차이점이다.

거제수나무

깊은 산골의 높은 산에는 얼마 전까지만 해도 사람들의 발길이 거의 닿지 않은 원시상태의 숲이 잘 보존되어 있었다. 이런 곳에는 사람과 낯가림이 심한 나무들이 자기만의 세상을 만들며 살아간다. 그러나 최근 건강을 지키려는 등산객들이 늘면서 감추어졌던 숲의 모습들이 하나둘 고스란히 알려지게 되었다. 거제수나무가 바로 이런 나무 중 하나다.

사람을 만나기 싫어하는 의도와는 달리 거제수나무는 껍질부터 사람들의 눈에 확 들어온다. 멀리서 보면 다른 나무들처럼 칙칙한 흑갈색이 아니라 하얗기 때문이다. 가까이 가보면 얇은 껍질 하나하나가 종잇장처럼 벗겨지고 너덜너덜할 때도 있다. 색깔은 흰색을 자주 만나지만 약간 황갈색을 띠는 경우도 많다. 그래서 한자로는 '황화수(黃樺樹)'라고 한다. 이는 황자작이란 뜻이며 '황단목(黃檀木)'이라고도 부른다. 일본에서는 아예 자라지 않으며 중국 이름은 '석화(碩樺)'라 하여 자작나무보다 더 크게 자란다는 뜻으로 짐작된다.

거제수나무는 우리나라의 높은 산에서 시작하여 멀리 아무르 지방에 이르는 넓은 땅에 걸쳐 자란다. 얇고 흰 껍질로 몸을 감싸고 있어서 겨울날 그와의 만남은 보기가 애처롭다. 저런 얇은 옷 하나

재목으로 쓰이는 나무

자작나무과
학명: *Betula costata*
영명: Costata Birch
일본명: チョウセンミネバリ 硕樺
중국명: 枫桦, 硕桦
한자명: 黃檀木, 黃樺樹

달랑 걸치고 몰아치는 찬바람을 어떻게 버티고 사는지. 그러나 그런 걱정은 하지 않아도 좋다. 많은 기름기를 가진 얇은 껍질을 이용하여 수십 겹의 옷을 만들어 입고 있으니 방한효과를 톡톡히 내는 셈이다. 우리나라 안의 자람 터는 남쪽으로는 조계산, 백운산, 지리산, 가야산에서부터 출발하여 소백산, 두위봉, 가리왕산, 오대산, 설악산까지 이어진다. 높은 산으로 알려진 유명한 산들의 대부분이 그의 안식처다. 하지만 이런 산의 밑자락부터 자리 잡는 일은 흔치 않다. 적어도 산허리 이상의 높은 지대를 좋아하기 때문이다. 산 높이별로 보면 90퍼센트가 넘는 거제수나무가 표고 600미터보다 더 높은 곳에서 주로 자란다.

 자람의 방식도 혼자가 아니라 형제자매를 주위에 거느리고 함께 터전을 잡는다. 능선보다는 바람막이가 되고 땅 힘이 있을 만한 경사가 급하지 않은 계곡을 좋아한다. 작게는 30~40그루, 많게는 수백 그루가 무리를 이룬다. 그래도 거제수나무 무리는 소나무나 전나무처럼 철저히 자기들끼리만 살아가겠다고 다른 나무가 들어오는 것을 엄격히 통제하는 양체는 아니다. 동족들 사이사이에 사촌나무인 물박달나무나 박달나무, 사스래나무를 비롯하여 물푸레나무, 신갈나무, 산벚나무 등 족보가 한참 멀어도 별로 탓하지 않고 품에 넣어준다. 무리는 이루지만 이웃과 함께 살아가야 한다는 평범한 진리를 잘 알고 있다. 어쩌다 여러 피해를 받아 동족을 모두 잃어버리고 한두 그루씩 고군분투하는 거제수나무를 만나기도 한다.

재목으로 쓰이는 나무

◀종이처럼 얇은 황갈색 껍질이 특징이다(2007.05.11. 정선 두위봉)

거제수나무 잎(2009.08.15. 해인사)

거제수나무는 크게 자라면 키 30미터, 굵기가 두 아름이 넘는다. 자작나무 종류 중에는 가장 크게 자란다. 4월 말이나 5월 초쯤의 곡우 때가 되면 줄기에 구멍을 뚫고 파이프를 꽂아 물을 받아 마신다. '곡우물'이라는 이 물을 마시면 병 없이 오래 산다고 알려져 있다. 선조들은 여기에 재앙을 쫓아낸다는 의미를 하나 더 부여하여 거제수나무를 '거재수(去災水)'라고 해석하기도 했다. 그러나 이 한자 이름은 근래에 만들어진 것이 아닌가 생각된다.

또 하나의 한자 이름도 혼란이 있다. 거제수나무를 '거제수(巨濟樹)'라 하여 거제도에서 많이 나오기 때문에 붙인 이름이라는 이야기가 그것이다. 해인사 팔만대장경 판과 관련된 문헌 중에 이거인의 《개간인유(開刊因由)》[16]에 보면 거제도에서 가져온 '거제목(巨濟木)'이란 말이 들어 있어서 혼란이 생긴 것 같다. 거제목이란 '거제도에서 나는 나무'란 일반명사이지 거제수나무란 특정 수종을 나타내는 말은 아니다. 또 거제도의 최고봉인 가라산의 높이는 585미터에 불과하며, 거제수나무는 이렇게 따뜻한 지방에서는 자라지 않는다.

자작나무

시인 백석(1912~1995)이 1938년 함경남도 함주에서 쓴 〈백화(白樺)〉[17]란 시를 읽어본다.

> 산골집은 대들보도 기둥도 문살도 자작나무다
> 밤이면 캥캥 여우가 우는 山도 자작나무다
> 그 맛있는 메밀국수를 삶는 장작도 자작나무다
> 그리고 甘露같이 단샘이 솟는 박우물도 자작나무다
> 山너머는 平安道 땅이 뵈인다는 이 山골은 온통 자작나무다

재목으로 쓰이는 나무

이렇게 북한의 산악지방에서 시작한 자작나무는 만주를 지나 시베리아를 내달리고 다시 유럽 북부까지 북반구의 추운 지방은 온통 그들의 차지다. 북한이 자작나무가 자라는 남방한계선에 해당하며, 남한에서는 자연 상태로 자라는 자작나무 숲이 없다. 따뜻한 남쪽나라를 마다하고 삭풍이 몰아치는 한대지방을 선택한 자작나무는 자기들만의 터를 잡는데 성공한 셈이다. 백석의 시에서처럼 추운 땅에서는 다른 나무들을 제치고 숲을 이루어 자기들 세상을 만든다. 한대지방을 배경으로 한 영화나 사진을 보면 눈밭 속에 처연하게 서 있는 하얀 나무들은 대부분 자작나무다. 같이

자작나무과
학명: *Betula platyphylla* var. *japonica*
영명: Japanese White Birch
일본명: シラカンバ白樺
중국명: 白桦, 桦树, 桦木
한자명: 樺, 白樺, 白樹

자라는 사시나무 종류는 푸른색이 들어간 흰빛이라서 이들과는 구분이 된다.

자작나무는 영하 20~30도의 혹한을, 그리 두꺼워 보이지 않는 새하얀 껍질 하나로 버틴다. 종이처럼 얇은 껍질이 겹겹이 쌓여 있는데, 마치 하얀 가루가 묻어날 것만 같다. 보온을 위하여 껍질을 겹겹으로 만들고 풍부한 기름 성분까지 넣어 두었다. 살아 있는 나무의 근원인 부름켜(형성층)가 얼지 않도록 경제적이고 효과적인 대책을 세운 것이다. 나무에게는 생존의 설계일 뿐이지만 사람들의 눈으로 보면 껍질은 쓰임이 너무 많다.

두께 0.1~0.2밀리미터 남짓한 흰 껍질은 매끄럽고 잘 벗겨지므로 종이를 대신하여 불경을 새기거나 그림을 그리는 데 쓰였다. 경주 천마총에서 나온 천마도를 비롯하여 서조도(瑞鳥圖) 등은 자작나무 종류의 껍질에 그린 그림이다. 그러나 자작나무 종류 중 정확히 무슨 나무인지는 앞으로 더 조사해보아야 한다. 영어 이름인 버취(Birch)의 어원은 '글을 쓰는 나무 껍데기'란 뜻이라고 한다.

북부지방의 일반 백성들도 자작나무 껍질 없이는 살아갈 수가 없었다. 껍질은 기름기가 많아 잘 썩지 않을 뿐만 아니라 불을 붙이면 잘 붙고 오래간다. 불쏘시개로 부엌 한구석을 차지했으며, 탈 때 나는 자작자작 소리를 듣고 자작나무란 이름을 붙였다. 한자 표기는 지금과 다르지만 결혼식에 불을 켤 수 있는 나무란 뜻으로 '화혼(華婚)'이라 했고, '화촉을 밝힌다'라는 말도 자작나무 껍질에서 온 말이다. 옛사람들은 자작나무를 '화(樺)'라 하고 껍질은 '화피(樺皮)'라

재목으로 쓰이는 나무

◀새하얀 자작나무 껍질은 벗겨내어 종이 대용으로도 이용했다 (2010.03.08. 영동 지촌리)

자작나무 잎과 열매(2008.08.11. 경기 광릉)

했는데, 벚나무도 같은 글자를 사용했다. 전혀 다른 나무임에도 같은 글자로 표기한 것은 껍질로 활을 감는 등 쓰임이 같았기 때문이다.[18]

자작나무는 햇빛을 좋아하여 산불이나 산사태로 빈 땅이 생기면 가장 먼저 찾아가 자기 식구들로 숲을 만들어 빠른 속도로 자란다. 시간이 지나면서 날라온 가문비나무나 전나무 씨앗이 밑에서 자라나 자기 키보다 더 올라오면, 새로운 주인에게 땅을 넘기고 조용히 사라져 버린다. 내 손으로 일군 땅을 자자손손 세습하겠다는 욕심을 버리고 부(富)는 당대로 끝내는 자작나무의 삶은 우리도 본받을 만하다. 수명도 100년 전후로 나무나라의 평균수명에 훨씬 미치지 못한다. 한마디로 고상하고 단아한 외모처럼 처신이 깔끔하다.

자작나무는 키 20~30미터, 줄기둘레가 한두 아름에 이른다. 집단으로 곧바로 자라며 재질이 좋아 목재로의 쓰임도 껍질 못지않다. 황백색의 깨끗한 색깔에 무늬가 아름답고 가공하기도 좋아 가구나 조각, 실내 내장재 등으로 쓰이며 펄프로도 이용한다. 또 4월 말경의 곡우 때는 고로쇠나무처럼 물을 뽑아 마신다. 사포닌 성분이 많아 약간 쌉쌀한 맛이 나는 자작나무 물은 건강음료로 인기가 높다. 밑변이 짧은 긴 삼각형의 잎이 특징이고, 밑으로 늘어진 수꽃

자작나무는 한 그루씩보다 집단으로 모여 자라기를 좋아한다(2010.04.06. 대구)

재목으로
쓰이는
나무

을 잔뜩 피워 바람에 꽃가루를 날려 보내서 수정시킨다. 자작나무가 많이 자라는 곳에서는 꽃 피는 봄날, 호흡기 계통의 화분 알레르기로 고생하는 사람들이 많다.

자작나무과
학명: *Betula ermanii*
영명: Erman Birch, Russian Rock Birch
일본명: ダケカンバ岳樺
중국명: 岳桦
한자명: 岳樺

사스래나무

눈보라가 사정없이 몰아치는 높은 산꼭대기는 겨울바람이 매섭다. 이런 곳에서 과연 어떤 나무가 살아남을 수 있을까? 더욱이 일정한 굵기의 줄기를 가지고 있어야 할 나무가 추위를 견뎌낼 것 같지가 않다. 그러나 이런 곳을 삶의 현장으로 삼은 나무도 있다. 사스래나무는 극한 환경에서 자라는 나무 중 하나다. 우리나라의 높은 산꼭대기 근처에서 자라는 하얀 껍질의 나무도 대부분 사스래나무다. 추운 곳에서 자라는 여러 나무가 있지만, 그중에서도 갈잎나무의 한대수종이라면 금방 사스래나무가 떠오른다.

살기 좋은 곳 다 놔두고 극한 상황의 이런 곳을 삶의 터전으로 삼은 것은 나름대로 계산이 있어서다. 추위를 버틸 수 있는 힘을 길러 다른 경쟁자를 따돌리고 살아가려는 것이다. 중국 이름은 악화(岳樺)로 '높은 산 자작나무'란 뜻이니 사스래나무의 생태특성이 그대로 잘 나타나 있다.

보통 사스래나무는 키 7~8미터에 굵어 봐야 줄기둘레가 60~100센티미터가 고작이다. 하지만 좋은 조건에서 제대로 자라면 키 15미터, 줄기둘레가 한두 아름에 이르기도 하는 큰 나무다. 극한 상황에서 버티다 보니 제대로 된 형태보다 줄기가 구부러지고 밑

◀품질은 조금 떨어지지만 자작나무처럼 새하얀 껍질이 특징이다 (2005.06.18. 한라산)

에서부터 몇 갈래의 큰 가지가 나오는 경우가 많다.

사스래나무의 눈에 띄는 가장 큰 특징은 껍질이다. 대부분의 나무가 칙칙하고 어두운 껍질을 가지는데 비해 사스래나무 껍질은 하얗다. 형제나무인 자작나무나 거제수나무와 비슷하지만 사스래나무는 푸른빛이 살짝 들어간 흰색이 더 선명해 보인다. 얇은 종이처럼 벗겨지고 기름기를 많이 가지고 있어서 산사람들의 불쏘시개로 이만한 것이 없다. 산을 생활터전으로 삼는 심마니나 약초를 캐는 사람들은 사스래나무 껍질로 불을 일군다.

자작나무 무리 삼형제 중 자작나무는 조금 낮은 지대에 터를 잡았고, 거제수나무와 사스래나무는 둘 다 높은 지대에 자리를 잡았는데, 그중에서도 사스래나무가 이보다 더 높은 곳에서 자란다. 그러나 백두산의 수목한계선과 같은 특별한 곳이 아니면 두 나무의 자람 터는 엄밀한 경계를 두지 않기 때문에 서로 섞여 있는 경우를

사스래나무의 잎(2003.06.02. 소백산)

흔히 볼 수 있다. 거제수나무는 껍질이 희지만 황갈색이 섞여 있고 약간 너덜너덜한 경우가 많아 사스래나무와 구분할 수 있다. 또 잎은 거제수나무의 측맥(側脈)이 10~16쌍인데 비해 사스래나무는 7~11쌍이다. 수꽃은 밑으로 늘어지는 꼬리 꽃차례이며, 암꽃은 위로 피어 열매도 곧추선다.

민족의 영산인 백두산은 사스래나무가 살아가는 모습을 볼 수 있는 대표적인 산이다. 해발 1500미터 정도를 넘어서면 자그마한 키에 구부러진 줄기로 이루어진 수목벨트가 나타난다. 바로 사스래나무가 만들어내는 수목한계선(樹木限界線)이다. 물론 더 올라가도 작은 키의 관목들을 만날 수 있지만, 제대로 된 숲을 이룬 나무를 볼 수 없다는 뜻이다. 백두산 꼭대기에 천지가 있고 장백폭포 아래쪽에는 소천지(小天池)가 있다. 면적 1.8헥타르 정도의 작은 호수다. 소천지 주변에는 그리 크지 않은 사스래나무가 에워싸듯이 거의 순림(純林)을 이루어 자라고 있는 모습이 정겹게 보인다. 중국 사람들이 붙인 이름은 은환호(銀環湖)로 '은빛 사스래나무가 은가락지 모양을 이룬다'는 뜻이다. 어떤 이는 우리나라의 '선녀와 나무꾼' 전설이 이곳에서 만들어졌다고 한다. 선녀의 아름다운 날개옷을 걸어 둘 나무라면 새하얀 사스래나무가 제격일 것 같기도 하다.

자작나무과
학명: *Betula schmidtii*
영명: Schmidt's Birch
일본명: オノオレカンバ斧折樺
중국명: 赛黑桦, 辽东桦
한자명: 檀木, 朴達木, 楚榆

박달나무

천등산 박달재를 울고 넘는 우리 님아
물항라 저고리가 궂은비에 젖는구려
왕거미 집을 짓는 고개마다 구비마다
울었소 소리쳤소 이 가슴이 터지도록

재목으로 쓰이는 나무

　1948년 건국 직후에 가수 박재홍이 부른 〈울고 넘는 박달재〉는 지금까지 가장 널리 불린 노래라고 한다. 충북 제천의 천등산 자락에 있는 박달재는 고려 때 거란군을 물리친 곳이자, 박달선비와 금봉이의 슬픈 전설이 서린 곳이기도 하다.
　박달나무가 많아서 이렇게 박달재란 이름이 붙었을 터, 우리나라 곳곳에는 박달이란 마을 이름이 있다. 그만큼 박달나무는 주변에 흔하면서도 쓰임이 넓었다는 의미다. 예부터 단단하고 힘센 것을 나타낼 때는 박달나무로 표현했다. 실제로 박달나무의 비중은 0.94로 소나무나 전나무의 비중보다 거의 두 배에 달한다. 열대지방에서 자라며 세계에서 가장 단단한 나무인 유창목(癒瘡木, lignum vitae, guaiacum)은 비중이 1.25에 이르기도 하지만, 온대지방에서는 박달나무가 가장 단단한 나무다. 옛날에는 각종 병기(兵器), 포졸들

◀초여름에 올려다본 박달나무 줄기(2010.06.11. 원주)

박달나무 꽃과 잎(2007.05.20. 대구)

의 육모방망이, 수레바퀴 살, 절구공이, 홍두깨 등은 모두 박달나무로 만들었다. 또 '개화(改火)'라 하여 계절마다 나라에서 불을 만들어 지방관서로 내려보낼 때, 겨울에는 박달나무 판에다 구멍을 뚫고 회화나무 막대기로 비벼서 불을 일궜다. 이렇게 쓰임이 많다 보니 박달나무는 자라기가 무섭게 잘려 나갔다. 그래서 지금의 우리 산에서는 큰 박달나무를 만나기가 어렵다.

'박달'이란 순우리말이고, 朴達이란 한자표기는 음만 빌려 왔을 뿐이다. 원래의 한자말은 '단목(檀木)'이다. 《아언각비》에 보면 단(檀)은 두 종류로 구분했다. 하나는 박달나무를 나타내는 단이며, 또 하나는 백단, 자단 등 열대지방에서 나는 질 좋은 향목(香木)을 뜻한다. 옛 문헌에서 단의 의미를 새길 때는 어느 쪽인지 앞뒤 관계로 확인해야 한다.

박달나무는 흔히 우리 민족의 시작을 알린 나무라고 한다. 단군신화에 보면 환웅은 무리 3,000을 거느리고 태백산 신단수 아래에 내려와서 세상을 다스린다. 단군과 신단수의 단은 《삼국유사》에서는 壇, 《제왕운기》[19]에서는 檀으로 기록하여 글자가 다르다. 조선 후기의 학자들이 단군을 재조명할 때 거의 《제왕운기》의 단(檀)으로 받아들여 우리 민족은 박달나무 아래의 자손으로 알려져 있다. 그러나 단군신화의 단이 실제로 박달나무라고 단정하기에는 무리가 있다. 《삼국유사》에는 '단나무(壇樹)'라 하여 오늘날의 당산나무나 당나무의 어원이 되었다. 비록 훗날 《제왕운기》에는 박달나무(檀)라고 하여 혼란이 있지만, 단군신화의 단은 특정 나무가 아닐 가능성이 많고, 설령 특정 나무라고 하더라도 박달나무보다는 당산나무로 많이 쓰인 느티나무일 가능성이 더 높다. 단(檀)은 단순히 박달나무뿐만 아니라 단단하고 좋은 나무를 대표하는 포괄적인 뜻으로 보아야 할 것 같다.

박달나무는 갈잎나무로 한 아름이 넘는 큰 나무로 자랄 수 있다. 서해안의 일부 지역을 제외하고는 어디에서나 깊은 산 중턱 이하의 습기가 적당하고 기름진 땅에서 잘 자란다. 크게 자라면 키 30미터, 줄기둘레가 두 아름 정도에 이른다. 추위에는 강하나 소금바람에는 약하여 바닷가에서는 잘 만날 수 없다. 줄기와 가지는 어릴 때는 벚나무처럼 가로 숨구멍이 명확하다. 나이를 먹으면 나무껍질은 큰 조각으로 벌어져 비늘처럼 떨어진다. 잎은 손바닥 반만 하고 달걀모양으로 밑은 둥글고 끝은 뾰족하며 잔 톱니가 있다. 잎 뒷면을 손으로 만져봤을 때 약간 끈적끈적한 것이 박달나무의 특징이다. 꽃은 암수 한 나무로 암꽃은 위로 서서 피며 수꽃은 아래로 처져 초여름에 핀다.

    박달나무가 아니면서도 박달이란 이름이 들어간 나무가 여럿 있다. 물박달나무와 개박달나무는 한 형제라서 '박달' 항렬이라면 이해가 된다. 까치박달은 그래도 먼 친척쯤 되니 출세한 집안의 이름자를 빌려 넣었다고 할 수 있다. 그러나 가침박달과 박달목서는 아예 족보가 다르다.

전나무

이름이 둘이다. 하나는 전나무고 또 하나는 젓나무다. 각급 학교 교과서나 국어사전, 일부 수목도감에는 대부분 전나무로 표기되어 있다. 젓나무는 1960년대 이창복 서울대 교수의 주장에 따라 부르게 된 이름이다. '전나무의 어린 열매에서 흰 젓이 나오므로 잣이 달린다고 잣나무라 하듯이 젓나무가 맞다'라는 논리다. 한편《훈몽자회》,《왜어유해》,《방언유석》등의 옛 문헌에는 모두 젓나무로 나온다. 따라서 이 교수의 주장이 과학적으로나 문헌자료를 살펴보아도 설득력이 있다. 그러나 나무 이름은 어디까지나 공동의 약속

재목으로 쓰이는 나무

가까이서 본 전나무 잎(2002.07.14. 태백)

광릉 국립수목원의 전나무 숲(1999.05.11.)

소나무과
학명: *Abies holophylla*
영명: Needle Fir, Manchurian Fir
일본명: チョウセンモミ 朝鮮樅, 満州樅
중국명: 辽东冷杉, 沙松
한자명: 檜, 杉, 杉松, 沙松, 樅木

이니, 많이 부르는 전나무로 간단히 통일하는 것이 옳을 것 같다. 이 책에서도 산림청의 국가표준식물명에 따라 전나무로 표기한다.

조선 숙종 39년(1713) 1월에 부교리 홍치중은 백두산정계비를 답사하고 임금에게 이렇게 보고한다. "무산에서 어활강(두만강의 지류)을 건너 산 밑에 이르니 인가 하나 없는 넓은 땅이 나타났습니다. 구불구불한 험한 길을 따라 산꼭대기에 올라 보니 산이 아니고 바로 들판이었습니다. 백두산과 어활강의 중간에는 삼나무(杉樹)가 하늘을 가리어 해를 분간할 수 없는 숲이 거의 3백 리에 달했습니다. 거기서 5리를 더 가서야 비로소 비석을 세운 곳에 이를 수 있었습니다"라고 했다. 여기서 말하는 삼나무는 오늘날 우리가 알고 있는 일본 삼나무가 아니라 전나무의 옛 이름이다.

이처럼 전나무는 백두산 부근의 고산지대를 비롯하여 북한에서도 추위로 이름난 곳을 원래의 자람 터로 한다. 동쪽으로는 시베리아를 거쳐 동유럽까지, 서쪽으로는 알래스카와 캐나다를 거쳐 영하 20~30도를 오르내리는 한대지방을 대표하는 나무다. 우리나라의 백두산 일대는 전나무와 가문비나무 및 잎갈나무의 삼총사가 모여 원시림을 만들어낸다. 그중에서도 전나무가 환경 변화에 대한 적응력이 가장 높아 남쪽으로도 거의 한반도 끝까지 내려온다.

전나무는 습기가 많고 땅이 깊은 계곡을 좋아한다. 어릴 때의 자람은 늦어도 몇 년 자라면 긴 원뿔 형태의 아름다운 모습이 된다. 대부분의 나무들은 다른 종류와 어울려 살지만 전나무는 자기들끼리 한데 모여 사는 경우가 많다. 큰 규모의 숲이라면 수천수만 그루가 모여 웅장한 '나무바다(樹海)'를 만드는 대표적인 나무다.

〈장안사(長安寺)〉, 김윤겸, 1768년, 27.5x39cm, 중앙박물관
김윤겸 이외에도 정선, 김홍도 등 조선 후기 화가들의 금강산 그림에는 장안사가 거의 빠지지 않는다. 금강산 기행에는 꼭 들러야 하는 곳이며, 주변 경치가 빼어나서다. 여러 장안사 그림에서 나타나는 공통적인 특징은 전나무가 등장한다는 점이다. 곧고 높다란 줄기의 아래부터 올라가면서 수평으로 가는 먹선을 연속적으로 처리하여 전나무를 나타냈다. 장안사의 여러 그림 중 이 그림이 마치 망원렌즈로 당기듯이 전나무를 상세하게 그리고 있다. 장안사 이외에도 조선시대 산수화에서 소나무 다음으로 흔히 볼 수 있는 나무가 전나무다.

하지만 동족간의 경쟁은 피할 수 없다. 서로를 잘 알고 비슷한 특성을 가진 자기들끼리의 싸움이 종류가 다른 나무들과의 싸움보다 오히려 더 어렵다. 우선은 빨리 키를 키워야 하므로 한가하게 구불구불 자랄 여유가 없다. 직선으로 뻗는 방법이 가장 효율적이다 보니 전나무는 모두 곧은 줄기를 만든다. 광합성을 위한 가지 뻗음도 효율적으로 대처한다. 가지를 거의 수평으로 뻗어 이웃과 맞닿게 만든다. 이 때문에 햇빛이 들어올 수 없게 되어 숲의 바닥은 경쟁이 될 만한 다른 나무들이 아예 싹을 틔울 엄두도 못 낸다. 이런 가지들은 나무가 자라면서 아래부터 차츰 죽어서 떨어져 버린다. 사람이 일부러 가지치기를 해주지 않아도 자기가 알아서 곧고 미끈한 나무를 만들어가는 셈이다.

전나무는 한곳에 모여 자라므로 사람 편에서 보면 베어서 이용하기 편하다. 다른 나무에 비해 재질이 조금 무른 것이 단점이지만, 사찰이나 관공서의 웅장한 건축물의 기둥으로 쓰기에 전나무만 한 장대재(長大材)인 나무도 흔치 않다. 실제로 해인사 팔만대장경판 보관 건물인 수다라장, 양산 통도사, 강진 무위사의 기둥 일부 등이 전나무로 만들어졌다. 남한에서 숲으로 대표적인 곳은 오대산 월정사 입구의 전나무 숲이다. 계곡과 어우러져 수백 년 된 우람한 전나무가 옛 영광의 맥을 그대로 잇고 있다. 그 외에 경북 청도의 운문사, 전북 부안의 내소사 등 이름 있는 큰 사찰에 가보면 어김없이 전나무를 만날 수 있다. 사찰 부근에 자라는 전나무는 절을 고쳐 지을 때 기둥으로 쓰기 위하여 일부러 심은 것이 대부분이다.

전나무는 동서양을 막론하고 오늘날에도 쓰임이 넓다. 한 해가

우리나라에서 가장 큰 진안 천황사의 천연기념물 495호 전나무(2009.02.09.)

저물어 가면서 곳곳에 장식된 크리스마스트리는 호랑가시나무도 쓰지만 전나무가 원조다. 마르틴 루터(Martin Luther) 목사는 하늘에 별이 반짝이는 어느 맑은 밤, 상록수 숲을 걸으면서 별빛에 비춰지는 숲의 아름다움에 깊은 감명을 받는다. 가족들에게 그때의 느낌을 이야기하고 집 안으로 나무를 가져와 하늘의 별처럼 촛불로 장식했다는 것이다. 또 전나무는 고급 종이 원료로 가장 많은 사랑을 받았다. 목재의 속살은 대체로 황백색에 가까우나, 옛사람들이 '백목(白木)'이란 별칭을 붙일 정도로 거의 하얗다. 거기다 세포 하나하나의 길이가 다른 나무보다 훨씬 길다. 따라서 종이를 만들 때 탈색제를 조금만 넣어도 하얀 종이를 얻을 수 있고, 긴 세포는 종이를 더욱 질기게 해준다.

우리나라의 전나무 종류는 전나무 이외에 분비나무와 구상나무가 있다. 분비나무는 솔방울의 비늘 끝이 곧바르고, 구상나무는 뒤로 갈고리처럼 휜 것이 차이점이다. 수입하여 남부지방에 심고 있는 또 다른 전나무 종류로는 일본전나무라는 것이 있다. 우리 전나무와는 달리 일본 버선처럼 잎 끝이 갈라져 있다.

조록나무

조록나무는 제주도와 완도를 비롯한 따뜻한 섬 지방에서 주로 자란다. 아열대의 동남아시아가 원래의 자람 터이며, 알려진 것만 15종이다. 일본 남부, 대마도, 중국 양쯔강 남부에서도 자라며, 우리나라는 조록나무가 살아갈 수 있는 북쪽 한계선인 셈이다. 조록나무는 흔히 생육한계선에 오면 자람이 시원치 않은 것과는 달리, 제주도의 상록 숲속에서는 녹나무나 가시나무, 구실잣밤나무 등과 어깨를 나란히 하며 당당하게 살아간다.

조록나무는 키 20미터, 지름이 1미터를 훌쩍 넘게 자라는 큰 나무다. 현미경으로 나무속을 들여다보면 마치 석류 알을 박아 놓은 것처럼 작은 세포들로 꽉 차 있다. 때문에 나무질이 균일하고 단단할 수밖에 없다. 그래서 기둥과 같이 힘 받는 곳에 귀중하게 쓰였다. 실제로 제주 초가집의 기둥은 흔히 조록나무로 만들었다고 한다. 또한 조선 중기 건물인 제주향교와 연북정(沿北亭)의 기둥 일부가 바로 조록나무이며, 송·원대의 도자기 2만여 점이 실려 있어 유명해진 신안 앞바다에 침몰한 중국 무역선에서도 음료수 저장통의 나무로 쓰였다.

제주도 탐라목석원에는 조록나무 고사목 뿌리를 수집하여 여러 가지 모양으로 형상화한 작품이 전시되고 있다. 오래 살고 썩지 않

재목으로 쓰이는 나무

▲제주 영평동의 제주기념물 21호 조록나무 고목(2007.10.30.)
▶조록나무에만 생기는 독특한 모양의 벌레집(2003.09.28. 제주)

조록나무과
학명 : *Distylium racemosum*
영명 : Isu Tree
일본명 : イスノキ 蚊母樹
중국명 : 蚊母樹
한자명 : 山柚子, 蚊母樹

는다고 소개하고 있으나 조록나무만이 이런 특징을 갖는 것은 아니다. 제주시 영평동 밀감 과수원 한가운데에서 자라는 제주기념물 21호인 영평동 조록나무는 키 약 20미터, 둘레 4미터, 나이가 400년이나 된 고목이다.

  나무껍질은 회갈색이고 갈라지지는 않으나 약간 거칠며 오래되면 거의 적갈색이 된다. 어린가지에는 처음에 털이 있다가 차츰 없어진다. 잎은 어긋나기로 달리고 타원형이며 두껍고, 표면은 반질반질하며 가장자리가 밋밋하다. 흔히 남부지방에서 자라는 늘푸른나무에서 만날 수 있는 모습이다. 그러나 조록나무의 잎이나 작은 가지에는 특별한 모양의 벌레집이 생기므로 다른 나무와 구별된다. 메추리 알 크기에서부터 때로는 거의 어른 주먹 크기만 한 벌레혹이 붙어 있다. 한 나무에 수십 개, 때로는 수백 개씩 생기며 처음에는 초록색이었다가 차츰 진한 갈색의 작은 자루모양이 된다. 속에는 붉나무에서 볼 수 있는 오배자(五倍子) 벌레가 들어 있다. 벌레가 자라 탈출해버리면, 껍질이 단단하고 속이 비어 있어 입으로 불어 악기처럼 소리가 나게 할 수도 있다. 여기에 타닌이 약 40퍼센트나 들어 있다. 옛날에는 오배자와 함께 타닌 채취 원료로 널리 이용되었다. 조록나무의 벌레집은 모양이 진기하고 독특하여 우리의 호기심을 자극하기에 충분하다. 조록나무란 이름을 처음 붙일 때 옛사람들은 나무의 다른 특징들은 제쳐두고 이 벌레집에 주목한 것으로 짐작되고 있다. 제주도 사투리로 자루를 조롱이라 하므로 '작은 조롱을 달고 있

늘푸른 조록나무 잎과 열매(2010.06.06. 제주)

는 나무'란 뜻에서 조록나무가 된 것으로 볼 수 있기 때문이다.

꽃은 봄에 피고 원뿔모양의 꽃차례에 달리며, 붉은 꽃받침으로만 구성된 작은 꽃이 핀다. 가을에 익는 콩알만 한 열매의 끝에는 곤충의 더듬이처럼 짧은 두 개의 돌기가 있는 것이 특징이며, 가운데로 갈라지면서 씨가 떨어지는 마른 열매다. 바짝 마른 열매 껍질은 두 개로 갈라지면서 속에서 검은 씨가 나온다. 열매의 겉에는 연한 갈색의 짧은 털이 촘촘히 나 있는데, 모양이 사마귀와 아주 비슷하게 생겼다. 그래서 일본의 어느 지방에서는 아예 '사마귀나무'라고 한다. 조록나무 옆에 서서 작은 가지에 달린 잎으로 쓰다듬으면 사마귀가 없어진다고 전해진다. '사마귀가 나무를 타고 달아난다'라는 재미있는 생각을 하기 때문이다.

참나무 무리

참나무는 어느 한 종(種)을 가리키는 것이 아니라 도토리가 달리는 '참나무 무리'의 여러 종류를 따로 구분하지 않고 집합적으로 부르는 이름이다. 상록수인 가시나무 종류도 참나무에 포함시키는 경우가 있지만, 이 책에서는 겨울에 낙엽이 지는 도토리나무만을 참나무로 했다.

참나무 무리에는 상수리나무와 굴참나무 두 종, 졸참나무로 대표되는 넓은 타원형의 비교적 큰 잎을 가진 졸참나무, 갈참나무, 신갈나무 및 떡갈나무 네 종을 합쳐 모두 여섯 종을 '참나무'라고 간단히 말한다.

참나무 여섯 종은 대체로 다음과 같이 구분한다. 상수리나무는 잎이 좁고 긴 타원형이며, 가장자리의 톱니 끝에 갈색의 짧은 침이 있고 잎 뒷면이 녹색이다. 굴참나무는 상수리나무와 잎 모양은 거의 같으나 잎 뒷면이 희끗희끗한 회백색이고 코르크가 두껍게 발달해 있다. 졸참나무는 잎이 참나무 종류 중 가장 작으며, 가장자리에 안으로 휘는 갈고리 모양의 톱니가 있다. 갈참나무는 잎이 크며 잎자루가 있고, 가장자리가 물결모양이거나 약간 뾰족하다. 신갈나무와 떡갈나무는 잎이 크고 잎자루가 거의 없으며, 잎의 밑 모양이 사람의 귓밥처럼 생겼다. 떡갈나무는 잎이 특히 크고 두꺼우며 잎 뒷면에 갈색 털이 있고, 신갈나무는 잎에 갈색 털이 없고 두께가 얇다.

재목으로 쓰이는 나무

〈월야산수도(月夜山水圖)〉, 김두량, 1744년, 81.9x49.2cm, 중앙박물관

힘차게 물이 흐르는 개울을 사이에 두고 화면의 가운데서 약간 비켜서서 높이 솟아오른 나무가 화면을 압도하고 있고, 또 다른 나무 하나는 심하게 기울어져 있다. 개울 건너에는 안개가 허리를 두르고 있고 비슷한 모습의 나무들이 옅은 수묵 처리가 되어 있다. 이런 모습은 겨울날, 우리나라 중부지방에서 흔히 볼 수 있는 풍경이며 등장하는 나무들은 줄기모양이나 가지 뻗음이 갈참나무나 졸참나무 등의 참나무로 짐작된다. 둥근 달이 높이 떠 있고, 화제(畫題)에도 팔월 한가위를 뜻하는 중추(中秋)라고 하였으나 그림 속의 계절은 이른 봄이다. 얼음이 녹아 수량이 많아진 듯하고, 화면 어디에도 단풍잎 하나 찾을 수 없다. 추석 임시에는 평지는 물론이고 깊은 산속이라도 낙엽이 지지 않는다. 참나무 종류는 더욱 늦어 겨울까지도 낙엽이 그대로 달려 있는 경우가 흔하다.

여섯 종의 참나무 종류는 엄밀한 것은 아니나 대체로 자람 터를 나누어 살아간다. 그리 높지 않은 야산이나 동네 뒷산에는 상수리나무와 굴참나무가 터를 잡았고, 경쟁자는 많아도 땅 힘이 좋고 습기가 많은 계곡에는 졸참나무와 갈참나무가 버티고 있다. 산꼭대기나 산봉우리를 이어주는 능선 주변의 척박한 땅에는 신갈나무가 주로 자란다. 떡갈나무는 신갈나무와 자람 터가 겹치지만 특히 이웃마을로 넘어가는 고갯마루에서 습도도 적당하고 통풍이 잘되는 조건을 더 즐기면서 살아간다.

그렇다면 옛사람들은 참나무 여섯 종을 어떻게 나눈 것일까? 또 이를 어떻게 표기하였을까? 제대로 나눈 것은 아니지만, 아마도 3~4종 정도로 구분은 한 것 같다. 《훈몽자회》와 《물명고》 등의 자료를 참고하여 추정해보면 참나무 전체를 상(橡), 상수리나무와 굴참나무를 합쳐서 소리참나무 곡(槲), 갈참나무와 졸참나무를 합쳐 가랍나무 허(栩) 및 가랍나무 작(柞), 떡갈나무와 신갈나무를 덥갈나모 력(櫟)이라 한 것 같다. 물론 문헌마다 글자가 다르고 종류 구분을 하지 않은 경우가 많아 단정적으로 말하기는 어렵다.

참나무는 가을에 갈색의 단풍이 들어 겨울을 넘기고 다음해 봄까지도 나무에 붙어 있는 경우가 흔하다. 떡켜가 잘 생기지 않아 이렇게 잎이 오랫동안 나무에 붙어 있다고 한다. 아울러 참나무 종류의 단풍은 나무에 타닌 성분이 많아 갈색 단풍이 드는 경우가 흔하다.

우리나라 숲은 바늘잎나무는 소나무, 넓은잎나무는 참나무가 대표 수종이다. 두 나무가 가장 흔하다는 뜻이다. 참나무는 전국 어디에서나 자라며 키 20~30미터, 지름이 두세 아름에 이를 수 있는 큰 나무다. 목질이 단단하면서 질기고 쉽게 썩지 않으므로 역사가 시작되기 이전부터 선조들이 널리 쓰던 나무 중 하나였다. 한반도에 처음 들어온 우리의 선조들은 참나무로 만든 움막집에서 살았다. 실제로 점말동굴을 비롯한 신·구석기시대 유적에서 많은 참나무가 출토되고 있다. 건축재로서 해인사 대장경판전의 기둥, 선박재로서는 완도 어두리 화물 운반선의 외판(外板), 관재로서는 의창 다호리 가야고분 및 낙랑고분 관재의 일부가 모두 참나무다. 그래서 참나무는 '진목(眞木)'이라 하며 나무들 중에는 가장 재질이 좋고 진짜 나무란 뜻의 '참' 나무다.

《삼국사기》,《고려사》,《조선왕조실록》 등 우리의 정사(正史) 기록을 보면 참나무의 열매인 도토리는 배고픔을 달래주는 구황식물(救荒植物)로서 임금이 직접 시식을 할 정도로 귀중하게 여겼다. 흉년이 들수록 도토리가 더 많이 달리는 나무의 특성이 바로 생명줄이기 때문이다. 참나무 종류의 꽃가루받이가 이루어지는 시기는 봄 가뭄이 오기 쉬운 5월경이다. 햇빛이 쨍쨍한 맑은 날이 계속되면 꽃가루가 쉬 날아다녀 수정이 잘되고 가을에 많은 열매가 열리는 '도토리 풍년'이 온다. 반대로 비가 자주 오면 농사는 풍년이 들어도 이 녀석들의 꽃가루는 암꽃을 영 찾아갈 수가 없어서 도토리는 흉년일 수밖에 없다. 자연의 조화는 이렇게 신비롭다.

굴참나무

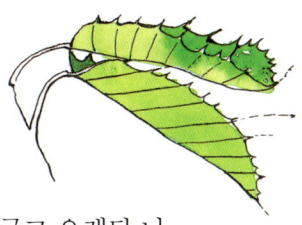

굴참나무는 줄기에 두꺼운 코르크가 발달한다. 좀 굵고 오래된 나무는 손으로 눌러보면 푹신푹신한 감이 느껴질 정도로 탄력성이 좋다. 코르크가 발달하여 껍질은 세로로 골이 깊게 패 있다. 경기지방에서는 골을 '굴'이라 하는데, 나무 이름은 '껍질에 굴이 지는 참나무'라고 하였다가 '굴참나무'가 된 것으로 보인다.

굴참나무는 우리나라에서 자라는 나무 중에 코르크를 대량으로 채취하기에 가장 적합한 나무다. 황벽나무와 개살구나무가 굴참나무보다 더 질 좋은 코르크를 가지고 있기는 하지만, 흔한 나무가 아

재목으로 쓰이는 나무

굴참나무 껍질로 지은 삼척 대이리 굴피집(2004.02.18.)

참나무과
학명: *Quercus variabilis*
영명: Oriental Cork Oak
일본명: アベマキ楢
중국명: 栓皮栎, 软木栎
한자명: 㯁, 樸木, 櫪

니라서 많은 양을 한꺼번에 얻을 수 없다. 제2차 세계대전이 막바지에 이를 즈음 패색이 짙던 일본은 군수물자로 굴참나무 껍질 벗기기에 혈안이었다. 이때 온전한 나무가 없을 정도로 우리 산의 굴참나무는 수난을 당했다. 광복이 되면서 굴참나무의 굴욕도 끝나고 이제는 아픈 상처를 거의 찾을 수 없다.

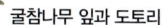
굴참나무 잎과 도토리

코르크의 대용품도 많이 개발되었고, 질 좋은 지중해 연안을 원산지로 하는 코르크참나무의 코르크가 수입되면서 우리 산의 굴참나무는 껍질 벗김의 아픔을 면할 수 있었다.

옛날에도 굴참나무의 껍질은 활용도가 높았다. 높은 보온성과 방수성 때문에 산골마을의 지붕을 이는 재료로 애용되었다. 지붕을 굴참나무 껍질(皮)로 만들었다고 하여 이런 집을 굴피집이라고 부른다. 붕어빵에 붕어가 없듯이 굴피집에는 굴피나무는 없고 굴참나무 껍질만 있다는 사실을 잘 모르는 사람들이 많다.

굴참나무는 선조로부터 물려받은 두꺼운 껍질 때문에 '껍질 벗김'의 괴로움을 당하고도 잎 모양이나 재질이 비슷한 상수리나무보다 살아남은 고목나무가 훨씬 더 많다. 아마 나무의 재질이 상수리나무보다 조금 못한 탓일 터다. 천연기념물로 지정된 굴참나무만 세 곳이 있고, 강릉 옥계면 산계리에는 작은 굴참나무 당산 숲 전체가 지정되었다.

재목으로 쓰이는 나무

◀ **코르크층이 두껍게 발달한 굴참나무 껍질**(2010.05.14. 밀양)

새잎이 나오면서 꼬리모양으로 늘어지는 수꽃이 핀다(2008.05.08. 영동)

참나무과
학명 : *Quercus acutissima*
영명 : Sawtooth Oak
일본명 : クヌギ櫟, 椚, 橡
중국명 : 麻栎
한자명 : 橡, 櫟, 靑剛樹

상수리나무

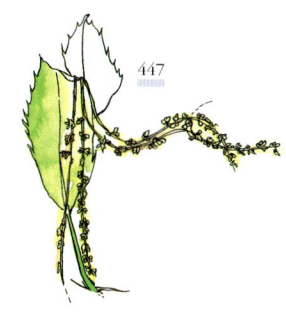

상수리나무는 참나무 종류 중에 사람과 가장 가까운 거리에 터전을 마련했다. 야트막한 마을 뒷산에서 마을의 개 짖는 소리와 닭 울음 소리를 들어가며 몸집을 불려나갔다.

상수리나무는 홀로 자라기보다는 자기들끼리 떼를 이루어 함께 자라기를 좋아한다. 형제들과 선의의 햇빛 경쟁이 이루어지고 키를 키울 욕심에 옆 가지를 잘 내밀지 않는다. 줄기는 곧게 쭉쭉 뻗는데, 사람들은 이런 긴 다리 줄기를 가진 나무는 쓸모가 많기 때문에 당연히 좋아할 수밖에 없다. 나무를 켜서 이용할 때 곧은 판자가 많이 나오기 때문이다. 잘 자란 상수리나무 숲은 전나무 숲 못지않게 곧바르고 미끈한 나무들로 꽉 차 있다.

회흑색의 나무껍질은 세로로 불규칙하게 갈라진다. 굴참나무와 닮았지만 갈라지는 깊이가 얕고 코르크가 적어 탄력성이 거의 없다. 잎은 손가락 두 개쯤 되는 길이에 끝이 뾰족하고 너비가 좁아 날렵하게 생겼다. 잎 가장자리의 톱니 끝의 짧은 침은 갈색이며 일정한 간격으로 붙어 있다. 잎 모양이 비슷한 밤나무의 잎 침은 녹색이다. 밑으로 길게 늘어지는 수꽃과 1~3개의 암꽃이 있고, 수정이 되면 다음해 가을에 도토리가 열린다. 굵은 도토리는 덮개(총포)가 반 이상을 덮어쓰고 있으며, 덮개에 붙은 긴 비늘조각은 뒤로 젖혀

재목으로 쓰이는 나무

곧게 잘 자라 상수리나무 숲을 이루었다(2002.02.24. 울산 가지산)

진다.

상수리나무라는 이름이 붙여진 데는 여러 가지 이야기가 있다. 임진왜란 때 의주로 피난 간 선조는 도토리묵에 맛을 들여 환궁 뒤에도 가끔 수라상에 올렸다고 한다. 수라상에 올린다는 뜻으로 '상수라'라고 했다가 '상수리'가 되었다는 것이다. 또 상수리 도토리의 한자 이름인 상실(橡實)에 '이'가 붙어 '상실이'로 부르다가 '상수리'가 되었다는 것이다.

상수리나무의 잎 뒷면은 연한 녹색이고 껍질은 세로로 약간 깊게 갈라지지만, 코르크가 발달하지는 않는다. 반면에 굴참나무는 잎 뒷면이 희끗희끗한 회백색이고 코르크가 두껍게 발달한다.

졸참나무

잎 모양이 넓은 타원형의 참나무 네 종류 중 졸참나무의 잎은 다른 셋과 구별되는 특징을 갖는다. 우선 졸참나무는 잎의 크기가 작다. 졸(卒)은 병졸을 뜻하는 말로서 크고 웅장함에 대한 반대말이다. 장기판에서도 졸은 크기가 가장 작고 군대에서도 제일 낮은 계급이 졸병이다. 따라서 졸은 '작다'라는 의미로 해석되며, 졸참나무는 '가장 작은 잎을 가진 참나무'란 뜻으로 붙여진 이름일 터다. 일본 이름인 '코나라'도 작은 잎을 가진 참나무란 뜻이다.

재목으로 쓰이는 나무

잎의 가장자리에는 끝이 뾰족하고, 때로는 안으로 휘는 톱니가

졸참나무 잎(2000.08.03. 대구)

영양 송하리 마을 앞 당산 숲에서 자라는 보호수 졸참나무 고목(2008.11.12.)

참나무과
학명 : *Quercus serrata*
영명 : Konara Oak
일본명 : コナラ小楢
중국명 : 枹栎
한자명 : 栩, 柞, 槲

졸참나무를 찾아내는 포인트다. 가을 단풍은 적황색이나 적갈색으로 먼저 물들었다가 마지막에 갈색 단풍이 된다. 참나무 종류 중에는 단풍이 가장 아름답다고 할 수 있다.

　졸참나무는 잎 크기만 작을 뿐 덩치로는 다른 참나무 종류에 전혀 밀리지 않는다. 숲속에서 만나는 큰 졸참나무는 두세 아름을 거뜬히 넘긴다. 생명력이 강하여 나무를 베어 버리면 다른 참나무보다 뿌리목에서 새싹이 더 잘 돋는다. 그래서 새로 만들어지는 참나무 숲을 이루는 중요 역할을 졸참나무가 담당한다. 또 뿌리의 발달이 왕성하여 옆 뿌리뿐만 아니라 굵고 곧은 뿌리도 잘 뻗어 산사태를 막아주는 기능도 무시할 수 없다.

　도토리는 새끼손가락 첫 마디만 하여 알이 작은 편이며 모자처럼 총포 덮개를 쓰고 있다. 덮개에는 비늘이 기왓장처럼 덮여 있다. 참나무에 열리는 도토리는 종류에 상관없이 묵을 만들지만, 졸참나무 도토리로 만든 묵 맛이 제일이라고 한다.

재목으로
쓰이는
나무

▲졸참나무 도토리와 잎

마을 입구에 자리 잡은 당산목 갈참나무(2008.09.21. 평창 회동리)

참나무과
학명 : *Quercus aliena*
영명 : Oriental White Oak
일본명 : ナラガシワ楢柏
중국명 : 槲栎, 大叶青冈, 橡树
한자명 : 枹, 柞, 槲櫪

갈참나무

엄마야 누나야 강변 살자
뜰에는 반짝이는 금모래 빛
뒷문 밖에는 갈잎의 노래
엄마야 누나야 강변 살자

    불과 서른두 해를 살다간 서정시인 김소월의 시 〈엄마야 누나야〉다. 넓은 강가에 한가로이 자리 잡고 있는 초가집 한 채가 금세 떠오른다. 앞뜰에는 늦가을 오후 햇살을 받아 모래가 반짝이고, 뒤쪽에는 갈잎이 바람에 굴러 노래를 만들어내는 풍경이 너무 정겹다.

    소월이 말한 뒷문 밖 갈잎은 갈참나무의 잎이라고 나는 믿는다. 갈참나무는 강변과 가까운 수분이 많은 곳에서 잘 자라는 참나무의 한 종류다. 잎이 크고 가장자리에 뾰족한 톱니가 있는 것이 아니라 뭉실뭉실하며, 단풍이 들어 땅에 떨어지면서 갈색의 '갈잎'은 안으로 오그라드는 경향이 있다. 그래서 다른 참나무보다 강바람에 이리저리 실려 다니기 쉽다. 소월의 시를 읽다 보면 이렇게 갈참나무를 비롯하여 진달래, 오리나무, 시닥나무, 실버들 등 나무의 특징을 식물학자 뺨치게 정확히 찾아내어 시로 녹여내는 해박한 나무 지식에 놀란다.

재목으로 쓰이는 나무

〈마상처사도(馬上處士圖)〉, 윤두서, 17C 후반~18C 전반, 98.2x57.7cm, 중앙박물관
말을 탄 선비가 고목나무 밑을 지나는 순간이다. 옆으로 구불구불 뻗은 가지와 잎 모양 새로 보아 참나무 종류 중 주변에서 흔히 만날 수 있는 갈참나무임을 알 수 있다. 잎 하나하나의 묘사가 매우 사실적이고, 정확할 뿐만 아니라 잎자루, 잎맥, 잎 가장자리의 톱니까지 갈참나무임을 금방 알아볼 수 있다. 이렇게 잎 모양을 정확하게 묘사한 옛 그림은 만나기 어렵다.

천연기념물 285호 영주 병산리 갈참나무 고목(2009.05.19.)

재목으로
쓰이는
나무

'갈참나무'란 이름은 가을참나무에서 온 것으로 짐작된다. 황갈색으로 시작하는 커다란 잎사귀의 갈참나무를 보고 가을을 먼저 느끼지 않았나 싶다. 산꼭대기에나 가야 만날 수 있는 신갈나무나 떡갈나무와는 달리 갈참나무는 평지에서도 비교적 흔히 만날 수 있다. 서울의 종묘나 김포의 장릉, 대전의 갑사 계곡 등은 우리나라의 대표적인 갈참나무 숲이 있는 곳이다.

갈참나무 도토리는 상수리나무와 졸참나무의 중간 크기이고 덮개 비늘이 기왓장처럼 덮여 있다. 신갈나무 잎과 닮았으나 잎자루가 있는 것이 차이점이다.

높은 산의 능선 부근에서 자라는 신갈나무. 참나무 종류는 이듬해 봄까지도 잎이 지지 않은 경우가 많다 (2003.11.16. 가지산)

참나무과

학명: *Quercus mongolica*
영명: Mongolian Oak
일본명: ミズナラ水楢
중국명: 蒙古栎, 白栎木
한자명: 栩, 柞, 靑剛木

신갈나무

신갈나무의 자람 터는 동족인 다른 참나무보다 훨씬 열악하다. 크고 작은 산의 능선 부근이 그에게 주어진 공간이다. 등산길에 산마루에 올라서서 잠시 호흡을 가다듬고 고개를 들면 눈에 들어오는 나무가 대부분 신갈나무다. 봄은 늦게 오고 겨울은 빨리 오며 춥고 먹을 것이 적어 배고픈 땅이다. 메마르고 양분도 적으며 바람까지 항상 불어대는 곳에서 뿌리를 박고 버텨야만 한다. 더욱이 쓸데없이 키가 자라는 것을 자제하고 숲을 만들어 어려움에 공동대처해야 살아남는다는 사실을 일찍 터득하여 대체로 키가 그리 크지 않다.

우리나라 산의 높은 곳은 대부분 신갈나무가 차지하고 있다. 살아가기는 힘들지만 이런 곳은 경쟁이 적다. 마음 편하게 좋아하는 햇빛을 마음껏 받을 수 있고 다른 나무들이 잘 찾지 않는 척박한 땅에서 자기들만의 마을을 이루어 오순도순 잘 살아간다. 좋은 조건을 만나면 두 아름이 넘게 자라기도 하지만, 우리가 흔히 만날 수 있는 신갈나무는 낮은 키에 굽은 줄기와 이리저리 뻗은 가지가 전부다. 화강암 토양이 많아 흙이 흘러내리기 쉬운 우리나라 산 능선을 붙잡고 있는 버팀목으로서 신갈나무의 역할은 크다.

평지에서는 거의 잎이 다 피고도 한참이 지난 늦봄에 연초록의 새잎을 내밀면서 꽃까지 피워 한해살이를 시작한다. 이때의 새잎

재목으로 쓰이는 나무

잎자루가 거의 없는 신갈나무 잎(2010.06.11. 봉화)

이 깨끗하고 신선하여 새로운(新) 갈나무(참나무)란 뜻으로 '신갈나무'라 부른다고 나름대로 이름 풀이를 해본다. 옛날 짚신의 밑바닥에 깔창 대신 신갈나무 잎사귀로 갈아 넣었다 하여 '신갈이나무'라고 불리다가 지금의 신갈나무가 되었다는 해석도 재미삼아 들어둘 만하다.

여름날에는 어른 손 크기만 한 커다란 잎이 나뭇가지가 보이지 않을 정도로 무성하게 덮는다. 갈참나무 잎과 비슷하나 신갈나무는 잎자루가 거의 없는 것이 특징이다.

떡갈나무

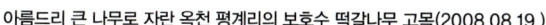

졸참나무의 잎 크기가 참나무 중에서 가장 작은 반면 떡갈나무는 참나무 중에서 잎이 가장 크다. 잎 가장자리는 큰 물결모양이며, 보통 잎 길이가 한 뼘 정도이나 때로는 두 뼘에 이르는 큰 잎을 만날 수도 있다. 잎은 짧은 털이 촘촘하여 두껍고 손으로 만져보면 융단을 깔아 놓은 느낌이다. 바람에 수분이 과도하게 증발하는 것을 막아주고 보온을 해주는 효과도 있다고 한다. 옛사람들은 딱딱한 바닥에 떡갈나무 잎을 깔아 에어매트처럼 이용하거나, 떡을 찔 때 사이사이에 넣어두어 달라붙는 것을 막고 잎 향기가 떡에 스며들게

재목으로 쓰이는 나무

아름드리 큰 나무로 자란 옥천 평계리의 보호수 떡갈나무 고목(2008.08.19.)

고갯마루에서 흔히 만날 수 있는 떡갈나무 잎(2006.08.27. 대구)

참나무과
학명: *Quercus dentata*
영명: Daimo Oak
일본명: カシワ槲
중국명: 柞栎, 槲树, 槲皮树
한자명: 櫟, 槲, 大葉柞, 大葉櫟

했다. 떡갈나무란 떡을 찔 때 넣는 참나무, 즉 '떡갈이나무'란 뜻이 포함된 것이다.

참나무 종류는 모두 단풍 든 잎이 바로 떨어지지 않고 다음해 봄까지 남아 있는데, 그중에서도 떡갈나무가 가장 오래 남아 있다. 특히 어린나무는 더 오랫동안 단풍잎이 달려 있는데, 이를 두고 나무 주위나 밑에서 돋아나는 다른 나무나 풀 새싹들의 광합성을 방해하려는 의도로 풀이하는 학자도 있다. 떡갈나무 잎은 냉장고 속에 넣어두면 불쾌한 냄새를 막는 일종의 탈취제 역할도 한다.

일본 사람들은 단옷날 떡갈나무의 잎으로 싼 떡을 먹기 좋아하는 풍속이 있다. 그래서 80년대만 해도 떡갈나무 잎을 따서 삶고 찌는 가공과정을 거쳐 일본에 수출했다. 한때 농촌의 중요한 소득 품목으로 각광을 받기도 했다.

프랑스 작가 장 지오노가 1953년에 발표한 《나무를 심는 사람》은 우리에게 잔잔한 감동을 준다. 그가 심은 나무는 '오크 트리(Oak tree)'다. 우리말로 옮길 때 '참나무'라고 해야 하지만, 시중에 나와 있는 번역본은 모두 '떡갈나무'라고 번역되어 있다. 영문 시나 소설에 나오는 '오크'도 거의 예외 없이 떡갈나무로 번역하고 있다. 그러나 서양에는 우리 떡갈나무와 똑같은 나무가 자라지 않는다. 떡갈나무는 우리나라에서만 자라는 참나무의 한 종류일 뿐이다. 따라서 서양 문학작품에 등장하는 '오크(Oak)'의 올바른 우리말은 떡갈나무가 아니라 참나무다.

보드라운 연한 갈색의 새잎이 특히 눈에 띄는 참식나무(2008.04.20. 제주)

녹나무과
학명 : *Neolitsea sericea*
영명 : Japanese Silver Tree, Neolitsea
일본명 : シロダモ
중국명 : 舟山新木姜子
한자명 : 五瓜楠

참식나무

참식나무는 우리나라 남해안에서부터 일본, 타이완, 중국 남부, 멀리 동남아시아의 난대와 아열대에 걸쳐 자란다. 늘푸른 잎을 달고 있고 키 10미터, 줄기 둘레가 한 아름 정도에 이를 수 있다.

내가 사는 아파트 베란다에는 전남 보길도에서 가져온 참식나무 한 그루가 화분에서 힘겹게 자라고 있었다. 고향의 갯바람을 맞으며 자랐더라면 어른 발목 굵기보다 더 굵게 자랐으련만 화분 속에서 겨우겨우 살아가느라 안타깝게도 새끼손가락 둘레 정도이다.

참식나무를 보는 즐거움은 예쁜 꽃과 향기가 아니라 잎에 있다. 봄에 갓 돋아난 잎은 포인터의 귀처럼 멋스럽게 밑으로 늘어진다. 손으로 살짝 만져보면 새잎의 보드라움에 감탄하곤 했다. 표면은 짧은 황금빛 털이 빈틈없이 덮여 있어서 아침 햇살이 비춰지면 그 모습이 신비스럽게 다가오기도 한다. 계절이 깊어 가면서 잎의 뒷면은 하얗게 변하는데, 검은 머리가 파뿌리가 되어가는 인간사의 과정을 볼 수 있는 것도 또 다른 매력이다.

그러나 아름다운 보길도의 짙푸른 고향바다를 뒤로하고 머나먼 경상도 땅, 그것도 공중에 매달린 아파트에 강제로 '보쌈'을 당해 온 참식나무의 애달픈 삶을 보고 있는 내 마음도 편치 않다. 나도 아파트 생활이 갑갑한데, 너는 정말 죽지 못해 살아가겠지? 더 늦

재목으로 쓰이는 나무

붉은 참식나무 열매와 잎(2001.10.12. 제주)

기 전에 넓은 공간을 마련해주기로 마음을 바꾸어 먹었다. 4월의 따뜻한 햇살이 아지랑이를 만드는 어느 봄날을 택해 양지바른 학교 연구실 건물의 앞마당에 옮겨 심었다. 출퇴근 때마다 차츰 싱싱해지는 잎사귀 위에 눈길을 주는 것으로 나와 그는 기쁨을 같이하였다. 대학 문화를 창달하고 젊음을 마음껏 발산한다는 어느 해 6월의 축제가 있던 다음 날, 통째로 부러져 버린 가냘픈 참식나무 한 그루가 내 발아래 누워 있었다. 무엇이 어떻게 못마땅하였는지 나로서는 그 비뚤어진 심통을 헤아리기가 어렵다.

그 후 나는 참식나무를 만나면 애써 외면하는 버릇이 생겼다. 비명에 가버린 '베란다의 참식나무'가 자꾸 생각나서다. 한 해를 건너뛴 어느 가을날 제주도 천지연으로 들어가는 길을 걷다가 땅바닥에 뒹구는 콩알 굵기만 한 빨간 참식나무 열매가 환하게 내 눈에 비쳐 들어왔다. 나는 몇 알을 주워 손수건을 펴고 정성껏 싸서 호주

머니에 넣었다. 돌아온 나는 자그마한 나무 상자에다 그의 둥지를 만들어 참식나무 대 잇기로 아쉬움을 달래야 했다.

참식나무는 비옥하고 수분이 많은 곳을 좋아하여 계곡이나 산록 부분에 터를 잡는다. 암수가 다른 나무로 가을에 꽃자루가 없는 우산모양의 꽃차례에 연한 노란빛 꽃이 핀다. 푸른 잎에 묻혀 꽃을 찾아내기가 어려워도 자기들끼리는 수정이 되어 작은 구슬 굵기의 동그란 열매가 열린다. 이 열매는 겨울을 넘기고 다음해 가을에 빨갛게 익는다. 푸른 잎사귀를 배경으로 꽃과 열매가 같이 달리는 보기 드문 나무다.

추위를 싫어하여 남해안을 벗어나면 만나기가 어렵다. 그래서 육지 사람들은 참식나무를 잘 알지 못한다. 참식나무가 육지에서 북쪽으로 올라오는 한계는 전남 영광의 불갑사 뒷산이다. 이곳은 천연기념물 112호로 지정되어 보호받고 있으며, 참식나무가 이곳에 자라게 된 데에는 가슴 아픈 사연이 전해지고 있다. 신라 때 경운이라는 법명을 가진 한 젊은 스님이 인도로 유학을 떠난다. 스님이 머물던 절은 왕실과 관련이 깊었던 터라 어느 날, 아리따운 인도 공주가 찾아오게 된다. 먼 이국땅에서 온 훤칠한 외모의 스님을 보고 공주는 차츰 사랑에 빠진다. 그러나 몰래한 사랑은 들키기 마련이다. 소문은 바람을 타고 궁궐의 임금님에게까지 알려지게 된다.

임금님은 고심을 거듭하다 경운 스님을 본국으로 '강제송환'하기로 했다. 신라로 되돌아가기 전날, 이승에서는 다시 만나 사랑을 나눌 수 없다는 것을 잘 알고 있는 두 사람은 내세에서 못 다한 사랑을 이어가기로 약속한다. 이별의 증표가 필요했다. 마침 둘이 자주 만나던 곳에 있는 참식나무 한 그루가 생각났다.

　우선 사시사철 푸른 잎사귀는 변치 않은 사랑을 상징한다. 새털보다 더 보드라운 새잎은 공주의 섬섬옥수가 그대로 연상된다. 작고 귀여운 노란 꽃을 잠시 내보이고 나면 굵은 콩알 크기만 한 빨간 열매가 송골송골 열린다. 이 역시 공주와의 열정적인 사랑을 연상케 한다.

　떠나는 경운 스님의 바랑 속에 공주는 참식나무 열매 몇 알을 넣어준다. 스님은 귀국하자마자 곧장 불갑사를 찾았다. 따뜻한 봄날 스님은 절 뒷산의 양지바른 곳에 가져온 열매를 묻고 싹을 틔워 잘 자라도록 돌봐준다. 이것으로서 공주와 이승에서의 사랑의 연(緣)을 참식나무로 승화시키고, 처음처럼 경운 스님은 다시 부처님의 제자로 조용히 되돌아갔다고 한다.

편백

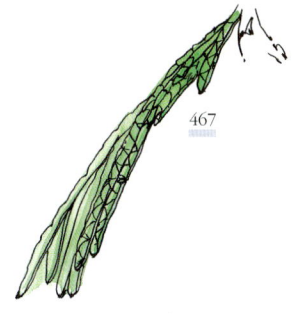

우리의 《삼국사기》나 《삼국유사》에 해당하는, 일본의 고대 역사를 기록한 《일본서기》에는 "스사노오노 미코토(素戔嗚尊)란 신(神)이 자기 몸의 털을 뽑아 여러 나무를 만들었다"라는 내용이 나온다. 그중에서 가슴의 털을 뽑아 날려 보낸 것이 편백이 되었다고 하며, 이를 궁궐을 짓는 데 쓰라고 했다 한다.

임금의 집을 짓는 데 쓰라고 할 정도였으니 얼마나 좋은 나무인지는 짐작하고도 남는다. 그래서 궁궐을 비롯한 일본의 전통 건축물은 대부분 편백으로 지어졌다. 그들이 섬기는 신사의 대표적 건

재목으로 쓰이는 나무

편백 잎 뒷면의 Y자 기공(1999.01.05)과 화백의 W자 기공(2004.03.19)

남해의 편백 자연휴양림에서 자라는 울창한 편백 숲(2007.01.20.)

측백나무과
학명: *Chamaecyparis obtusa*
영명: Hinoki Cypress, Japanese Cypress
일본명: ヒノキ檜, 桧
중국명: 日本扁柏
한자명: 扁柏

물인 이세신궁(伊勢神宮)이나 나무 불상의 상당 부분 역시 편백이다. 편백은 삼나무와 함께 일본의 나무 문화를 대표한다. 이외에도 일본에는 금송, 너도밤나무 등 재질이 좋은 나무가 우리보다 훨씬 많다. 비가 많이 와서 습도가 높고 기온이 따뜻한 곳이니 당연할 수밖에 없다고 이해를 하면서도 우리 눈에는 부러움으로 남는다.

편백(扁柏)은 일본을 대표하는 나무 중 하나다. 이름에는 잎이 납작한 나무라는 뜻이 들어 있고, 실제 모양도 무엇엔가 눌려진 듯 편평하다. 키 30~40미터, 둘레가 두세 아름이 넘을 정도로 자라는 큰 나무로 잎 모양은 사뭇 달라도 흔히 볼 수 있는 소나무와 같은 바늘잎나무로 분류한다.

20세기 초 일제의 손길이 한반도에 미치기 시작하면서 우리나라에 처음으로 조금씩 가져다 심었다. 추위를 싫어하여 주로 남해안을 선택했다. 원래 땅 가림이 심하지 않아 너무 메마른 땅만 아니면 웬만한 곳에서는 잘 자란다. 광복이 되고 산림자원의 중요성이 강조되면서 좋은 나무로 알려진 편백을 차츰 널리 심게 되었다. 남해의 편백 자연휴양림, 독림가 임종국 씨가 심은 전남 장성의 편백 숲은 아름다운 숲으로 널리 알려져 있다.

편백은 수천 수만 그루가 떼를 이루어 모여 자라기를 좋아한다. 자기네들끼리 높이 경쟁을 하여 하늘을 찌를 듯이 솟아오른다. 오늘날 우리가 좋아하는 미인의 기준은 슈퍼모델처럼 작은 얼굴과 긴 다리를 가진 늘씬한 몸매. 우리가 만나는 편백은 대부분 미목의 조건을 모두 갖추고 있다.

편백은 이렇게 미목이 되는 것만으로는 만족할 수 없었다. 모든 나무는 자라는 과정에 상처를 입어 병원균이 침입하는 것을 보호하기 위하여 '피톤치드'라는 물질을 내뿜는다. 그러나 편백처럼 떼거리로 자기네들끼리만 모여 살다 보면 병충해에 더욱 약해지기 마련이므로 더 많은 자기방어 물질이 필요하다. 때문에 소나무나 향나무와 같은 다른 바늘잎나무보다 세 배나 많은 피톤치드를 발산한다. 실제로 편백 숲속에서 심호흡을 해보면 다른 나무의 숲보다 향이 강하다는 느낌을 받는다. 그래서 편백 숲은 산림욕장으로 인기가 높다.

편백의 나무질은 약간 단단한 편이며, 봄 세포와 여름 세포의 모양변화가 적어서 매끈하고 균일한 맛이 난다. 또한 독특한 향기가 있으며 잘 썩지 않는다. 어디에 쓰든 나무가 갖추어야 할 장점은 대부분 갖추고 있다. 살아서는 피톤치드로, 죽어서는 나무 몸체를 통째로 사람에게 보시하는 고마운 나무다.

넓은 의미에서 편백이라 부를 수 있는 나무는 북아메리카와 대만에도 있다. 그러나 우리가 말하는 편백의 원조는 일본 편백을 가리킨다. 우리나라에 들여와 심은 나무 중에는 편백의 사촌뻘이 되는 화백도 있다. 추위에 버티는 힘이 편백보다는 훨씬 강하여 꽤 북쪽으로도 올라온다. 그래서 서울을 비롯한 중부지방에서도 잘 자라는 화백을 흔히 볼 수 있다.

편백, 화백, 측백나무는 이름만큼이나 모양새도 서로 닮았다. 편백은 잎 뒷면의 숨구멍이 모여 명확한 Y자 모양으로 하얗게 나타나며, 화백은 뭉개진 W자로 보인다. 측백나무는 잎 뒷면의 숨구멍이 육안으로는 거의 보이지 않는 것으로 이 세 나무를 구별할 수 있다.

피나무

피나무만큼 쓰임새가 넓은 나무도 흔치 않다. 목재, 나무껍질, 꽃, 열매 모두 옛사람들이 살아가는 데 꼭 필요한 자원을 제공해주었다. 피나무 종류는 유럽, 아시아, 북미에 걸쳐 북반구의 온·한대지방에 걸쳐 널리 자란다. 자람이 빠르고 키 20미터, 줄기둘레가 두세 아름에 이르는 큰 나무다. 우리나라에서도 중북부의 다소 서늘한 곳의 숲속에서 만날 수 있는 흔한 나무다.

피나무 목재는 연한 황갈색으로 비중이 0.5 정도에 재질이 연하고 결이 고와 가공하기 쉽다. 세밀한 무늬가 들어가는 조각품을 비롯하여 가구 내장재, 밥상, 김칫독, 궤짝, 바둑판까지 쓰임은 거침

재목으로 쓰이는 나무

헬리콥터의 날개를 닮은 포엽(苞葉)에서 긴 대궁이 나와 열매가 달린다(2010.07.08. 청송)

하트모양의 잎 사이에 피나무 꽃이 한창 피어 있다(2006.07.23. 전주)

피나무과
학명 : *Tilia amurensis*
영명 : Amur Linden
일본명 : シナノキ科の木
중국명 : 紫椴
한자명 : 椴木, 椴, 椴樹

이 없다. 《조선왕조실록》을 보관하고 있는 상자도 피나무로 만들었다. 재미있는 쓰임의 하나는 밑씻개나무다. 조선의 상궁들에게 지급되는 물품 중에는 대변을 본 뒤에 닦아내는 데 쓰라고 준 얇게 켠 나뭇조각 한 묶음도 들어 있었다고 한다.[20] 피나무라고 딱히 밝히진 않았지만 가볍고 연하며, 까끄라기가 잘 일어나지 않는 등의 특징을 가진 나무는 피나무 말고는 없다. 바둑판 재료로서, 피나무는 비자나무나 은행나무보다는 조금 못하지만 바둑돌을 놓을 때 표면의 탄력성과 은은한 황갈색이 고급 바둑판 재료로 손색이 없다. 굵은 피나무는 해방 후 혼란기와 한국전쟁을 거치는 동안 모조리 잘려나가 지금은 바둑판을 만들 만한 나무가 거의 없어졌는데도 여전히 '피나무 바둑판'을 팔러 다니는 장수가 있다. 그러나 열대지방에서 나는 '아가티스(Agathis)'란 나무로 만든 가짜 피나무 바둑판이 대부분이다. 피나무 세포에는 나선무늬가 있어서 현미경만 있으면 간단히 확인이 가능하다. 평생 나무 세포의 현미경 관찰로 지낸 나에게도 가짜 피나무 바둑판을 들고 찾아와 사라고 조른다. 번지수를 한참 잘못 찾은 셈이다.

피나무는 껍질(皮)로 대표되는 나무다. 영어 이름인 베스우드(Basswood)나 라임(Lime), 혹은 린던(Linden)도 모두 껍질이란 뜻이다. 유명한 식물학자인 린네(Linne)도 피나무 이름에서 유래된 성이라고 한다. 속명인 'Tilia'는 그리스말인 '틸로스(tilos)'에서 유래되었는데 이 역시 껍질의 섬유를 가리킨다. 피나무가 이렇게 온통 껍질로 치장하는 데는 이유가 있다. 피나무 껍질은 섬유가 길고 질겨서 튼튼한 끈으로 쓰였기 때문이다. 새끼로 꼬아 굵은 밧줄을 만들었고, 촘

속리산 법주사 대웅전 앞에서 자라는 찰피나무(2008.06.10.)

촘히 엮어서 바닥에 까는 삿자리를 만들기도 했다. 또 껍질을 잘게 쪼개서 옷을 만들어 입기도 했다.

피나무 잎은 아기 손바닥만 한 크기에 가장자리에는 규칙적인 톱니가 있으며, 전체 모양은 완벽한 하트형이다. 초여름에 하트모양의 잎 사이로 깔때기 모양의 꽃차례에 작은 꽃이 모여 핀다. 꽃에는 강한 향기가 있고 꿀이 많아 대표적인 밀원식물로 비트리(Bee tree)란 별명을 갖고 있다. 꽃이 지면서 마치 장난감 헬리콥터의 날개를 닮은 포엽(苞葉)의 한가운데서 긴 열매 대궁이 나와 콩알 굵기만 한 열매가 열린다. 가운데에 비교적 단단한 씨앗이 들어 있는데, 이것으로 스님들의 염주를 만들기도 했다. 그래서 피나무를 '염주나무'라고도 부른다.

피나무의 또 다른 이름은 보리수다. 불교가 중국을 거쳐 우리나라에 들어오면서 부처님이 도를 깨우친 진짜 인도보리수는 따라오지 못했다. 아열대지방인 인도에서 자라는 나무라 북쪽 지방에서는 자랄 수가 없었던 탓이다. 그래서 인도보리수와 하트모양의 잎이 닮았고 염주를 만들 수 있는 열매가 열리는 피나무를, 아쉽지만 부처님의 인도보리수를 대신하여 심기도 했다. 이후 중국과 우리나라는 피나무를 심고 보리수라 불렀다. 오늘날 속리산 법주사를 비롯한 대부분의 절에 자라는 보리수는 피나무 종류다. 식물도감을 찾아보면 '보리수나무'가 있는데, 진짜 보리수와 피나무와는 전혀 관련이 없는 별개의 작은 나무다.

서양 사람들에게도 피나무는 각별한 의미가 있는 중요한 나무다. 희랍신화에 바우키스(Baucis)와 필레몬(Philemon)의 이야기가 나온다. 둘은 노부부로 가난하게 살고 있었는데, 제우스와 헤르메스는 인간의 심성을 알아보기 위하여 누추한 행색으로 변장하고 이들을 찾아왔다. 집집마다 문전박대를 당한 것과 달리 노부부는 극진히 대접했다. 제우스는 인간들을 벌하기로 마음먹고 노부부의 집만 화려한 신전으로 꾸미고 나머지는 모두 홍수에 쓸려가게 했다. 노부부는 신전에서 오랫동안 화목하게 살다가 훗날 서로의 몸에서 잎이 돋아나고 가지가 자라면서 나무로 변하여 함께 죽었다. 바우키스는 피나무가 되고, 필레몬은 참나무로 변하여 서로 뒤엉켜 살게 되었다는 것이다. 서양에서도 동양과 마찬가지로 피나무는 쓰임이 많은 귀중한 나무였음을 이 신화를 통해서 알 수 있다.

피나무 종류는 우리나라에 9종이 있지만 서로 비슷비슷하여 종의 구분이 매우 어렵다. 열매가 둥글고 능선이 없는 것이 피나무, 둥글고 기부에 희미한 줄이 있으면 찰피나무, 타원형이고 끝이 뾰족하며 다섯 개의 능선이 밑에서 끝까지 있으면 염주나무, 둥글고 밑부분에만 다섯 개의 능선이 있으면 보리자나무다.

1 산공재(散孔材): 가로 단면을 현미경으로 봤을 때 지름이 거의 같은 물관이 나이테 전체에 고르게 배열되어 있는 나무.

2 《세계의 신화 101》, 2001, 요사다 아츠히코/김수진, 아세아미디어.

3 《다산시선》, 정약용/송재소 역주, 1997, 창작과비평사.

4 대명률: 중국 명나라의 기본 법전으로서 홍무제 때인 1367년 당률(唐律)을 기본으로 제정.

5 《완역 일본서기》, 1997, 전용신, 일지사.

6 《아언각비》: 조선 후기 실학자인 정약용이 순조 19년(1819)에 간행한 수목명 등의 어원을 밝힌 책.

7 포엽: 꽃의 바로 아래나 주위에서 봉오리를 싸서 보호하고 있는 변형된 작은 잎.

8 《소나무》, 1995, 임경빈, 대원사.

9 《어우야담》, 2001, 유몽인/박명희 외 역주, 전통문화연구회.

10 최항(1409~1474): 조선 초기의 대학자로 집현전 부수찬이 되어 훈민정음 창제에 참여했다.

11 《한국의 松柏類》, 1986, 이영노, 이화여대출판부.

12 《문화재대관(文化財大觀)》, 1993, 문화재관리국.

13 상촌 신흠(申欽, 1566~1628): 조선 중기의 정치가이자 사상가이며 시조 작가.

14 타감작용(他感作用): 식물이 해로운 화학물질을 분비하여 다른 식물의 생장을 억제하는 현상.

15 집합과(集合果): 하나의 꽃턱(花托) 위에 여러 개의 꽃이 피고 열매가 모여 붙어 하나처럼 보이는 열매.

16 《개간인유》: 신라 말 이거인이란 사람이 거제도에서 경판을 새겨 해인사로 운반한 것을 기념하는 축하 법회를 열었다는 내용의 해인사 고문서.

17 《백석시전집》, 1987, 백석/이동순, 창작과비평사.

18 《팔만대장경의 비밀》, 2007, 박상진, 김영사.

19 《제왕운기(帝王韻紀)》: 고려 충렬왕 13년(1287)에 문신 이승휴가 중국과 한국의 역사를 시로 쓴 책.

20 《조선시대 이야기2》, 2001, 정연식, 청년사.

만나기 어려운 귀한 나무

/

가문비나무 / 가침박달 / 개느삼 / 구상나무 / 담팔수 / 댕강나무 / 등칡 / 만병초 / 망개나무 / 미선나무 / 백송 / 붓순나무 / 비쭈기나무 / 소귀나무 / 시로미 / 오구나무 / 팥꽃나무 / 황근 / 후피향나무 / 히어리

소나무과

학명: *Picea jezoensis*
영명: Yezo Spruce
일본명: エゾマツ蝦夷松
중국명: 鱼鳞云杉
한자명: 魚鱗松, 塔槍

가문비나무

북한의 개마고원은 해발 2,000미터가 넘는 봉우리가 이어지는 곳이다. 흔히 깊은 산골을 말하는 삼수갑산이 바로 이 일대다. 가문비나무는 겨울이면 삭풍이 몰아치는 이런 차가운 고산지대의 터줏대감들이다. 그것도 외톨이가 아니라 숲을 이루어 자란다. 주로 전나무, 잎갈나무 등과 함께인 경우가 많다. 강추위와 바람에 버티려면 혼자보다는 여럿이 모여 사는 것이 유리하다는 계산에서다. 남한에도 지리산 반야봉 일대와 덕유산, 오대산 등의 산꼭대기에 자라기는 하지만 숲을 이루지는 못하고 겨우 한두 나무씩 목숨만 붙어 있는 정도다.

가문비나무란 이름은 흑피목(黑皮木)에서 유래한 것으로 짐작된다. 비슷한 나무인 전나무나 분비나무에 비하여 상대적으로 껍질이 진한 흑갈색이어서, 처음에는 검은피나무로 불리다가 가문비나무가 된 것이다. 키 40미터에 둘레가 3~4미터까지도 자라며, 원뿔형의 나무가 큰 숲을 이루므로 집단 서식지는 아름다운 수해(樹海)를 만든다. 가지와 열매가 밑으로 늘어지는 독특한 모습도 볼 만하다. 순수 우리 가문비나무는 고산식물이라 평지에서는 잘 자라지 않으므로 유럽에서 들여온 독일가문비나무를 정원수로 흔히

만나기 어려운 귀한 나무

◀지리산 반야봉에서 자라는 가문비나무의 모습(2010.05.12.)

아래로 처지는 가문비나무 열매와 잎(2002.09.14. 대구수목원)

심는다.

　가문비나무는 아름다운 모습뿐만 아니라 재질이 좋기로 정평이 나 있다. 검은 껍질과는 달리 속살은 연한 황백색으로 흔히 전나무와 함께 '백목(白木)'이라고 부르기도 한다. 고급 내부 장식재로 이용되고, 종이를 만들면 탈색제를 덜 넣어도 고급 종이를 만들 수 있다. 또 나이테의 지름이 거의 일정하여 소리의 전달성이 좋으므로 고급 피아노의 향판(響板)은 대부분 가문비나무를 사용한다.

　가문비나무의 종류는 북반구의 한대지역에 약 40여 종이 분포되어 있으며, 특히 알래스카나 캐나다 등지에서 널리 자란다. 국제 목재시장에서는 '스프루스(spruce)'란 상품명으로 거래되며, 우리나라에도 많은 양이 수입된다. 한반도에는 종비나무, 풍산가문비나무가 같이 자라는 형제나무이나 모두 북한에만 분포한다.

중종 28년(1533)에 성절사 남효의의 보고 중에 "명의에게 물었더니 삼목(杉木)은 송진이 없는데, 이것은 송진이 있는 것으로 보아 필시 회목일 것이다"라는 대목이 나온다. 삼목은 전나무를 말하며 현미경으로 관찰해보면 정말 송진 구멍이 없고, 가문비나무는 송진 구멍이 있다. 따라서 여기서 말하는 회목은 가문비나무다. 그러나 옛사람들이 전나무와 가문비나무를 따로 구분하여 나타낸 것 같지는 않다. 가문비나무는 전나무와 함께 흔히 회목(檜木)이라고도 했다.

가문비나무와 전나무는 서로 속(屬)이 다른, 촌수가 조금 떨어진 나무이지만 모습은 매우 비슷하다. 2년생 가지에 잎이 붙은 자국이 까끌까끌하면 가문비나무 종류, 매끄러우면 전나무 종류로 구분하는 것이 가장 간단하다. 열매는 가문비나무가 아래로 처지고 전나무는 위로 곧추선다. 그러나 열매가 잘 달리지 않고, 달렸더라도 높은 곳에 있기 때문에 쳐다보기도 어려우니 열매로 가문비나무와 전나무를 구분하는 데는 한계가 있다.

새하얀 가침박달 꽃이 활짝 피었다(2010.05.20. 포항 내연산)

장미과
학명 : *Exochorda serratifolia*
영명 : Common Pearlbush
일본명 : ヤナギザクラ柳桜
중국명 : 齿叶白绢梅
한자명 : 柳櫻

가침박달

이름에 박달이 들어간 여러 종류의 나무 중 가침박달은 우리나라 중부 이북에서 자라는 흔치 않은 나무다. 더욱이 산림청에서 지정한 보존 우선순위 105번째의 식물이다.

가침박달은 산기슭과 계곡의 햇빛이 잘 드는 양지의 큰 나무 사이에 섞여 자라며, 키 1~5미터 정도의 작은 나무로 팔뚝 굵기면 제법 굵은 나무에 속한다. 잎은 손가락 2~3개를 합친 정도의 크기에 끝이 뾰족하며 윗부분에 톱니가 있다. 평범한 모양새의 나무이지만 꽃이 필 때면 눈에 금방 띈다. 대체로 5월 초순경 가지 끝에 3~6개씩 원뿔모양의 꽃이 모여 핀다. 꽃은 초록 잎과 같이 피는데, 눈부시게 하얗다. 다섯 장의 꽃잎은 사이가 조금씩 벌어져 있으며, 매끈하고 정연한 것이 아니라 주름이 져 있다. 전체적으로 꽃은 청순하고 깔끔한 맛이 나며, 한꺼번에 집단으로 피어 있을 때는 초록색의 캔버스에 흰 물감을 뿌려둔 것 같아 아름다움을 더한다.

열매의 모양도 좀 특별하다. 마른 열매인데 깃대 봉 모양으로 끝이 오목하게 패 있다. 또 씨방 여럿이 마치 바느질할 때 감치기를 한 것처럼 연결되어 있다. 속명 *Exochorda*는 희랍어로 바깥이라는 뜻의 엑소(exo)와 끈이라는 의미를 가진 코르드(chorde)의 합성어라고 한다. 역시 우리 이름과 마찬가지로 실로 꿰맨 것처럼 보이는

만나기 어려운 귀한 나무

가까이서 본 가침박달 열매(2010.05.13. 임실 덕천리)와 꽃(2010.05.08. 대구 앞산)

열매의 특징을 담고 있다. 이렇게 수만 리 떨어진 나라의 사람들이 식물의 특징을 우리와 꼭 같이 보았다는 사실이 신기하기만 하다. 씨방의 특징인 '감치기'와 박달나무처럼 단단한 재질을 가졌다는 의미를 합친 '감치기박달'이 변하여 가침박달이 된 것으로 보인다.

충북 청주시 명암동에는 화장사란 절이 있다. 대웅전 뒷산에는 거의 만여 평에 걸쳐 가침박달이 집단으로 자라고 있다. 이곳에서는 '가침보존회'란 단체를 만들어 보존하고 있으며, 매년 봄이 되면 가침박달 축제를 열기도 한다. 그 외에도 대구의 앞산 일대에는 수십 그루씩 집단을 이룬 곳이 발견되기도 했다. 전북 임실 덕천리에 있는 가침박달 군락은 가침박달이 자랄 수 있는 남방한계선이라 하여 천연기념물 387호로 지정하여 보호하고 있다. 그러나 군락이라고 하기에는 민망할 정도로 숫자가 적다. 가침박달은 우리의 산하에서 자라는 흔치 않은 식물로서 관상용으로도 가치가 있다. 간혹 어린 새싹을 데쳐서 나물로 먹기도 한다.

개느삼

강원도 동북부의 휴전선 턱밑, 인제 동면 임당초등학교 뒷산에는 천연기념물 372호 지정된 개느삼의 자람 터가 있다. 잘 알려져 있지는 않지만, 미선나무와 마찬가지로 우리나라에만 분포하는 귀중한 토종나무다. 개느삼속은 개느삼 한 종으로만 구성되어 있다.

개느삼은 1919년 우리나라 식물 분류학의 시조인 정태현 선생이 북한에서 처음 발견하였는데, 약용식물인 고삼(苦蔘)과 같은 종류로 알고 고삼속으로 분류했다. 이후 정밀조사에서 초본인 고삼과는 다른 나무이며, 뿌리로 번식을 하고 꽃 모양 등으로 보아 별개의

만나기 어려운 귀한 나무

노란 개느삼 꽃과 잎(2000.05.04. 인제 임당초교)

콩과
학명: *Echinosophora koreensis*
영명: Korean Necklace-pod
일본명: イヌクララ狗苦参
북한명: 느삼나무

속으로 취급해야 옳다고 생각했다. 이후 1923년 'Echinosophora' 속으로 등록하면서 우리나라 특산임이 증명되었다.

개느삼은 콩과 식물로 척박한 땅에서도 뿌리혹박테리아로 공중질소를 고정해가면서 살아가는 강인한 식물이다. 키가 허리춤 남짓한 작은 나무로 얼핏 보면 족제비싸리와 비슷하게 생겼다. 13~27개의 갸름한 작은 잎이 나란히 마주보기로 붙은 깃꼴 겹잎이 특징이다. 평소에는 눈에 잘 띄지 않지만 봄이 익어가는 5월 초가 되면 작은 노랑나비가 앉아 있는 듯 샛노란 꽃으로 우리의 눈길을 사로잡는다. 새 가지 끝에 손가락 마디보다 조금 큰 5~6개의 꽃이 달린다. 초록 잎을 배경으로 잔잔하게 피어 있는 꽃 모양은 귀엽고 매력적이다. 꽃이 좀 더 많이 달리게 하고 오래 피어 있게 육종하면 아름다운 꽃나무로 각광받을 수 있을 것 같다. 열매가 열리기는 하나 충실하게 잘 익어 대를 이을 수 있는 씨앗은 몇 개 생기지 않는다. 주로 땅속줄기로 뻗어나가면서 번식한다.

추위와 건조에 강한 편이고, 볕이 잘 드는 양지에서 군락을 형성하며 자란다. 그러나 산 능선 부근의 척박하고 건조한 땅에서 작은 육신을 버티고 살아가면서 씨까지 잘 만들지 않으니 혼자서 널리 퍼져 나가기는 어려운 나무다. 때문에 자연 상태에서는 한정된 자생지 이외에는 만날 수 없는 희귀식물이다. 환경부에서 지정한 멸종위기 2급 식물이다. 다행히 사람이 도와주면 번식도 잘되고 자람

◀ 콩꼬투리를 닮은 개느삼 열매(2010.07.18. 대구수목원)

도 까다롭지 않다.

평남 북창군 남양리 뒷산에 자라는 '북창 느삼나무 군락'은 북한 천연기념물 52호로 지정되어 특별보호를 받고 있다. 개느삼의 북한 이름은 느삼나무다. 《동의보감》 등의 옛 문헌에는 고삼을 너삼이라 하였으므로 처음 한글 이름을 지을 때는 개너삼이라고 했다. 이후 세월이 지나면서 지금의 우리 이름인 개느삼이 되었다. 북한은 '개'란 접두사를 싫어하여 느삼나무라 하고, 고삼은 능암으로 불러 개느삼과 고삼의 한글 이름 중복을 피했다.

개느삼이 남한에서도 자란다는 사실은 1965년 이창복 당시 서울대 교수에 의하여 처음 알려졌다. 경희대 생물학과에 강의를 나가던 그는 한 수강생으로부터 개느삼이 강원도 양구에서도 자란다는 이야기를 듣게 된다. 이를 확인하기 위하여 양구를 찾은 이 교수는 양구중학교에 보관 중인 식물표본을 확인하는 과정에서 실물 개느삼을 발견한다. 표본을 만든 학생을 데리고 가서 양구군 일대에서 자라는 남한의 자생지를 처음 찾아냈다. 이렇게 남한에서도 개느삼이 자란다는 사실이 밝혀진 뒤에도 20년이 넘는 세월이 흐른 1992년에야 양구 임당초등학교 및 한전초등학교 뒤쪽에 있는 나지막한 야산에서 자라는 개느삼 자생지를 천연기념물로 지정하게 된다. 최근에는 인제군 기린면과 남면, 양구군 남면 원리와 양구읍 웅진리, 양구군 방산면 금악리, 동면 월운리와 대암산 기슭, 그리고 춘천지역까지 계속 발견되고 있다.

구상나무

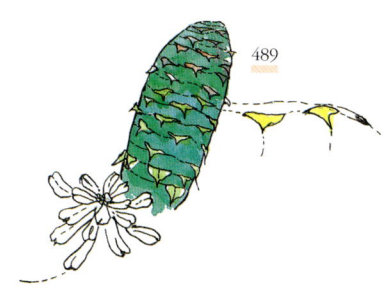

세계지도를 펴놓고 보면 우리나라는 정말 작은 나라라는 생각이 절로 든다. 게다가 이렇게 좁은 한반도에서만 자라는 식물은 그리 많지 않다. 너무 좁은 곳에서만 자라다가는 살아남기가 어려우니 당연한 일일 터다. 그래도 드물게 우리 땅에서만 자라는 식물이 있다. 구상나무와 미선나무, 개느삼이 대표적이지만, 큰 나무로서 우리의 관심을 끄는 것은 단연 구상나무다.

현재 구상나무의 자람 터가 모두 높은 산꼭대기라는 사실은 구상나무의 미래가 험난할 것임을 암시해준다. 구상나무는 한라산, 지리산, 덕유산, 가야산 등 남부 고산들의 해발 1천 미터가 넘는 곳에서만 만날 수 있을 뿐이다. 구상나무는 원래부터 따뜻한 곳을 좋아하지 않았다.

아득한 옛날 지구가 빙하기일 때 구상나무는 산 아래에서도 널리 자랐다. 그러나 빙하가 북으로 밀려나고 기온이 높아지자 구상나무는 차츰차츰 온도가 낮은 산 위쪽으로 올라가기 시작했다. 이제는 더 이상 갈 데가 없는 맨 꼭대기까지 올라와 버린 것이다. 더 물러날 곳이 없으니 구상나무는 멸종위기 식물의 반열에 올랐다. 이런저런 이유로 하나둘 죽어가는 구상나무를 흔히 볼 수 있다. 한라산이나 지리산 꼭대기에서 처량하게 형해(形骸)만 남은 고사목들은

만나기 어려운 귀한 나무

위로 곧추서 있는 구상나무 열매와 잎(2005.06.18. 제주 산굼부리)

소나무과
학명: *Abies koreana*
영명: Korean Fir
일본명: チョウセンシラベ 朝鮮白檜
중국명: 朝鮮冷杉
한자명: 濟州白檀

대부분 구상나무다.

　구상나무를 처음 찾아내 학명을 붙이고 학회에 보고한 사람은 윌슨(Ernest Henry Wilson, 1876~1930)이다. 그는 미국의 유명한 아놀드 수목원에서 근무하고 있었는데, 1915년경 제주도에서 구상나무를 처음 채집하여 1920년에 신종으로 발표했다. 이보다 앞서 우리나라 식물의 대부분을 조사하여 현대적인 분류를 한 일본인 나카이(Nakai)는 그때까지도 구상나무가 분비나무와 같은 나무로 알고 있었다. 사실 전나무, 분비나무, 구상나무는 같은 전나무속(屬)으로서 형태가 비슷하다. 특히 분비나무와 구상나무는 매우 닮았다. 분비나무는 솔방울을 이루는 비늘의 뾰족한 돌기가 곧바르고, 구상나무는 뒤로 젖혀지는 것이 차이점이다. 식물 관찰로 날을 지새운 나카이지만 이 간단한 특징을 놓치는 바람에 윌슨에게 새로운 종을 찾아내는 영광을 빼앗겨 두고두고 억울해했다고 한다.

　구상나무는 분비나무를 선조로 하여 생긴 파생종이라고 한다. 당연히 분비나무와 비슷한 점이 많고, 구상나무 씨를 심으면 분비나무가 다수 나온다. 유전 다양성이 낮고 유전자 소실 위험성도 높아 구상나무의 보존에 보다 과학적인 연구가 필요하다. 구상나무는 열매의 색깔에 따라 푸른구상, 붉은구상, 검은구상나무 이렇게 3품종으로 나누기도 한다.

　구상나무는 키 20미터, 줄기둘레가 한 아름이 넘게 자랄 수 있으며 줄기도 곧바르다. 전나무와 마찬가지로 좋은 재질을 가지고 있어서 여러 쓰임이 있으나 벨 수가 없으니 그림의 떡이다. 한때 남한의 높은 산에는 구상나무가 숲을 이루어 자라고 있었다. 대표적인

한라산 고지대에서 만날 수 있는 구상나무(2005.06.18.)

곳이 지리산이었는데, 1960년대 말 지리산에 제재소까지 차려 놓고 굵은 구상나무를 도벌한 사건은 우리나라 산림 파괴의 잊지 못할 사례로 지금도 아쉬움이 남는다.

 구상나무는 어릴 때부터 원뿔형의 아름다운 수관을 갖고 있으며, 잎이 부드럽고 향기까지 갖고 있어서 크리스마스트리로 인기다. 우리나라 구상나무는 프랑스 신부인 타케(Emile Joseph Taquet, 1873~1952)와 포리(Urbain Faurie, 1847~1915) 등이 1900년대 초에 전국에 걸쳐 수많은 식물을 채집하여 유럽과 미국에 보낼 때 함께 시집갔다. 이들이 보낸 식물들은 오늘날 종자 전쟁이라고 할 만큼 각국이 자기 나라 식물의 종자 확보에 총력을 기울이고 있는 현실에서 본다면, 곱게만 보이지는 않는다. 그때 건너간 구상나무는 계속 품종개발이 되어 '명품 크리스마스트리'로 변신하고 있다.

담팔수

제주도 서귀포 구시가지에 자리 잡은 천지연 폭포. 울창한 난대림 숲으로 둘러싸인 폭포 주변은 일상의 번뇌를 잠시나마 잊을 수 있는 아름다운 자연이 펼쳐진다. 수많은 상록수가 하늘을 가리는 숲 속에는 '담팔수(膽八樹)'라는 생소한 이름의 나무 몇 그루가 자란다.

담팔수는 우리나라의 제주도, 일본 규슈, 오키나와, 타이완, 중국 남부 등 난대에서부터 아열대에 걸쳐 자라는 늘푸른나무다. 드물게 아름드리로 자라기도 하지만, 대체로 키 10여 미터, 지름 20센티미터 전후의 나무를 흔히 만날 수 있다. 잎은 손가락 길이보다 조금 더 길고 너비도 손가락 굵기보다 약간 넓은 긴 타원형이다. 잎이 도톰하고 가장자리에 잔잔한 물결모양의 톱니가 있는 것은 흔히 볼 수 있는 늘푸른나무들과 크게 다르지 않다. 다만 담팔수 잎은 다른 나무에서는 볼 수 없는 특징이 하나 있다. 1년 내내 초록 잎만으로는 너무 심심하다고 생각했는지 빨간 잎을 가진 단풍이 몇 개씩 꼭 섞여 있는 것이다. 담팔수가 특허를 낸 잎갈이 방식이다.

늘푸른나무라고 하여 한 번 만들어진 잎이 평생 그대로 달려 있는 것은 아니다. 갈잎나무처럼 가을철에 한꺼번에 잎이 지지 않을 따름이지 늘푸른나무도 자기 방식대로 잎갈이를 한다. 소나무 종류는 오래된 잎이 황갈색으로 물들어 차츰 낙엽이 지는 현상을 볼

만나기 어려운 귀한 나무

여름에도 단풍이 섞여 있는 담팔수 잎(2007.08.31. 제주)

담팔수과
학명: *Elaeocarpus sylvestris* var. *ellipticus*
일본명: ホルトノキ
중국명: 杜英
한자명: 膽八樹

수 있고, 사철나무도 봄에 새잎이 나오면 묵은 잎은 차츰 떨어져 나간다. 그러나 담팔수는 진초록의 잎사귀 중에서 계절에 관계없이 하나둘씩 빨갛게 단풍이 든다. 1년 내내 천천히 조금씩 잎갈이를 계속하는 셈이다. 이를 두고 사람들은 담팔수란 이름과 연관을 짓는다. 제주도 관광가이드는 여덟 잎 중에 하나는 항상 단풍이 든다고 하여 붙은 이름이라고 설명한다. 또 어떤 이는 나뭇잎이 여덟 가지 빛을 낸다고 하여 붙여진 이름이라고도 한다. 처음에 이름을 붙인 사람이 명확한 기록을 해두지 않은 이상 이름의 연유는 어차피 말이 많을 수밖에 없다. 여러가지 상황을 고려해볼 때 담팔수란 중국 이름이 그대로 우리에게 전해진 것으로 생각된다. 담팔수는 모습에서 이름까지 이래저래 사람들의 눈길을 잡아두는 매력적인 남국의 나무이자 보호받고 아껴야 할 가치 있는 나무다.

여름에 들어서는 6~7월에 걸쳐 꼬리모양의 긴 꽃차례에 작은 꽃이 하얗게 핀다. 열매는 안에 딱딱한 씨가 들어 있는 핵과이며, 손가락 마디만 한 것이 처음에는 초록색이었다가 익으면 검푸른 빛이 된다. 속명(屬名) '*Elaeocarpus*'는 '올레오(Elaeo)'가 올리브, '칼퍼스(carpus)'는 열매란 뜻이 포함되어 있다고 한다. 담팔수의 일본 이름에는 포르투갈의 나무란 뜻이 들어 있다. 올리브가 일본에 처음 들어왔을 때는 포르투갈 기름이라고 불렸는데, 담팔수 열매가 얼핏 보면 올리브 열매처럼 생긴 탓이라고 한다. 담팔수의 잎은 자라는 지역이 비슷한 소귀나무와 너무 닮았다. 그러나 소귀나무는 붉은 단풍잎이 섞이는 일이 거의 없고 잎의 가장자리가 담팔수와는 달리 매끈하여 톱니가 없다.

익어 가고 있는 담팔수 열매(2001.09.15. 제주)

담팔수는 자연 상태에서 흔히 만날 수 있는 나무가 아니다. 사람들이 잘 접근할 수 없는 곳에 겨우 살아남아 있을 뿐이다. 현재 특별보호를 받고 있는 나무는 천지연 폭포 서쪽 언덕에서 자라고 있는 네 그루다. 키가 약 9미터 정도이며, 뒤쪽이 급한 경사지여서 가지가 물가를 향해 퍼져 있다. 원래 다섯 그루였으나 2002년 루사 태풍 때 한 그루가 없어져 버렸다. 제주도는 아열대 식물인 담팔수가 자랄 수 있는 북쪽 한계지역이므로, 자생지는 식물분포학상 연구가치가 높아 천연기념물로 지정·보호하고 있다. 이외에도 천제연폭포 계곡 서쪽 암벽에는 제주도기념물 14호로 지정된 담팔수가 있으며, 안덕계곡과 섶섬에도 자라는 곳이 있다.

댕강나무

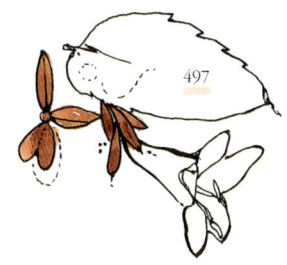

댕강나무는 의성어에서 유래된 이름이라고 한다. 나뭇가지를 꺾으면 '댕강' 하고 부러진다고 하여 '댕강나무'란 이름이 붙여진 것으로 알려져 있다. 국어사전을 찾아보면 댕강의 뜻은 작은 쇠붙이가 부딪칠 때 나는 맑은 소리라고 하였으나, 우리가 알고 있는 '댕강'은 망나니의 칼 휘두름에 목이 달아나는 끔직한 장면이 상상된다. 사실 댕강나무를 부러뜨려 보면 댕강 하고 부러지지는 않는다. 왜 댕강이란 의성어가 붙었는지 그 사연이 궁금하다.

만나기 어려운 귀한 나무

여름에서부터 늦가을까지 이어서 꽃이 피는 꽃댕강나무(2009.09.05. 제주)

인동과

학명: *Abelia mosanensis*
영명: Mangsan Abelia
일본명: モウザンツクバネウツギ
중국명: 六道木
한자명: 孟山六條木

어쨌든 댕강나무는 이름의 독특함 때문에 우리에게 친근하게 다가온다. 그러나 진짜 댕강나무를 만나기란 쉽지 않다. 분포지가 북쪽의 산악지방인데다 흔치 않아서다. 댕강나무는 우리나라 1세대 식물학자인 정태현 박사가 일제강점기 때 북한의 평안도 맹산에서 처음 발견했다. 덕분에 '*Abelia mosanensis* Chung'이라는 학명의 명명자(命名者)에 정 박사의 성이 들어 있다. 우리 식물 중에 이렇게 우리나라 학자의 이름이 들어간 경우도 흔치 않다. 불행히도 우리는 개화가 늦어지면서 다른 나라들에 비해 신학문의 받아들임이 한 박자 뒤처진 탓에, 우리 식물임에도 불구하고 모두 외국인들이 먼저 학명을 붙여버렸다.

댕강나무속은 세계적으로는 약 30종이 있으며, 우리나라에는 7~8종 정도가 자란다. 다만 분류가 복잡하여 아직도 확정적으로 검증되지 않은 종이 있을 정도다. 이영노 교수는 댕강나무속의 큰 집격인 댕강나무를 비롯하여 털댕강나무, 섬댕강나무, 바위댕강나무, 좀댕강나무, 주걱댕강나무, 줄댕강나무의 7종으로 분류하였고, 이창복 교수는 정선댕강나무와 큰꽃댕강나무(꽃댕강나무)를 더 넣어 9종으로 분류했다. 이처럼 학자들 사이에서도 의견 차가 있고, 종 간의 특징이 명확하지 않아 구분이 더욱 어렵다.

댕강나무속의 대표인 댕강나무는 키가 2~3미터가 고작인 작은 나무로 밑에서부터 줄기가 여럿으로 갈라진다. 잎은 마주보기로 달리며, 종에 따라 약간의 차이가 있으나 댕강나무는 톱니가 없다. 특징적인 형태는 줄기에 여섯 개 전후로 세로 줄이 있어 육조목(六

◀ 정선 고양산에서 자라는 털댕강나무 줄기 모습(2006.06.01.)

條木)이라고도 부른다. 이렇게 줄기에 골이 생기는 나무는 흔치 않으므로 다른 나무와 쉽게 구분된다. 진짜 댕강나무는 골이 아주 얕게 생기며, 털댕강나무나 줄댕강나무 등은 더 깊고 명확한 골이 생긴다.

우리나라에서 자라는 댕강나무속의 나무들은 댕강나무 이외의 종(種)도 대부분 희귀수종이라서 만나기가 어렵다. 다만 원예 품종인 꽃댕강나무는 정원수로 널리 심기 때문에 비교적 우리 주변에서 자주 볼 수 있다. 일반 사람들이 댕강나무라고 부르는 수종은 대부분 꽃댕강나무다.

꽃댕강나무는 이른 봄, 진한 녹색의 작은 잎을 단 가느다란 가지가 나올 때부터 사람들의 눈길을 끈다. 여름에 들어서면 가지 끝에 꽃이 피는데, 길이 2센티미터 정도의 작은 나팔모양의 붉은보랏빛 꽃통은 녹색 잎과 대비된다. 이 꽃통은 끝이 다섯 개로 갈라지면서 지름 1센티미터 정도의 하얀 꽃이 피어 늦가을까지 꽃 피기를 계속한다. 꽃에서 강한 향기를 내뿜어 금방 꽃댕강나무가 어디 있는지 찾아낼 수 있다. 꽃댕강나무는 다른 댕강나무가 낙엽이 지는데 반해 반상록이므로 남부지방에서는 겨울에도 잎을 달고 있다. 댕강나무속의 영어 일반명은 속명 그대로 '아벨리아(Abelia)'라고 한다. 19세기 초 처음으로 중국에 들어간 식물학자이자 의사였던 영국인 아벨(Abel)의 이름에서 따온 것이다. 아벨리아란 이름은 이처럼 댕강나무속 전체를 말할 때도 있지만, 꽃댕강나무만을 가리키는 경우도 많다.

등칡

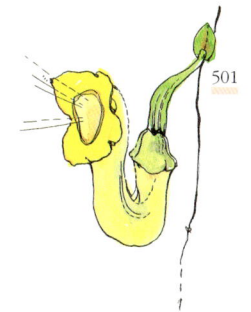

백두대간의 줄기를 타고 금강산, 설악산을 거쳐 남쪽으로는 가지산까지 태백준령의 깊은 계곡에서 맑은 물만 마시고 살아가는 낙엽 나무덩굴이 있다. 다른 나무를 타고 올라가는 모양은 등나무와 같으나 잎을 보면 칡처럼 생겨서 등칡이란 이름이 붙여졌다. 또 초본식물인 쥐방울덩굴과 열매가 닮았으나 더 크다 하여 큰쥐방울덩굴이라고도 한다.

식물의 잎은 동물로 치면 얼굴에 해당하고 꽃은 생식기관이다.

만나기
어려운
귀한 나무

등칡 열매(2006.06.09. 울산 가지산)

커다란 하트모양 잎과 덩굴 줄기(2009.06.11. 청송 주왕산)

쥐방울과
학명 : *Aristolochia manshuriensis*
영명 : Manchurian Dutch-manspipe
일본명 : マンシウウマノスズクサ
중국명 : 东北马兜铃
한자명 : 通草

식물은 아름다운 꽃을 피우고 꿀을 만들고 향기를 내는 등 온갖 정성을 쏟아 곤충을 꾀어내야 한다. 그래야만 암수가 서로를 찾아 수정이란 단계를 거쳐 대를 이어가기 때문이다.

등칡은 꽃 모양새를 가꾸는데 감히 어느 누구도 따라갈 수 없는 독보적인 나무다. 흔히 만날 수 있는 꽃 모양처럼 몇 장의 꽃잎을 펼치고, 가운데 암술과 수술이 모여 있는 벚꽃이나 코스모스 꽃과 같은 평범함을 그는 처음부터 거부했다. 신록이 익어가는 5월, 등칡 꽃은 잎이 피어나면서 마치 숲속의 오케스트라를 연주하려는 듯 잎자루 사이마다 손가락 굵기만 한 귀여운 '아기 색소폰'을 매단다. 처음에는 나팔 부분이 연한 녹색의 삼각형으로 꽃봉오리를 만들고 있다가 샛노란 꽃을 피운다. 하나하나가 정확한 삼각형 모양의 꽃잎 세 장은 신기하게도 완전히 피면서 새끼손가락이 들어갈 정도의 '동굴입구'를 동그스름하게 둘러싸게 된다. U자형 모양의 동굴로 6~7센티미터쯤 들어가면 갑자기 동굴이 넓어지고 끝에 암술이 얌전히 자리 잡고 있다.

무슨 이유 때문에 이렇게 괴상하게 생긴 꽃을 만들었을까? 암수가 딴 나무인 등칡의 수꽃가루를 잔뜩 묻힌 곤충이 등칡 꽃에 현혹되어 블랙홀 같은 동굴에 들어가면 빠져나오기 위해 바둥거리기 마련이다. 이때 곤충에 묻어 있던 꽃가루를 아낌없이 받아 수정을 간편하게 하려는 속셈이다. 그러나 동굴 절벽을 다시 기어올라 나팔 입구로 되돌아 나오기란 쉽지 않다. 한마디로 남을 이용하여 목적달성을 하고 난 다음에는 더 이상 내 알 바가 아니라는 것이다. 자연의 법칙이라고 하기에는 너무 비정하다.

활짝 핀 등칡 꽃과 꽃봉오리(2004.05.10. 청송 주왕산)

덩굴 길이가 10여 미터에 달하고 지름이 팔목 굵기 정도에 이르기도 하며, 새로 나온 가지는 녹색이지만 오래되면 회갈색으로 변하고 갈라진다. 잎은 손바닥을 펼친 정도의 크기로 톱니가 없으며 완전한 하트모양이다. 가을에는 길이 10여 센티미터에 엄지손가락 굵기의 긴 타원형 열매가 열리는데, 표면에 여섯 개의 골이 져 있다. 마치 작은 수세미처럼 생겼다.

등칡의 줄기는 이뇨(利尿) 및 진통제로 쓰이는 한약재다. 옛 이름은 통초(通草)라고 하여 세종 5년(1423)의 《조선왕조실록》 기록을 보면 향약(鄕藥)으로 이름이 나오고, 《세종실록지리지》에도 황해도 특산물로 기록되어 있다. 그러나 오늘날 통탈목이라는 상록관목을 통초라고도 하여 한자 이름에 혼란이 있다.

만병초

만병초(萬病草)를 비롯한 골담초, 죽절초, 낭아초, 인동초(인동덩굴) 등은 이름에 초(草) 자가 들어 있어서 풀로 오해하기 쉬운 나무들이다. 머리 아픈 식물분류학의 명명규칙을 따르지 않아도 별 문제가 되지 않았던 옛사람들은 보는 느낌 그대로 마음 편하게 이름을 붙였다.

만병초는 추울 때 영하 20~30도씩은 기본으로 내려가는 지리산, 울릉도 성인봉, 태백산, 설악산, 백두산 등 우리나라의 대표적인 산의 꼭대기에서 자란다. 넓은잎나무이면서 겨울날 잎을 떨어뜨리지 않고 푸른 잎사귀를 그대로 매단 채 추위와 맞장을 뜬다. 그것도 가느다란 바늘잎이 아니라 잎 길이 8~20센티미터, 너비 2~5센티미터의 제법 큰 잎을 달고서 말이다. 추위 대비로서 잎 표면에 왁스 성분을 보강하여 반질반질하고 좀 두꺼운 것이 고작이다. 추위가 최고조에 달해도 잎을 세로로 둥글게 말아 표면적을 좁히고 수분증발도 줄이는 정도다.

잎은 가지 끝에 5~7개씩 모여 난다. 키가 3~4미터 정도까지 자라지만, 실제 만날 수 있는 나무는 옆으로 가지가 벌어질 뿐 대부분 1~2미터 정도다. 겨울날의 산꼭대기는 온통 새하얀 눈 나라가 되고, 매서운 바람이 휘몰아치는 곳으로 생물이 살아가기에는 최악

만병초 꽃과 잎(2010.04.11. 일본)

진달래과
학명: *Rhododendron brachycarpum*
영명: Fauriei Rosebay
일본명: ハクサンシャクナゲ石楠花
중국명: 牛皮杜鵑
한자명: 萬病草

의 조건이다. 왜 이런 곳에서 추위에 불리한 늘푸른잎을 달고 살아 가는지는 알 수 없지만 겨울 만병초는 애처롭기 그지없다.

만병초는 봄날의 우리 산을 아름답게 가꾸어 주는 진달래와 아주 가까운 형제나무다. 진달래 종류로는 갈잎나무로서 진달래와 철쭉, 늘푸른나무로는 만병초, 꼬리진달래, 황산차 등이 있으며, 모두 추운 곳에서 자란다. 만병초는 늦봄이나 초여름날 하얀 꽃이 가지 끝에 10~20개씩 모여 피는데, 군락을 이루는 곳에서는 진달래처럼 장관을 이룬다. 울릉도 성인봉에는 분홍 꽃이 피는 홍만병초, 백두산에는 노랑만병초가 자란다.

만병초가 살아가기 힘든 것은 추위만이 아니다. 이름이 '만병을 고칠 수 있는 풀'이란 뜻이다 보니 사람들이 가만둘 리가 없다. 잎을 달여 마시면 모든 병이 낫는다고 믿었다. 때문에 모여 자람을 좋아하는 만병초지만 남한에서 만병초 군락은 거의 없어졌고, 어쩌다 한두 그루씩 만나는 나무도 알려지기만 하면 금세 잘려나가 버린다. 그래서 지금은 산에서 만병초를 만나기가 하늘의 별 따기보다 어렵다. 게다가 만병초는 환경부에서 지정한 멸종위기 식물이다. 그래도 웬만한 꽃집에 가면 구할 수 있다. 꽃이 아름다워 화분에 담아 판매하는 탓이다. 희귀식물을 산에서 찾기보다 꽃집에서 훨씬 쉽게 찾을 수 있는 현실이 안타까울 따름이다.

만병초란 이름과는 달리 만병통치약과는 거리가 멀다. 원래 만병초를 비롯한 진달래 종류는 '로도톡신(rhodotoxin)'이란 마비성 독을 함유한 유독식물이다. 잘못 먹으면 토하고 설사를 하며 심하면 호흡곤란까지 일으킨다. 약으로 잎과 줄기를 달여 마시거나 차나 술

조금씩 잎갈이를 하고 있는 만병초(2009.10.23. 서울 산림과학원 구내)

을 담아 이용하고 있다. 여러 가지 약효가 알려져 있지만 함부로 먹었다가는 오히려 만병을 고치는 것이 아니라 만병을 얻게 된다. 그렇기 때문에 신중하게 복용해야 할 필요가 있다.

 일부에서는 중국 한약재인 석남(石南)과 잎 모양이 비슷하여 같은 약으로 잘못 알고 사용할 뿐 실제로는 약효가 거의 없다는 주장도 있다. 현대 과학으로도 이름처럼 만병통치약이 아니라 오히려 유독식물임이 증명된 셈이다. 어쨌든 혹독한 추위와 의연히 맞서서 눈 덮인 고산의 겨울 풍광을 초록으로 아름답게 장식해주는 만병초의 자연 그대로의 모습을 다시 볼 수 있게 되기를 기대해본다.

망개나무

경상도와 전라도의 남부지방에서는 청미래덩굴을 망개나무라고 부른다. 하지만 이는 지방 사투리일 따름이고 공식 이름인 망개나무는 청미래덩굴과 아무런 관련이 없다. 청사조, 먹년출과 함께 갈매나무과 망개나무속에 속해 있는 전혀 별개의 나무다.

우선 망개나무의 내력부터 잠시 알아보자. 1923년 정태현 박사는 우리나라에서 처음으로 망개나무를 찾아내어 특산종으로 학회에 보고했다. 그 이후에도 망개나무는 상당기간 우리나라 특산나무로 알려졌으나, 일본 현대 식물분류학의 아버지라 불리는 마키노 도미타로(牧野富太郎) 씨가 1894년에 그의 고향인 고지현(高知県)에서 찾아낸 일본 망개나무도 있었다. 또 중국 남부에서 자라는 중국 망개나무도 있었다. 한·중·일의 망개나무를 서로 다른 나무로 알았으나 최근 같은 나무라고 하여 지금 우리가 쓰는 학명으로 통합되었다.

이처럼 동양 3국에서 모두 자라다 보니 평범한 나무로 알기 쉽지만, 세계적인 희귀수종으로 이름이 올라 있다. 한 아름 남짓에 나이가 100년만 넘어도 벌써 천연기념물의 반열에 오를 만큼 귀한 존재다. 속리산 탑골암, 제천 송계리 충북대 연습림에 자라는 망개나무는 각각 천연기념물 207호와 337호로 지정되어 있고, 괴산 사담

만나기 어려운 귀한 나무

리에는 망개나무가 자라는 계곡 전체가 천연기념물 266호로 지정 되었다. 최근에는 포항의 내연산에서도 아름드리 망개나무가 발견 되었다고 한다.

우리나라의 주된 자람 터는 속리산, 월악산, 주왕산, 내연산을 잇는 중부 내륙지방의 지극히 한정된 지역이다. 또 자연 번식이 어려워 집단으로 자라는 곳이 거의 없고, 각자 혼자서 다른 나무와 경쟁하느라 나무 수도 얼마 되지 않는다. 자연히 가까운 친척의 꽃가루를 받아 씨를 만드는 일이 잦아진다. 자기 꽃가루에 의한 교배가 반복되다 보니 흔히 말하는 '자식약세(自殖弱勢)' 현상이 자꾸 나타나기 마련이다. 이렇게 만들어진 씨는 자람이 나쁘고 번식력이 약하여 자연 상태에서 살아남을 가능성이 희박하다. 산림청 자료에 보면 약 2백만 개의 씨앗 중 겨우 한 그루 정도만이 큰 나무로 자랄 수 있다고 한다. 당연히 주위의 다른 나무에 밀릴 수밖에 없다. 망개나무는 어쩔 수 없이 인간의 보호를 받아야만 할 운명이다. 번식력마저 약하니 망개나무는 이래저래 만나기 어려운 희귀수종의 자질을 모두 갖추고 있는 셈이다.

나무는 줄기가 곧바르며, 키 15미터 전후까지 자라는 큰 갈잎나무다. 줄기는 나이를 먹으면 세로로 긴 그물모양으로 갈라지며 회흑색이 된다. 잎은 어긋나기로 달리고 긴 타원형이며, 끝이 뾰족하고 손가락 길이보다 약간 길다. 잎 표면은 다른 넓은잎나무보다 맑고 짙은 녹색이면서 잎맥이 뚜렷하며 가장자리는 물결모양의 톱니가 있거나 밋밋하다.

◀제천 송계리 산중턱에서 자라는 천연기념물 337호 망개나무 (2006.06.06.)

갓 피기 시작한 망개나무 꽃과 잎(2010.07.08. 포항 내연산)

꽃은 초여름 한 나무에 암꽃과 수꽃이 같이 피며, 동시에 일제히 피는 것이 아니라 계속하여 오랫동안 이어진다. 새끼손톱 반만 한 크기의 작은 연노랑 꽃이 짧은 꽃대를 뻗어 원뿔모양의 꽃차례에 달린다. 꽃이 적은 시기에 비교적 많은 꽃이 오래 피므로 밀원식물로 가치가 높다. 열매는 핵과로서 팥알 크기의 긴 타원형으로 황갈색을 거쳐 가을에 붉게 익는다.

망개나무는 비중이 0.8이 넘는 단단한 나무다. 또한 가지가 곧게 뻗고 자람도 비교적 빠르다. 재질이 질겨서 농기구를 만들기에 적합하며, 비중이 높아 땔감으로도 안성맞춤이다.

미선나무

옛 역사극의 궁중 연회 장면을 보면 시녀 둘이 귓불을 맞붙여 놓은 것 같은 커다란 부채를 해 가리개로 들고 있는 장면이 흔히 나온다. 이것의 이름이 바로 미선(尾扇)이다. 미선은 대나무를 얇게 펴서 모양을 만들고 그 위에 물들인 한지를 붙인 것으로 궁중의 가례나 의식에 사용되었다. 20세기 초 처음 미선나무를 발견하여 이름을 붙일 때, 열매 모양이 이 부채를 닮았다고 하여 미선나무라 했다.

미선나무 열매는 꽃이 지고 처음 열릴 때는 파란색이지만, 익어 가면서 차츰 연분홍빛으로 변하고 가을이 깊어지면 갈색이 된다. 하나하나가 작고 귀여운 공주의 시녀들이 들고 있는 진짜 미선을 보는 것 같다.

만나기 어려운 귀한 나무

미선나무는 20세기 초 일본인들이 한반도의 자생식물을 조사할 때 처음 발견되었다. 대부분의 우리나라 나무들은 지리적으로 가까운 중국과 일본에서도 같이 자라지만, 미선나무는 오직 우리나라에서만 자란다. 물푸레나무과(科)는 비교적 자손이 많은 대종가다. 이들 중 미선나무속(屬)이란 가계 하나를 차지하고 있지만, 어쩐 일인지 다른 종(種)의 형제를 두지 못하고 대대로 달랑 외아들로 이어오고 있다. 종이 우리나라에서만 자라는 경우가 더러 있기는 하지만 미선나무처럼 속 전체가 세계 어느 곳에도 없고 오직 우리

미선나무 꽃은 개나리꽃과 비슷하나 색깔이 하얗고 크기가 작으며 더 일찍 핀다(2009.03.29. 괴산)

물푸레나무과
학명：*Abeliophyllum distichum*
영명：White Forsythia
일본명：ウチワノキ団扇の木
중국명：朝鮮白连翘
한자명：美扇, 團扇木

강산에만 자라는 경우는 흔치않다. 이런 점 때문에 관련 전공 학자들은 물론 우리 모두 크나큰 관심을 갖게 된다. 미선나무는 1924년 미국의 아놀드 식물원에 보내지면서 세계적으로 알려지게 되었으며, 1934년에는 영국 큐(Kew) 식물원을 통하여 유럽에도 소개됐다.

미선나무가 자라는 지역은 충북 괴산과 영동, 전북 부안 등 중남부지방에 한정된다. 이름이 알려지고 유명해져 사람들이 여기저기 심어도 기후나 땅을 별로 가리지 않는 것으로 보아 처음부터 어느 지방에서만 자라는 까다로운 나무는 아니었던 것 같다. 우리가 알 수 없는 이유 때문에 차츰 한반도의 구석으로 밀려나서 간신히 생명을 부지하고 있을 따름이다. 그러나 이제는 사람과 인연을 맺고 살아가게 되었으니 적어도 대(代)가 끊길 염려는 없어졌다.

미선나무는 가지가 아래로 늘어지는 경향이 있으며, 키는 1미터를 겨우 넘긴다. 정원수로 키운 나무를 보면 지름이 10여 센티미터에 키가 3미터에 이르기도 하지만, 자생지에서 자라는 미선나무는 손가락 굵기가 고작이다. 또한 포기를 이루고 떼거리로 모여 사는 경향이 있다. 매화, 목련, 생강나무 등 부지런한 봄꽃들의 향연이 거의 끝나갈 즈음, 깜박 늦잠에서 깨어난 듯 가느다랗고 엉성해 보이는 작은 갈색의 가지에 잎보다 먼저 꽃망울을 달기 시작한다. 꽃이나 잎 모양이 개나리를 너무 닮아 영어 이름이 아예 흰개나리라고 할 정도로 비슷하다. 그러나 노랑꽃이 아니라 새하얀 꽃이 피며, 개나리와는 달리 크기도 작고 피는 시기도 더 빨라 분명히 다른 집안임을 확인시켜주고 있다.

여러 개의 꽃들이 작은 방망이처럼 이어서 달리고, 네 갈래의 기

부채모양의 미선나무 열매와 잎(2010.06.01. 경복궁)

다란 꽃잎은 노란 꽃술을 스쳐가는 꽃샘바람이라도 막아주려는 듯 하얀 날개를 살짝 펼치고 있는 모습이 너무 정겹다. 이뿐만이 아니다. 따사로운 햇빛에 묻어나오는 은은한 향기는 봄 아지랑이로 피어올라 우리의 코끝을 스쳐갈 때 초봄의 상쾌함을 느끼게 해준다.

하얀 꽃으로 대표되는 미선나무 외에도 분홍빛을 띤 분홍미선, 맑고 연한 노란빛의 상아미선, 빛의 각도에 따라 색깔이 달리 나타나는 푸른미선 등 몇 가지 품종도 나무에 대한 신비스러움을 더하게 한다. 자연적으로 자라는 충북 괴산과 영동, 전북 부안 등의 집단 서식지 중에서 네 곳이나 천연기념물로 지정하여 보호하고 있으니 파격적인 대접을 받고 있는 셈이다.

백송

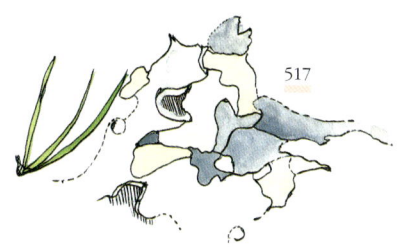

만나기
어려운
귀한 나무

　백송(白松)은 여러 가지 모습을 가진 소나무 종류 중 하나다. 나무 전체가 하얀 것이 아니라 줄기가 회백색이라서 멀리서 보면 거의 하얗게 보인다. 무엇이든 생김이 독특하면 금세 눈에 띄기 마련인데, 백송도 한 번 보기만 하면 잊어버릴 수 없을 만큼 인상이 남는다. 하얀 얼룩 껍질이 트레이드마크이기 때문이다. 주변에서 흔히 볼 수 있는, 껍질이 거북이 등처럼 갈라지는 흑갈색의 일반 소나무와는 사뭇 다르다.

　백송의 껍질이 처음부터 하얀 것은 아니다. 어릴 때는 거의 푸른 빛이었다가 나이를 먹으면 큰 비늘조각으로 벗겨지면서 흰빛이 차츰차츰 섞이기 시작한다. 시간이 지날수록 점점 흰 얼룩무늬가 많아지다가 고목이 되면 거의 하얗게 된다. 사람이 나이를 먹을수록 머리가 점점 백발이 되듯, 백송의 일생은 이렇게 하얀 껍질로 나잇값을 한다. 사람과 다른 것이 있다면 나이를 아무리 먹어도 하얀 껍질이 결코 추하지 않다는 사실이다.

　우리가 아는 백색은 밝고 정갈하면서 범접하기 어려운 고고함이 배어 있다. 그래서 백송의 흰 껍질은 좋은 일이 일어날 길조를 상징한다. 지금의 서울 헌법재판소 내에 있는 천연기념물 8호로 지정된 재동 백송은 구한말 흥선대원군의 집권과정을 지켜본 나무다. 그

서울 재동 헌법재판소 구내에서 자라는 천연기념물 8호 백송(2009.02.25.)

소나무과
학명: *Pinus bungeana*
영명: Lace-bark Pine
일본명: シロマツ白松
중국명: 白皮松, 白骨松, 虎皮松, 三针松
한자명: 白松, 白骨松, 白皮松
북한명: 흰소나무

가 아직 권력의 핵심에 들어가기 전, 안동 김씨의 세도를 종식시키고 왕정복고의 은밀한 계획을 세웠던 곳이 바로 이 백송이 바라다보이는 조대비의 사가(私家) 사랑채. 흥선대원군은 불안한 나날을 오직 백송 껍질의 색깔을 보면서 지냈다고 한다. 이 무렵 백송 밑동이 별나게 희어지자 개혁정치가 성공할 것이라고 확신했다는 것이다. 공교롭게 거의 150여 년 뒤인 2004년, 현직 대통령이 쫓겨날 위기에 몰렸을 때도 그를 지지하는 사람들은 헌법재판소의 백송 껍질이 더 희게 보였다고 한다. 사실 백송 껍질이 더 하얗게 보이는 것은 나무의 영양상태가 좋아질 때 나타나는 현상이다. 이런 일을 과학의 잣대로 보면 재미가 없어진다. 있는 그대로의 믿음을 가질 때 그 믿음이 바로 현실이 되기도 한다.

백송은 중국 중부와 북서부를 원래의 자람 터로 하는 나무다. 원산지에서도 자연 상태로 만나기가 어려운 희귀수종이다. 특별한 모습 때문에 세계적으로 널리 퍼져, 주로 가로수나 정원수로 심고 있다. 우리나라의 백송은 오래전 중국을 왕래하던 사신들이 처음 가져다 심기 시작한 것이다.

백송은 만나기도 어렵고 흰 나무껍질 때문에 백의민족이라는 민족의 정서에도 맞아 예부터 귀한 나무의 대표였다. 그래서 웬만한 굵기의 백송은 특별 보호목이 될 정도다. 우리나라에는 현재 남한에 다섯 그루, 북한은 개성에 한 그루의 백송이 천연기념물로 지정되어 있다. 이들 중 충남 예산의 '추사백송'을 제외하면, 자라는 곳은 모두 서울·경기지방이다. 중국 왕래를 할 수 있는 고위 관리가 주로 서울·경기에 살았던 탓일 터다.

만나기 어려운 귀한 나무

흰 피부를 자랑하는 백송 껍질
(2006.01.22. 헌법재판소)

백송은 흰 껍질뿐만 아니라 잎의 생김새도 눈길을 끈다. 우리나라의 소나무 종류를 크게 나눌 때 잎이 두 개인 소나무와 곰솔, 그리고 잎이 다섯 개인 잣나무 등이 있다. 반면에 백송은 세 개의 잎을 가진다. 어느 쪽에 들어가야 할지 조금 애매하지만, 잣나무와 같이 잎 속의 관다발이 하나이므로 잣나무 종류에 포함시킨다.

백송은 키 15미터, 지름이 두 아름 정도에 이를 수 있는 큰 나무다. 아래부터 줄기가 갈라지는 경향이 있으며, 수관은 둥글게 발달한다. 꽃은 5월에 피고 열매는 다음해 10월에 익어서 달걀모양의 솔방울이 된다.

붓순나무

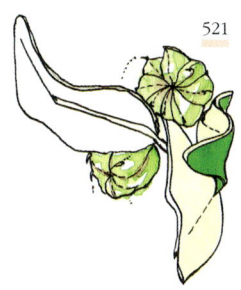

붓순나무는 따뜻한 남쪽나라에서 자라는 늘푸른나무다. 아열대와 난대에 걸쳐 분포하며, 우리나라 제주도와 남해안 일부까지가 붓순나무가 자랄 수 있는 북방한계다. 붓과 새순이 결합하여 붓순이란 이름이 생긴 것으로 짐작되나 붓순나무의 어디를 보고 이런 이름을 붙였는지는 명확하지 않다.

붓순나무는 원래 독특한 냄새를 가진 나무로, 꽃은 물론 잎과 줄기에서도 향기를 맡을 수 있다. 향목(香木)의 한 종류로 알려져 있으며, 자라는 곳이 아열대지방이다 보니 처음에는 인도에서 불단(佛壇)에 올리는 나무로 쓰였다. 우리나라는 남부지방의 일부에서만 자라므로 별다른 쓰임이 알려져 있지 않다. 그러나 일본에서는 붓순나무를 흔히 만날 수 있으며, 상상의 꽃인 청련화(青蓮華)와 닮았고 부처님의 본고장에서도 쓰는 향목이라고 하여 불교 행사에 빠지지 않는다.

붓순나무는 키가 5미터 정도까지 자랄 수 있는 작은 나무로 원줄기는 곧게 자라지만, 옆가지가 많이 나와 혼자 두면 둥그런 나무모양을 만든다. 긴 타원형의 잎은 어긋나기로 달리고 때로는 가지 끝에 몰려 달리는 경향이 있으며, 짙은 초록빛으로 두껍고 광택이 있다. 꽃은 이른 봄에 연한 노란빛으로 핀다. 향기가 주위에 퍼져 있

가느다랗고 기다란 꽃잎 12개가 모여 연노랑 꽃을 피운다(2007.03.17. 제주)

붓순나무과
학명 : *Illicium anisatum*
영명 : Chinese Anise Tree
일본명 : シキミ 樒, 櫁, 梻
중국명 : 莽草, 樒
한자명 : 莽草, 樒

으므로 가까이 가면 금방 찾아낼 수 있다. 길이 1센티미터 정도 되는 가느다란 꽃잎이 12개나 되며 펼쳐지는 방향이 제멋대로다. 흔히 4~6매의 꽃잎이 동그랗게 펼치며 피는 보통의 꽃들과는 모양새가 전혀 다르다. 가을에 익는 열매의 모습도 우리의 눈길을 끌기에 충분하다. 약간 납작하고 대체로 여덟 개로 갈라져 팔각형 모양을 나타낸다. 열매 위 표면은 렌즈모양으로 갈라져 있고, 그 안에 씨가 들어 있다. 특별한 모양만큼이나 시키믹산(Shikimic acid)이라는 유독성분이 함유된 열매로 유명하다. 독성물질은 주로 씨앗에 들어 있다. 따라서 결코 식용을 할 수 없지만 '팔각(八角)'이란 향신료와 모양이 비슷하여 크고 작은 사고가 끊이지 않는다.

붓순나무와 아주 가까운 나무로 중국 원산의 팔각나무(학명 *Illicium verum*)가 있다. 팔각나무 열매는 중국음식에 들어가는 향신료로 널리 쓰인다. 붓순나무와 팔각나무는 열매 생김새가 비슷하나, 팔각나무는 붓순나무 열매보다 별모양이 더 확실하여 이 둘을 구분할 수 있다. 그러나 일반인들의 혼동이 잦아서 FDA가 경고조치를 내릴 정도로 붓순나무 열매를 팔각나무 열매로 오인한 중독사고가 많이 발생한다는 것이다. 최근 팔각나무의 열매는 '스타아니스(star anise)'란 이름으로 세계적인 각광을 받고 있다. 2009년 세계를 뒤흔든 신종인플루엔자의 치료제인 타미플루(Tamiflu)의 원료로 쓰였기 때문이다. 이렇게 가까운 형제나무 사이라도 쓰임의 차이는 지옥과 천국 차이만큼이나 크다.

붓순나무는 몸체의 향기와 열매의 독성을 이용한 다른 쓰임이 있다. 일본에서는 묘지 부근에 흔히 심으며, 꺾어서 묘지 앞에 놓기도

팔각모양의 붓순나무 열매(2006.09.20. 제주)

한다. 붓순나무의 향기가 묘역에서 나올 수 있는 나쁜 냄새를 줄여주고, 짐승들은 이 냄새를 싫어하여 가까이 오지 않는다고 한다.

붓순나무는 향기가 있고 다른 나무에서는 볼 수 없는 특별한 꽃모양을 가지고 있으며, 햇빛을 많이 필요로 하는 나무는 아니라서 정원에 한 그루쯤 심어 볼 만하다. 그러나 지구온난화의 영향으로 기온이 많이 올라갔다고 하여도 내륙으로 조금만 들어오면 키우기가 어려운 정말 '따뜻한 남쪽나라'의 나무다.

비쭈기나무

제주도 돈네코 계곡을 비롯한 난대 상록수 숲에는 비쭈기나무(빗죽이나무)가 자라고 있다. 분포지역은 남쪽 섬 지방과 경남 일부라고 알려져 있으나, 우리나라에서는 제주도에서 가장 흔히 볼 수 있는 나무다. 일본 남부, 대만까지 난대에서부터 아열대에 걸쳐 자라며, 따뜻한 곳을 좋아하는 나무다.

비쭈기나무는 이름에 혼란이 있다. 비쭈기나무, 비쭉이나무, 빗죽이나무 등으로 불린다. 겨울눈이 가늘고 아주 길게 생겨서 마치 송곳이 삐쭉이 나온 것 같다는 뜻으로 비쭈기나무란 이름이 생긴 것으로 우리는 알고 있다. 따라서 비쭈기나 빗죽이, 어느 이름으로 쓰이든 '삐죽이'에서 변한 것으로 짐작된다. 이 책에서는 국가표준식물 목록에 따라 비쭈기나무로 했다.

한편 일본 한자로는 '신(榊)'이라고 한다. 나무와 신(神)을 결합한 글자이니 심상치 않은 뜻이 포함된 것이라고 짐작할 수 있다. 사실 비쭈기나무는 자람 터의 중심이 일본에 있고, 우리나라는 자랄 수 있는 변두리 한계지역이다. 우리나라에는 비쭈기나무와 관련된 아무런 자료가 없다. 당연히 비쭈기나무에 얽힌 역사와 문화는 일본에 많다. 일본인들은 비쭈기나무와의 인연이 많다. 그들이 각별히 섬기는 신사(神社)의 신전에 바치는 제물에 쓰이는 귀한 나무

차나무과
학명: *Cleyera japonica*
영명: Japanese Cleyera
일본명: サカキ榊
중국명: 杨桐, 红淡比
한자명: 榊, 紅淡比

다. 나무 이름 자체가 신과 인간세계를 잇는 경계에 심는 나무라는 뜻이다.

신사를 참배할 때 바치는 '다마구시(玉串)'라는 제물이 있는데, 바로 비쭈기나무의 가지에 종이배나 종이오리를 매단 나뭇가지를 말한다. 우리가 볼 때는 작은 나뭇가지 하나에 불과하지만 그들은 최고의 제물로 생각한다. 야스쿠니 신사에 참배하는 수상이 비쭈기나무 가지를 손에 들었느냐 안 들었느냐에 따라 공식 참배인지 비공식 참배인지를 구분한다. 그 외에도 결혼식과 같은 중요한 행사에는 비쭈기나무 가지가 사용된다. 일본인들은 비쭈기나무가 자라지 않은 곳에서는, 잎에 톱니가 있다는 것을 제외하면 비쭈기나무와 모양이 비슷하게 생긴 사스레피나무로 신에게 바치는 나무를 대신한다. 신사에는 신(榊)이라고 쓰는 비쭈기나무, 불단에는 밀(樒)이라고 쓰는 붓순나무를 신에게 드리는 신성한 나무로 생각한다.

또 사랑의 증표로도 비쭈기나무가 쓰였다. 일본인들이 아끼고 자랑해 마지않는 고대 장편소설《겐지이야기(源氏物語)》에는 비쭈기나무를 통한 사랑 이야기가 나온다. 주인공 겐지가 한동안 발길을 끊었던 연인의 처소를 찾아 다시 사랑을 이어가자며 비쭈기나무를 바친다는 내용이다.

비쭈기나무는 키 10미터 정도에 지름이 한 뼘 정도는 자랄 수 있는 늘푸른나무다. 잎은 긴 타원형이며 손가락 길이를 조금 넘는 크기다. 또한 두껍고 표면에는 광택이 있으며 가장자리가 매끄럽다. 여름날 다섯 장의 꽃잎이 동전 크기만 한 하얀 꽃을 만들어낸다. 암

◀까맣게 익은 비쭈기나무 열매와 잎(2001.02.17. 진주)

크게 자란 비쭈기나무 전체 모습
(2004.11.10. 제주)

수가 다른 나무이고 늦가을에 굵은 콩알만 한 새까만 열매가 익는다. 겨울을 넘기는 동안 새들에 의해 종자번식을 한다. 숲속의 비옥한 곳을 좋아하며 습기가 많고 그늘이 져도 잘 자란다. 우리나라에서는 그렇게 널리 알려진 나무는 아니지만 나무의 모양이 깔끔하고 진초록의 잎이 특징적이라 정원수로 차츰 널리 심고 있다.

소귀나무

내가 나무를 공부하면서 처음 접하게 된 여러 나무 이름 중 소귀나무가 가장 깊은 인상으로 남아 있다. 수목학 교과서의 앞부분, 바늘잎나무 설명이 끝나고 넓은잎나무로 넘어가면 후추등, 죽절초에 이어 대체로 세 번째쯤 소귀나무의 설명이 나온다.

어린 시절 고집 세고 말을 잘 듣지 않는 아이를 두고 옛 어른들은 걸핏하면 '소귀에 경 읽기'를 들먹인다. 그래서 소귀나무의 '소귀'를 익숙하게 들어온 탓에 소의 귀와 관련이 있을 것이라고 막연히 상상하게 된다. 하지만 실망스럽게도 뜻을 잘 모르는 제주 방언 '소귀낭'에서 온 이름일 뿐 소의 귀와는 아무런 관련이 없다.

소귀나무의 실물을 처음 만난 것은 나무를 공부한 세월이 한참 지난 어느 날, 제주시의 가로수에서다. 플라타너스, 은행나무, 벚나무로 너무 친숙해진 육지의 가로수와는 달리 제주 특산의 소귀나무, 담팔수, 참식나무, 구실잣밤나무 등 상록수 가로수는 제주도를 이국의 풍경으로 빠져들게 한다.

소귀나무는 제주도에서도 남쪽 서귀포 부근에만 자생하는 난대 수목이다. 기껏 제주도에서 맴돌 뿐 섬을 벗어나기에는 추위를 이겨낼 힘이 모자란다. 제주도에서 시작하여 일본 남부, 타이완까지 자라고 우리나라는 거의 생육 북한(北限)경계에 가깝다.

만나기 어려운 귀한 나무

익어 가고 있는 소귀나무 열매와 잎(2007.07.08. 제주)

소귀나무과
학명 : *Myrica rubra*
영명 : Chinese Bayberry
일본명 : ヤマモモ山桃
중국명 : 杨梅, 山杨梅, 树梅
한자명 : 楊梅, 龍睛, 樹梅

소귀나무는 아름드리 굵기에 키가 20미터나 자랄 수 있는 늘푸른 큰 나무다. 나이를 먹어도 갈라지지 않는 회갈색의 매끄러운 나무껍질을 가진다. 잎은 긴 타원형으로 가지 끝에 빽빽이 모여 달린다. 위에서 내려다보면 작은 녹색 쟁반을 여러 개 올려둔 양상이다. 잎의 가장자리에 톱니가 없어서 밋밋하다. 가끔 상반부에 톱니가 있는 경우도 있으나 물결모양으로 뚜렷하지 않다.

꽃은 꼬리모양의 꽃차례를 이루며, 4월경 잎겨드랑이에서 적갈색으로 핀다. 암꽃과 수꽃은 모양이 다르고, 열매는 둥근 핵과(核果)로 초여름에 진한 붉은색으로 익는다. 굵은 구슬 크기에 표면은 올록볼록한 작은 돌기로 덮여 있어서 모양이 독특하고 루비를 연상케 하는 해맑은 붉음이 과일을 돋보이게 한다. 열매 속에는 한 개의 씨앗이 들어 있고 육질은 부드럽다. 약간 새콤하면서 송진 향기가 있어서 맛이 좋아 과수로 재배하기도 한다. 암수가 딴 나무이며, 반드시 수나무가 부근에 있어야만 열매가 열린다. 열매는 날로 먹는 것 이외에 소금 절임이나 잼을 만들고 과실주를 담그기도 한다. 감나무처럼 나뭇가지가 잘 부러지므로 열매를 딸 때는 나무에 올라가면 안 된다고 한다. 소귀나무의 일본 이름은 '산복숭아(山桃)'란 뜻이다. 열매의 익은 모습이 완숙한 복숭아를 떠올리게 한다. 중국 이름은 양매(楊梅)인데 잎사귀는 버들모양이고 열매는 매실을 닮았다는 뜻이다.

소귀나무는 햇빛이 잘 드는 곳을 좋아하는 양수이면서 비옥하고 수분이 많은 곳에서 잘 자란다. 뿌리혹박테리아를 가지고 있어서 공중질소를 고정하는 나무다. 그래서 산불이 난 곳 등 조금 척박한

나무 모양이 아름다워 제주의 가로수로 흔히 심는다(2005.06.18.)

땅에서도 자람이 비교적 좋다고 한다. 나무껍질에서 황색 염료를 얻을 수 있는데, 약용으로 쓰거나 옛날에는 어망 염색에 이용했다. 나무는 재질이 고르며, 비중이 0.7을 넘어 무겁고 단단하다. 건축재에서부터 가구재까지 쓰임이 넓다.

시로미

한라산의 등산코스를 따라가다 보면 급경사를 넘어 멀리 정상이 보일 때쯤에 넓은 고원평야가 펼쳐진다. 이곳에는 땅에 붙어 자라는 시로미라는 이름의 작은 나무 무리를 만날 수 있다.

작은 모습과는 어울리지 않게 시로미는 멀리 중국의 진시황과 인연이 있는 나무다. BC 246년 중국 대륙에 최초로 통일국가를 건설한 진(秦)나라의 시황제는, 이후 36년에 걸쳐 나라를 다스렸다. 그는 전제군주로도 유명하지만 만리장성 축조, 아방궁, 분서갱유(焚書坑儒) 등으로 우리에게도 잘 알려진 임금이다. 시황은 나이가 들자 어리석게도 영원히 늙지 않는 불로초를 구하려고 했다. 선남선녀 500명을 선발하여 서불(西福)이라는 신하의 인솔하에 멀리 동쪽나라로 배를 태워 보냈다.

2천 3백여 년 전 중국을 떠난 불로초 선단은 우리나라 제주도에 도착했다. 일행은 한라산에서 불로초를 구하여 돌아가는 길에 서귀포의 정방폭포 절벽에다 '서불과지(徐市過之)'라는 글자를 새겼다고 전해진다. 서귀포란 이름도 서불이 돌아간 포구란 뜻이다. 이를 근거로 정방폭포 옆에는 서불 전시관이 건립되었고, 2005년 가을부터는 서귀포시에서 '불로초 축제'를 열고 있다.

서불 일행이 찾으려고 했던 불로초는 오늘날의 어떤 식물이었을

주목 잎처럼 생긴 독특한 잎과 익어 가고 있는 열매(2005.06.18. 한라산)

시로미과
학명 : *Empetrum nigrum* var. *japonicum*
영명 : Black Crowberry
일본명 : ガンコウラン岩高蘭
중국명 : 东北岩高兰
한자명 : 烏李, 烏立

까? 여기에 시로미가 등장한다. 기록으로 남아 있는 것이 아니니 물론 짐작일 뿐이다. 시로미는 우리나라 가장 남쪽인 한라산과 북쪽 끝자락에 있는 민족의 영산인 백두산에서만 자라는 특별함이 있다. 그것도 산자락이 아니라 산 높이 1,500미터 이상의 춥고 매몰찬 바람이 불어대는 극한지에서 자란다. 어려움을 극복한 인고의 정성이 나무속에 고스란히 간직되어 있을 것이니 평범하게 살아가는 보통의 나무와는 다를 것이라는 믿음이 서려 있다.

나무는 높이가 한 뼘 남짓에 불과하고 적갈색의 가지가 옆으로 뻗으며, 많은 포기를 형성하여 융단을 깔아 놓은 것처럼 자기들만의 동네를 만든다. 시로미는 늘푸른 넓은잎나무의 범위에 넣는다. 그러나 잎을 보면 넓은잎나무라는 정체성을 흔들어 놓는다. 시로미의 잎은 바늘잎나무인 주목이나 전나무의 잎 모양과 닮아 있기 때문이다. 길이 5~6밀리미터, 너비 0.7~0.8밀리미터로 길이와 너비의 비율이 대체로 10대 1 정도다. 다만 잎에 살이 많아 주목의 잎보다 조금 통통해 보일 뿐이다. 꽃은 가지 끝 잎 겨드랑이에 달린다. 암수가 다른 나무이며, 5월에 보라색의 꽃이 피고 나면 곧 콩알 굵기만 한 동그란 열매가 열린다. 처음에는 초록색으로 시작하여 가을이면 보랏빛이 들어간 검은색으로 익는다.

익은 시로미의 열매는 강장제로서 온몸의 신진대사를 촉진하고 영양을 도와 체력을 증진시키는 약이라고 알려져 있다. 날것으로 먹기도 하고 술을 담그거나 잼을 만들어 먹기도 한다. 약간 시고 달콤한 맛이 나는데, 시로미라는 이름도 그래서 생겼다고 한다.

얼마 전까지만 해도 제주도의 가을 시장에는 시로미 열매를 내다

한라산 고산지대에서 제주조릿대에 포위된 시로미가 겨우 살아가고 있다(2005.06.18.)

파는 아줌마를 심심찮게 만날 수 있었다. 시로미는 자라는 장소뿐만 아니라 나무 크기와 잎 모양까지 모두 평범한 나무들과는 다른 점이 있다. 시로미의 정수(精髓)라 할 수 있는 열매는 불로초로 변신할 만큼 귀중한 약이다. 서불 일행이 구해간 달콤한 불로초를 진시황이 먹었는지는 확인할 길이 없다. 그렇지만 불로장생은 고사하고 불과 마흔 아홉의 나이에 순행 길에서 객사하고 말았다.

오구나무

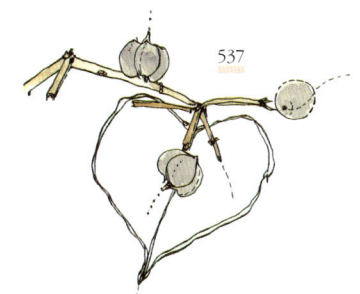

오구나무는 흔히 알려진 나무는 아니다. 중국 남부가 고향인데, 남부지방에 가로수로 어쩌다 심는 나무라서다. '오구(烏桕)'라는 중국 이름을 그대로 따왔는데, 오(烏)를 조(鳥)로 잘못 읽어서 가끔은 조구나무로 불린다.

1930년대에 처음 우리나라에 들어왔다고 알려져 있으나,《물명고》에 오구목(烏臼木)이라는 이름이 나오는 것으로 보아 적어도 19세기 이전에 우리나라에 도입된 나무로 짐작된다. 오구나무의 씨는 목랍(木蠟)이라는 일종의 식물성 왁스로 덮여 있다. 이것으로 초와 비누를 만들고 불을 밝히는 기름으로도 사용할 수 있다.《천공개물》에 보면 "등불을 켜는 데는 오구나무 씨 기름이 가장 좋으며, 초를 만드는 데도 오구나무 씨껍질이 최고급품이다"라고 했다. 영어명인 '차이니즈탤로우트리(Chinese tallow tree)' 역시 많은 지방을 가지고 있는 나무라는 뜻이 들어 있다. 때문에 난대지방에서부터 열대지방에 걸쳐 널리 재배되고 있는 자원식물이다. 우리나라에도 처음 들어올 때는 목랍을 얻기 위한 목적이었을 터이나 지금은 가로수나 공원에 심는 관상용나무가 되었다. 여름에 피는 노란 꽃과 가을에는 붉은빛에 보라가 들어간 적자색의 단풍이 아름답다.

오구나무는 아름드리로 굵게 자라지는 않지만 키가 15미터 정도

길게 뻗은 노랑 꽃대와 진초록 잎은 여름 하늘과 잘 어울린다
(2010.07.18. 대구)

대극과
학명：*Sapium sebiferum*
영명：Chinese Tallow Tree
일본명：ナンキンハゼ 南京黄櫨
중국명：乌桕, 木蜡树
한자명：烏臼, 蚊母構

에 이르는 큰 나무다. 잎은 어긋나기로 달리며 마름모꼴이나 삼각형 모양이고, 두꺼우며 가장자리가 밋밋하다. 아이 손바닥 반 정도의 크지 않은 평범한 잎을 갖고 있다.

오구나무의 특징은 꽃에 있다. 초여름에 손가락 길이보다 좀 긴 꼬리모양의 꽃차례가 하늘을 향하여 꼿꼿이 선 채로 일제히 올라온다. 위쪽은 대부분 수꽃이고 맨 아래에 몇 개의 암꽃이 붙어 있다. 얼핏 다가오는 느낌은 탱탱한 남성의 심벌이 연상된다. 꽃대의 위쪽으로 뻗침이 힘차고 도발적이다. 1~2주쯤 지나면서 수없이 붙어 있던 작은 꽃들은 노랗게 피기 시작한다. 이때쯤이면 기세 좋게 하늘을 향하고 있던 꽃들이 밑으로 처지기 시작한다. 이런 현상은 모든 나무가 다 동일한 것은 아니다. 나무에 따라서는 끝까지 꼬부라지지 않는 꽃대도 있다.

또 한 가지 재미있는 현상이 있다. 하나의 꼬리 꽃차례에서 수꽃과 암꽃이 피는 시기가 다른 것이다. 수꽃이 먼저 피면 암꽃이 뒤에 핀다. 즉, '웅화선숙(雄花先熟)'이다. 반대로 피면 '자화선숙(雌花先熟)'이 된다. 나무 하나하나마다 암꽃과 수꽃의 '선숙'이 다르다. 같은 나무가 아닌 다른 나무의 꽃가루받이를 하여 적어도 남매간 수정은 막겠다는 차원 높은 배려의 결과다.

오구나무의 영특함은 이것으로 끝나지 않는다. 남매 수정을 막겠다고 이런 조치를 너무 철저히 했을 때는 예기치 않은 문제가 생길 수 있다. 한 나무밖에 없거나 기타 여러 가지 이유로 다른 나무의 꽃가루받이가 불가능해지면 대가 끊길 수도 있기 때문이다. 그래서 일부는 암꽃과 수꽃을 동시에 피운다. 아쉬울 때는 조금 불량한

이듬해까지도 달려 있는 열매(2006.07.15. 대구)

씨라도 만들어 두어서 적어도 대는 이어가겠다는 강력한 의지인 것이다. 식물이 하는 일이지만 어찌 보면 사람보다 더 영특한 것 같아 무섭기까지 하다.

열매는 녹색으로 시작하여 가을에 완전히 익으면 껍질이 말라 까맣게 되면서 안에서 하얀 씨가 세 개씩 얼굴을 내민다. 열매는 잘 떨어지지 않아 다음해에 다시 열매가 열릴 때까지 오랫동안 남아 있다. 나무 이름인 오구(烏桕)에서 새의 먹이통쯤으로 해석할 수 있듯이 새가 좋아하는 나무다. 씨가 겨울날 새들의 먹잇감으로 손색이 없기 때문이다. 오구나무의 줄기와 뿌리껍질은 말려서 이뇨제로 쓰고, 씨는 기름을 짜서 피부병에 바르기도 하는 등 민간약으로 쓰인다. 종자 기름이나 수액은 독성이 있는 것으로 알려져 있으므로 주의를 요한다. 우리나라 고유수종으로서는 사람주나무가 꽃이나 열매의 모양이 오구나무와 비슷한 특성을 갖고 있다.

팥꽃나무

전남 해남에서 목포 쪽으로 길쭉하게 나온 화원반도는 어느 시인의 표현처럼 '가도 가도 붉은 황톳길'이다. 70년대 말 4월 중순의 어느 봄날로 기억한다. 뽀얀 먼지를 날리는 시골버스에 실려 나는 해남 대흥사에서 목포로 향하고 있었다. 차창 너머로 나지막한 야산 곳곳에 보라색 꽃방망이를 달고 있는 자그마한 나무가 눈에 들어왔다. 너무 예쁘고 느낌이 좋았다. '진달래나 산철쭉은 분명 아닌데, 누구네 자손이며 이름은 무엇일까' 하고 궁금증을 참지 못해 무작정 버스에서 내려 꽃이 핀 나무 앞으로 달려갔다. 이렇게 시작된 팥꽃나무와의 첫 만남을 나는 첫사랑만큼이나 가슴 깊이 소중한 추억으로 간직하고 있다.

　팥꽃나무는 다 자라도 허리춤 남짓한 피그미 나무로 잎이 나오기 전에 동전 크기 남짓한 꽃이 3~7개씩 보송보송한 꽃잎을 선보인다. 작은 가지를 감싸듯이 나무마다 이런 꽃무리가 수십 개씩 모여 실타래를 풀어놓듯이 피어 올라간다. 곱고 아름다운 보기 드문 우리 강산의 우리 꽃이다. 작달막한 키에 무리 지어 꽃이 피는 모습은 정원이나 도로가의 정원수로 제격이다. 온 나라 여기저기에, 심지어 이순신 장군의 사당이 있는 한산도까지 조경이라면 영산홍으로 뒤덮지 말고 우리의 아름다운 팥꽃나무 심기를 권하고 싶다.

팥꽃나무의 생활터전은 대체로 해남 화원반도에서 출발하여 서해안을 따라 올라간다. 장산곶에서 잠깐 외도를 하여 넓은잎팥꽃나무라는 이복동생을 만들어두고 북으로 평안도까지 이어진다. 모두들 싫다고 질겁하는 바다 갯바람과 마주하기를 좋아한다. 일부러 심지 않는다면 내륙으로는 자진해서 들어와 살지는 않는다. 그러나 원래 자라던 곳 자체가 거름기라고는 씨알도 없는 황토다 보니 찬밥 더운 밥 가리지 않고 웬만한 곳에서는 잘 자란다. 너무 습기가 많은 곳이 아니면 거의 투정을 부리지 않는다. 우리나라에는 이렇게 한정된 지역에서만 자라지만 타이완, 중국까지 삶의 터전이 넓다.

메마르고 척박한 곳에서 살다 보니 물을 찾기 위하여 땅 위의 자기 키보다 더 깊이 뿌리를 뻗는다. 줄기는 보랏빛이 들어간 약간 붉은색을 띠고 새 가지는 털로 덮여 있다. 잎은 마주나기로 달리며, 길쭉하고 양끝은 동그스름하며 톱니가 없다. 열매는 한여름에 흰빛으로 익는다. 팥꽃나무란 이름은 꽃이 피어날 때의 빛깔이 팥알 색깔과 비슷하다 하여 '팥 빛을 가진 꽃나무'란 뜻으로 붙어진 것으로 보인다. 또 전라도 일부 지방에서는 이 꽃이 필 때쯤 조기가 많이 잡힌다 하여 '조기꽃나무'라고도 한다.

그의 강한 생명력을 이어받으려는 듯 잎이 피기 전의 꽃봉오리를 따서 말린 것을 완화(莞花), 혹은 원화(芫花)라고 하여 귀한 한약재로 이용되었다. 《동의보감》에는 "맵고 쓰며 독이 많다. 옹종, 악창, 풍습증을 낫게 하며 벌레나 생선 물고기의 독을 푼다"라고 하여 주로

만나기
어려운
귀한 나무

◀가지마다 보라색 꽃방망이를 달고 있는 팥꽃나무(1991.04.14. 보길도)

길쭉하고 좁은 팥꽃나무 잎(1999.09.03. 보길도)

염증 치료제로 쓰였다.

팥꽃나무는 팥꽃나무과의 서향 무리에 속하며 서향, 백서향, 삼지닥나무, 두메닥나무 등 모두 아름다운 꽃과 향기가 특징인 나무들이 모여 무리를 이루는 집안이다. 이들 중 팥꽃나무만은 향기가 강하지 않으며, 잎이 어긋나기로 달리는 다른 나무들과 달리 마주나기로 달리는 것도 특별함이다. 영어 이름인 다프네(Daphne)는 희랍신화에 나오는 아폴론의 끈질긴 구애를 피하여 월계수가 되어버린 아름다운 여신 다프네에서 따온 것이다.

황근

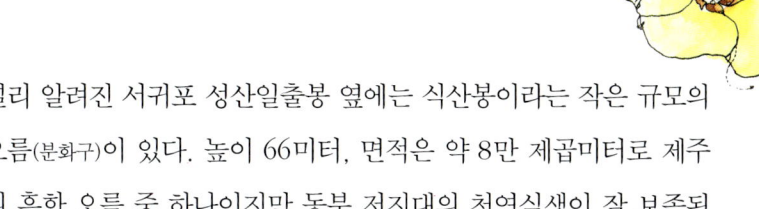

널리 알려진 서귀포 성산일출봉 옆에는 식산봉이라는 작은 규모의 오름(분화구)이 있다. 높이 66미터, 면적은 약 8만 제곱미터로 제주의 흔한 오름 중 하나이지만 동부 저지대의 천연식생이 잘 보존된 유일한 지역이다.

성산 부두 쪽, 오름의 바닷가 자락에는 환경부 지정 멸종위기 야생식물 Ⅱ급인 황근(黃槿) 20여 그루가 자란다. 가장 큰 것은 키 5.3미터, 줄기둘레가 60센티미터 정도 된다. 우리나라 유일의 황근 자생지이며, 제주기념물 47호로 지정된 문화재 구역으로 보호를 받고 있다. 얼마 전까지만 해도 전남 완도군 소안도에 자생지가 있었으나 파괴되어 버렸고 지금은 복원 중이다. 최근에는 고흥의 한 무인도에서 황근이 발견되었다는 소식도 전해진다.

황근은 글자 그대로 노란 꽃이 피는 무궁화다. 우리의 국화인 무궁화는 국내에 자생지가 없는 수입나무인데 비해 황근은 우리나라에 자생하는 토종 무궁화로 사람들의 관심이 높다. 소금물에 버티는 힘이 강하여 자라는 곳은 물 빠짐이 좋은 바닷가 모래땅이나 돌 틈이다. 해당화나 순비기나무처럼 무리를 이루어 자라기를 좋아한다.

자람의 모습은 줄기가 여러 갈래로 올라와 포기를 이루는 경우가

만나기 어려운 귀한 나무

노랑 꽃잎이 뒤로 젖혀질 정도로 활짝 피는 아름다운 황근 꽃(1999.09.02. 목포)

아욱과
학명: *Hibiscus hamabo*
영명: Hamabo Mallow, Hibiscus Hamabo
일본명: ハマボウ浜朴
중국명: 海濱, 海槿
한자명: 黃槿
북한명: 갯아욱

많다. 보통 크게 자라지는 않고 그대로 두면 키 5~6미터 정도에 이른다. 잎은 심장모양으로 둥글고, 뒷면은 흰빛이 강하며 가을에 노란 단풍이 든다. 황근은 연노랑으로 피는 깔끔한 꽃이 한창일 때가 가장 아름답다. 잎겨드랑이에 하나씩 꽃봉오리를 맺어 두었다가 초여름에서부터 한여름까지 아래부터 위로 이어피기를 한다. 작은 주먹 크기의 꽃은 다섯 장의 꽃잎으로 갈라져 거의 뒤로 넘어갈 정도로 활짝 피나, 밑부분이 붙어 있어서 얼핏 통꽃처럼 보인다. 꽃통의 가운데는 주황색의 반점이 있어서 자칫 밋밋해질 수도 있는 노랑 꽃에 강한 악센트를 주어 한층 더 돋보이게 한다. 꽃은 무궁화처럼 아침에 피었다가 저녁이면 저버리는 하루살이라 아쉬움이 남는다. 그러나 한낮의 태양이 이글거리는 동안 활짝 열린 꽃잎이 가장 싱싱할 때를 매일 다시 볼 수 있게 해준다.

꽃이 진 자리에는 동그란 마른 열매가 열리는데, 세로로 다섯 개로 갈라지는 씨방 속에 씨앗이 들어 있다. 씨앗은 소금물이 들어갈 수 없게 방수 처리되어 있으며, 바닷물에 떠다니다가 적당한 땅에 닿으면 뿌리를 내리고 새로운 삶의 터전을 만들어 간다. 노랑무궁화, 갯부용, 갯아욱 등으로도 부르며, 껍질에는 인피섬유가 많아 밧줄 등 끈으로 이용한다. 계절적으로 황근의 꽃이 피는 시기가 장마의 시작점과 일치하므로 꽃의 상태로 날씨를 점치기도 했다.

황근은 우리나라의 남해안이 자랄 수 있는 북쪽 한계선이고 일본 및 중국 남부에서도 분포하는 난대식물이다. 추위에 약한 단점이 있으나, 꽃이 귀한 여름에 눈에 잘 띄는 노란색의 커다란 꽃을 피우는 나무는 황근밖에 없다. 토종 무궁화라는 값어치까지 부여한다

동그스름하고 단정한 황근 잎(2008.06.26. 제주)

면 온 나라에 넘쳐나는 외래 꽃보다 더 의미 있고 아름다운 꽃나무로서 많은 관심을 기울일 만하다. 까다로움을 피우지 않고 씨앗을 심거나 꺾꽂이로도 잘 번식하는 나무의 소박함도 우리 정서와 맞는 우리 땅의 우리 나무다.

후피향나무

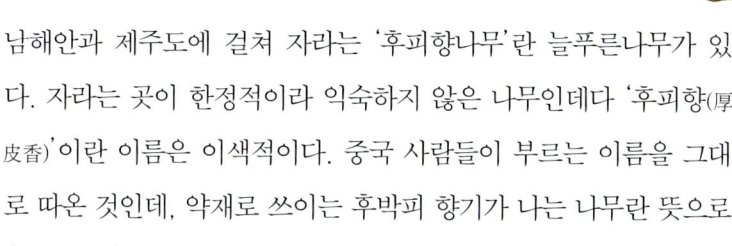

남해안과 제주도에 걸쳐 자라는 '후피향나무'란 늘푸른나무가 있다. 자라는 곳이 한정적이라 익숙하지 않은 나무인데다 '후피향(厚皮香)'이란 이름은 이색적이다. 중국 사람들이 부르는 이름을 그대로 따온 것인데, 약재로 쓰이는 후박피 향기가 나는 나무란 뜻으로 '후박피향'이라고 부르다가 후피향나무가 된 것으로 짐작된다.

자람 터는 우리나라뿐만 아니라 일본, 타이완, 중국 일부에까지 걸쳐 있으며, 키 10여 미터, 지름이 한 아름 굵기까지 자랄 수 있다. 다만 추위에 약한 후피향나무가 자랄 수 있는 북쪽 한계인 우리

만나기
어려운
귀한 나무

늘푸른잎 사이에 얼굴을 내민 후피향나무의 붉은 열매(2009.10.20. 제주)

꽃봉오리가 달리기 시작하는 여름에도 잎갈이를 한다(2005.06.17. 제주)

차나무과
학명 : *Ternstroemia gymnanthera*
영명 : Japanese Cleyera
일본명 : モッコク木斛
중국명 : 厚皮香
한자명 : 厚皮香

나라에서는 4~5미터가 고작이다. 그것도 숲속에서 만나기는 쉽지 않고 정원수로 더 흔히 눈에 띈다. 전정을 하여 따로 나무 모양을 다듬지 않아도 자연적으로 정갈하고 깔끔한 느낌의 수형을 만들고, 붉은 잎자루와 붉은 열매가 겨울 정원의 운치를 더해 준다. 특히 일본 정원에 잘 어울리며, 그들은 '정목(庭木)의 왕'이라고 한다. 우리나라 남부지방에서도 정원수로 흔히 심는다.

잎은 손가락 길이에 긴 타원형의 자그마한 주걱모양이며, 두껍고 진한 초록빛이다. 앞뒤 면 모두 잎맥이 거의 보이지 않아 더욱 윤기가 자르르하다. 잎이 새로 나올 때를 비롯하여 양지바른 곳에서 자랄 때는 흔히 잎자루가 붉어서 색깔 대비가 아름답다. 잎 달림은 어긋나기지만 가지 끝에서는 모여 나는 경향이 강하다.

여름에 잎겨드랑이 사이에서 아래로 매달려 피는 동전 크기의 꽃은 처음에는 거의 흰빛이나 차츰 연한 노란빛으로 변한다. 다섯 개의 꽃잎을 가진 흔한 모양이고, 색깔이 강렬하지 않아 크게 주목을 받지 못하다 가을에 들어서야 비로소 작은 구슬 크기의 빨간 열매가 자신의 존재 이유를 알려준다. 초록 잎 사이마다 아래로 줄줄이 매달린 붉은 열매는 찬바람이 조금씩 불 때쯤 갈라지면서 안에서 주황색의 씨앗이 하얀 실 같은 끈에 매달려서 얼굴을 내민다.

후피향나무는 특별한 모양새로 강렬한 인상을 주는 나무는 아니다. 언제나 변하지 않는 평범한 모습으로 질리지 않은 것이 매력이다. 우리나라에서는 정원수 이외에 별다른 쓰임은 알려져 있지 않고 껍질에서 다갈색의 염료를 얻을 수 있다. 비중이 0.8로 단단한 나무이며 오키나와 등의 아열대 지방에서는 건축재로도 쓴다.

봄이 왔음을 알리는 노란 꽃이 아래로 늘어지면서 핀다(2010.03.08. 진주)

조록나무과
학명 : *Corylopsis gotoana* var. *coreana*
영명 : Korean Winter Hazel
일본명 : ショウコウミズキ 松廣水木
중국명 : 朝鮮蠟瓣花
한자명 : 松廣蠟瓣花
북한명 : 납판나무

히어리

히어리 무리는 세계적으로 약 30여 종이 있으며, 자람의 중심지는 중국이다. 히말라야와 일본에 몇 종이 있고, 우리나라에는 한 종이 자랄 뿐이다. 일제강점기인 1924년 조계산, 백운산, 지리산 일대에서 처음 히어리를 찾아내 학명에 'coreana'란 종명을 붙인 특산식물이다. 환경부 지정 멸종위기 식물로서 특별보호를 받고 있다.

히어리라는 이름은 마치 외래어처럼 느껴지지만 순수한 우리 이름이다. 발견 당시 마을 사람들이 뜻을 알 수 없는 사투리로 '히어리'라고 불렀다고 하는데, 이것이 그대로 정식 이름이 됐다. '송광납판화'란 별칭도 있다. 송광(松廣)은 히어리를 처음 발견한 곳이 송광사 부근이어서 그대로 따왔고, 납판화란 중국 이름을 빌려서 만들었다. 히어리의 꽃받침이나 턱잎은 얇은 종이처럼 반투명한 것이 특징인데, 밀랍을 먹인 것 같아 납판(蠟瓣)이라 했다.

히어리는 풍년화, 영춘화, 납매 등과 함께 봄이 오고 있음을 가장 먼저 알려주는 나무로 유명하다. 이들 4인방은 앞서거니 뒤서거니 하면서 벌써 2월이면 꽃망울을 터뜨리기 시작한다. 히어리는 잎이 나오기 전 8~12개씩 작은 초롱모양의 연노랑 꽃이 핀다. 원뿔모양의 꽃차례라고는 하나 꽃대 길이가 짧아 이삭처럼 밑으로 늘어지는 것이 특징이다. 꽃이 다 피어도 꽃잎은 반쯤 벌어진 상태로 있

타원형의 잎 사이에 적갈색의 지난해 열매와 녹색의 올해 열매가 섞여 있다(2010.04.21. 대구)

으며, 안에서 보라색 꽃밥을 다소곳이 내밀고 있는 모습이 소박하고 정겹다.

히어리는 키가 3~5미터 정도 자라는 작은 나무이며, 줄기가 여럿으로 갈라져 포기처럼 된다. 처음 발견된 곳은 남부지방이었으나 경기도까지 자라고 있음이 최근 확인되었다. 잎은 원형이거나 넓은 타원형이며, 하트모양의 잎이 흔하다. 옆으로 뻗은 잎맥이 뚜렷하여 주름이 잡힌 것처럼 보이고 안으로 나 있는 흰 톱니도 특별하다. 추위가 채 풀리지도 않은 이른 봄부터 서둘러 꽃 피우기가 끝나면 열매는 천천히 말 그대로 서둘지 않고 가을까지 내실을 다져 간다. 마른 열매이고 갈색으로 익는데, 여러 개의 씨방으로 나뉘어져 있으며 방마다 2~4개의 새까만 씨가 들어 있다.

히어리의 속명인 '*Corylopsis*'는 개암나무(Corylus)를 닮았다는 뜻의 '옵시스(opsis)'가 합쳐진 말이고, 영어 이름도 '윈터하젤(Winter Hazel)', 즉 겨울개암이다. 개암나무와 히어리는 전혀 다른 식물이지만 잎 모양이 닮았으며, 히어리의 열매가 설익었을 때 보면 개암과 비슷하다. 일본에서 자라는 다섯 종의 히어리는 접미어에 모두 층층나무를 뜻하는 '수목(水木)'을 붙였다. 왜 이런 이름을 붙였는지는 그들도 설명을 못하고 있다. 동서양을 막론하고 옛사람들이 붙인 이름에는 이렇게 엉뚱한 구석이 있어서 헷갈릴 때가 많다.

찾아보기

한국명

ㄱ
가문비나무 · 479
가시나무 · 315
가죽나무 · 9
가침박달 · 483
갈참나무 · 453
감탕나무 · 13
개가시나무 · 318
개느삼 · 485
개벚나무 · 107
개비자나무 · 171
개서어나무 · 364
갯아욱 · 546
거제수나무 · 411
검정알나무 · 178
계수나무 · 21
고로쇠나무 · 55
고욤나무 · 308
골담초 · 505
곰솔 · 375
광나무 · 175
괴불나무 · 183
구상나무 · 489
구슬잣밤나무 · 28
구실잣밤나무 · 27
굴거리나무 · 187
굴참나무 · 443
굴피나무 · 319
금강소나무 · 379

금솔 · 192
금송 · 193
까마귀베개 · 180
까마귀쪽나무 · 31
꽃벚나무 · 107
꽝꽝나무 · 197

ㄴ
나도밤나무 · 201
나도합다리나무 · 200
낙상홍 · 210
낙우송 · 35
남천 · 205
납판나무 · 552
너도밤나무 · 323
노랑말채나무 · 341
노박덩굴 · 209
녹나무 · 327
느릅나무 · 331
느삼나무 · 486
느티나무 · 43
능수버들 · 72

ㄷ
다래나무 · 58
다정큼나무 · 213
담장이덩굴 · 216
단풍나무 · 49
단풍나무 무리 · 43
담쟁이덩굴 · 217
담팔수 · 493
대만오동 · 399
댕강나무 · 497
댕댕이나무 · 186
돈나무 · 223

들메나무 · 351
등칡 · 501
떡갈나무 · 459

ㄹ
리기다소나무 · 383

ㅁ
마삭줄 · 227
만병초 · 505
말채나무 · 337
망개나무 · 509
먼나무 · 17
멀구슬나무 · 343
모밀잣밤나무 · 27
메타세쿼이아 · 39
목서 · 231
물푸레나무 · 347
미국솔송나무 · 394
미루나무 · 97
미선나무 · 513
미송 · 365, 373

ㅂ
박달나무 · 425
반송 · 235
방울나무 · 146
백랍나무 · 181
백량금 · 243
백송 · 517
백양나무 · 91
버드나무 · 69
버드나무 무리 · 67
버즘나무 · 98, 149
벽오동 · 101
보리수 · 474

보리자나무 · 475
복자기 · 59
복장나무 · 62
분비나무 · 434
분홍미선 · 516
붉가시나무 · 317
붉은단풍나무 · 50
붓순나무 · 521
비목나무 · 251
비자나무 · 353
비쭈기나무 · 525

ㅅ
사람주나무 · 540
사스래나무 · 421
사스레피나무 · 255
사시나무 · 89
사시나무 무리 · 83
사철나무 · 261
산벚나무 · 107
산호수 · 250
삼나무 · 357
삼지닥나무 · 544
상수리나무 · 447
상아미선 · 516
새비나무 · 278
색단풍나무 · 50
서양피라칸다 · 291
서어나무 · 361
선꽃나무 · 244
섬벚나무 · 107
섬잣나무 · 363, 390, 393
설송 · 162
세잎소나무 · 382

557

찾아보기

소귀나무 · 529
소나무 · 367
소나무 무리 · 365
솔송나무 · 391
송악 · 267
수삼나무 · 40
수수꽃다리 · 180
수양버들 · 73
스트로브잣나무 · 390
시로미 · 533
신갈나무 · 457
신나무 · 63
싸리나무 · 47

ㅇ
아귀꽃나무 · 182
아까시나무 · 117
아카시아나무 · 118
양버즘나무 · 15
염주나무 · 475
오구나무 · 537
오동나무 · 395
올괴불나무 · 186
올벚나무 · 107
왕버들 · 79
왕벚나무 · 113
왜금솔 · 192
우묵사스레피나무 · 259
위성류 · 271
은사시나무 · 93
은행나무 · 123
의나무 · 128
이깔나무 · 406
이나무 · 129

이팝나무 · 133
인도멀구슬나무 · 345
인동덩굴 · 505
인동초 · 505
일본목련 · 401
일본잎갈나무 · 407
잎갈나무 · 405

ㅈ
자금우 · 247
자작나무 · 415
자작나무 무리 · 405
작살나무 · 275
잣나무 · 387
전나무 · 429
젓나무 · 429
제주광나무(당광나무) · 177
제주벗나무 · 112
조록나무 · 435
졸참나무 · 449
좀굴거리나무 · 191
좀비자나무 · 170
좀작살나무 · 278
종가시나무 · 318
주목 · 281
죽절초 · 505
줄장미 · 217
중국굴피나무 · 322
쥐똥나무 · 179

ㅊ
찰피나무 · 475
참가시나무 · 318
참나무 무리 · 439
참식나무 · 463

참오동나무 · 399
참죽나무 · 12
참회나무 · 306
처진소나무 · 239
칠엽나무 · 138
측백나무 · 293
칠엽수 · 137

ㅋ
큰산벚나무 · 106
큰잎담장나무 · 266

ㅌ
튤립나무 · 143

ㅍ
팔손이나무 · 285
팥꽃나무 · 541
편백 · 467
푸른검정알나무 · 174
푸른나무 · 260
푸른미선 · 516
플라타너스 · 147
피나무 · 471
피라칸다 · 289

ㅎ
호랑가시나무 · 299
호랑버들 · 83
홍송 · 389
화백 · 357, 470
화살나무 · 303
황근 · 545
황금소나무 · 381
황목련 · 400
회양목 · 307
회잎나무 · 306

회화나무 · 153
후박나무 · 159
후피향나무 · 549
흰말채나무 · 341
흰소나무 · 518
히말라야시다 · 163
히말라야피라칸다 · 291
히어리 · 553

학명

A
Abelia mosanensis · 498
Abeliophyllum distichum · 514
Abies holophylla · 430
Abies koreana · 490
Acer ginnala · 64
Acer mono · 54
Acer palmatum · 50, 60
Acer triflorum · 60
Aesculus turbinata · 138
Ailanthus altissima · 8
Ardisia crenata · 244
Ardisia japonica · 248
Aristolochia manshuriensis · 502

B
Berchemia berchemiaefolia · 510
Betula costata · 412
Betula ermani · 420
Betula platyphylla var. *japonica* · 416
Betula schmidtii · 424
Buxus koreana · 308

C

Callicarpa japonica · 276
Carpinus laxiflora · 360
Castanopsis sieboldii · 28
Cedrus deodara · 162
Celastrus orbiculatus · 208
Cephalotaxus koreana · 170
Cercidiphyllum japonicum · 22
Chamaecyparis obtusa · 468
Chionanthus retusus · 132
Cinnamomum camphora · 328
Cleyera japonica · 526
Cornus walteri · 338
Corylopsis gotoana var. *coreana* · 552
Cryptomeria japonica · 356

D

Daphne genkwa · 542
Daphniphyllum macropodum · 188
Distylium racemosum · 436

E

Echinosophora koreensis · 486
Elaeocarpus sylvestris var. *ellipticus* · 494
Empetrum nigrum var. *japonicum* · 534
Euonymus alatus · 304
Euonymus japonicus · 260
Eurya japonica · 256
Exochorda serratifolia · 482

F

Fagus engleriana · 324
Fatsia japonica · 286
Firmiana simple · 100
Fraxinus rhynchophylla · 346

G

Ginkgo biloba · 122

H

Hedera rhombea · 266
Hibiscus hamabo · 546

I

Idesia polycarpa · 128
Ilex cornuta · 298
Ilex crenata · 196
Ilex integra · 14
Ilex rotunda · 18
Illicium anisatum · 522

L

Larix olgensis var. *koreana* · 406
Ligustrum japonicum · 174
Ligustrum obtusifolium · 178
Lindera erythrocarpa · 252
Liriodendron tulipifera · 142
Litsea japonica · 32
Lonicera maackii · 182

M

Machilus thunbergii · 158
Magnolia obovata · 400
Melia azedarach · 342
Meliosma myriantha · 200
Metasequoia glyptostroboides · 40
Myrica rubra · 530

N

Nandina domestica · 204
Neolitsea sericea · 462

O

Osmanthus fragrans · 230

P

Parthenocissus tricuspidata · 216

Paulownia coreana · 396

Picea jezoensis · 478

Pinus bungeana · 518

Pinus densiflora · 368

Pinus densiflora for. *erecta* · 378

Pinus densiflora for. *multicaulis* · 236

Pinus densiflora for. *pendula* · 240

Pinus koraiensis · 386

Pinus rigida · 382

Pinus thunbergii · 374

Pittosporum tobira · 222

Platanus occidentalis · 146

Platycarya strobilacea · 320

Populus alba × *P. glandulosa* · 92

Populus davidiana · 88

Populus deltoides · 96

Prunus sargentii · 106

Prunus yedoensis · 112

Pyracantha angustifolia · 290

Q

Quercus acutissima · 446

Quercus aliena · 452

Quercus dentata · 460

Quercus mongolica · 456

Quercus myrsinaefolia · 314

Quercus serrata · 450

Quercus variabilis · 444

R

Rhaphiolepis indica var. *umbellata* · 212

*Rhododendron brachycarpu*m · 506

Robinia pseudoacacia · 118

S

Salix babylonica · 74

Salix caprea · 84

Salix chaenomeloides · 78

Salix koreensis · 68

Sapium sebiferum · 538

Sciadopitys verticillata · 192

Sophora japonica · 152

T

Tamarix chinensis · 272

Taxodium distichum · 36

Taxus cuspidata · 280

Ternstroemia gymnanthera · 550

Thuja orientalis · 294

Tilia amurensis · 472

Torreya nucifera · 352

Trachelospermum asiaticum var. *asiaticum* · 226

Tsuga sieboldii · 392

U

Ulmus davidiana var. *japonica* · 332

Z

Zelkova serrata · 44

영명

A

American Sycamore · 146

Amur honeysuckle · 182

Amur Linden · 472

Amur Maple · 64

Awabuki · 200

B

Bald Cypress · 36
Berchemia Tree · 510
Black Crowberry · 534
Black Locust · 118
Boston Ivy · 216
Box honeysuckle · 182
Box Tree · 308
Buckeye · 138

C

Camhpor Tree · 328
China-Berry · 342
Chinese Arborvitae · 294
Chinese Auise Tree · 522
Chinese Bayberry · 530
Chinese Daphne · 542
Chinese Evergreen Oak · 314
Chinese Fringe Tree · 132
Chinese Holly · 298
Chinese Ivy · 226
Chinese Parasol Tree · 100
Chinese Scholar Tree · 152
Chinese Tallow-tree · 538
Chinese Tamarisk · 272
Chinese Wingnut · 320
Common Pearlbush · 482
Coral Ardisia · 244
Costata Birch · 412
Cypress · 36

D

Dahurian Lareh · 406
Daimo Oak · 460
David Popular · 88

Dawn Redwood · 40
Deodar Cedar · 162

E

Eastern Cottonwood · 96
Elegance Female Holly · 14
Engler Beech · 324
Erman Birch · 420
Evergreen Japanese Spindle · 260

F

Fauriei Rosebay · 506

G

Geungang Pine Tree · 378
Gingko · 122
Goat Willow · 84
Great Sallow · 84

H

Hamabo Mallow · 546
Hinoki Cypress · 468
Horned Holly · 298
Hymalaya Cedar · 162

I

Ibota Privet · 178
Igiri Tree · 128
Isu Tree · 436
Itajii Chinkapin · 28

J

Japanese Ardisia · 248
Japanese Bead Tree · 342
Japanese Beautyberry · 276
Japanse Bigleaf Magnolia · 400
Japanese Black Pine · 374
Japanese Cedar · 356
Japanese Cherry · 112

Japanese Cleyera · 526, 550

Japanese Cypress · 468

Japanese Elm · 332

Japanese Euonymus · 260

Japanese Eurya · 255

Japanese Evergreen Ivy · 266

Japanese Fatsia · 286

Japanese Hemlock · 392

Japanese Holly · 196

Japanese Horse Chestnut · 138

Japanese Howthron · 212

Japanese Ivy · 216

Japanese Loose-flowered Hornbeam · 360

Japanese Maple · 50

Japanese Muberry · 276

Japanese Pagoda Tree · 152

Japanese Pittosporum · 222

Japanese Plum Yew · 170

Japanese Privet · 174

Japanese Pussy Willow · 78

Japanese Red Pine · 368

Japanese Torreya · 352

Japanese Umbrella Pine · 192

Japanese White Birch · 416

Japanese Yew · 280

K

Katsura Tree · 22

Konara Oak · 450

Korean Ash · 346

Korean Dogwood · 338

Korean Fir · 490

Korean Necklace-pod · 486

Korean Pine · 386

Korean Willow · 68

Korean Winter Hazel · 552

Kurogane Holly · 18

L

Lace-bark Pine · 518

Litse · 32

M

Machilus · 158

Maidenhair Tree · 122

Manchurian Dutch-manspipe · 502

Manchurian Maple · 60

Mangsan Abelia · 598

Marronnier · 138

Maple · 50

Metasequoia · 40

Mochi Tree · 14

Mongolian Oak · 456

Multistem Japanese Redpine · 236

N

Nandina · 204

Narrow Firethorn · 290

Needle Fir · 430

Neolitsea · 462

O

Oriental Bittersweet · 208

Oriental Cork Oak · 444

Oriental Plane · 146

Oriental White Oak · 452

P

Painted Mono Maple · 54

Phoenix Tree · 100

Pitch Pine · 382

Platanus · 146

R

Rough-barked Maple · 60
Royal Paulownia · 396

S

Sacred Bamboo · 204
Sargent Cherry · 106
Sawleaf Zelkova · 44
Sawtooth Oak · 446
Schmidt's Birch · 424
Sloumi · 188
Spice Bush · 252
Suwon Poplar · 92
Sweet Osmanthus · 230

T

Thunbergii Camphor · 158
Tree of Heaven · 8
Tulip Tree · 142

W

Weeping Japanese Redpine · 240
Weeping Willow · 74
White Forsythia · 514
Winged eunoymus · 304
Winged spindle tree · 304

Y

Yeddo Hawthorn · 212
Yellow Poplar · 142
Yezo Spruce · 478
Yoshino Cherry · 112

Z

Zelkova Tree · 44

일본명

ア행

アカシデ · 360
アオギリ · 100
アカマツ · 368
アカメヤナギ · 78
アベマキ · 444
アワブキ · 200
イイギリ · 128
イスノキ · 436
イタヤカエデ · 54
イチョウ · 122
イヌクララ · 486
イチイ · 280
イヌガヤ · 178
イヌツゲ · 196
イボタノキ · 178
ウチワノキ · 514
エゾマツ · 478
エングラーブナ · 324
エンジュ · 152
オニメグスリ · 60
オノオレカンバ · 424

カ행

カツラ · 22
カシワ · 460
カナクギノキ · 252
カヤノキ · 352
カラコギカエデ · 64
ガンコウラン · 534
キヅタ · 266
ギョリュウ · 272
ギンモクセイ · 230

クスノキ · 328
クヌギ · 446
クロガネモチ · 18
クロマツ · 374
ケヤキ · 44
コウヤマキ · 182
コウライバッコヤナギ · 84
コウライヤナギ · 68
コナラ · 450
コノテがシワ · 294
コンゴウアカマツ · 378

サ행

サカキ · 526
シキミ · 522
シダレアカマツ · 240
シダレヤナギ · 74
シナノキ · 472
シャリンバイ · 212
ショウコウミズキ · 552
シラガシ · 314
シラカンバ · 416
シロダモ · 462
シロマツ · 518
スギ · 356
スダジイ · 28
セイヨウスズカケノキ · 146
センダン · 342
ソメイヨシノ · 112

タ행

タカオカエデ · 50
タギョウショウ · 236
ダケカンバ · 420
タチバナモドキ · 290

タブノキ · 158
チョウジザク · 542
チョウセンカラマツラ · 396
チョウセンギリ · 490
チョウセンゴヨウ · 386
チョウセンシラベ · 338
チョウセンマツ · 412
チョウセンミズキ · 430
チョウセンミネバリ · 412
チョウセンモミ · 430
ツガ · 392
ツゲ · 308
ツタ · 216
ツルウメモドキ · 208
テイカカズラ · 226
トチノキ · 138
トネリコ · 346
トベラ · 222

ナ행

ナラガシワ · 452
ナンキンハゼ · 538
ナンテン · 204
ニシキギ · 304
ニワウルシ · 8
ヌマスギ · 36
ネズミモチ · 174
ノグルミ · 320

ハ행

ハクサンシャクナゲ · 506
ハナヒョウタンボク · 182
ハマビワ · 32
ハマボウ · 546
ハリエンヅュ · 118

찾아보기

ハルニレ · 332
ハンテンボク · 142
ヒイラギモドギ · 298
ヒサカキ · 256
ヒトツバタゴ · 132
ヒノキ · 468
ヒマラヤシダ · 162
ホオノキ · 400
ホルトノキ · 494

マ행

マサキ · 260
マンシウウマノスズクサ · 502
マンリョウ · 244
ミズナラ · 456
ムラサキシキブ · 276
メタセコイア · 40
モウザンツクバネウツギ · 498
モチノキ · 14
モッコク · 550
モニリフエラヤマナラシ · 96

ヤ행

ヤツデ · 286
ヤナギザクラ · 482
ヤブコウジ · 248
ヤマザクラ · 106
ヤマナラシ · 88
ヤマモモ · 530
ユズリハ · 188
ヨコグラノキ · 510

ラ행

ラクウショウ · 36
リギダマツ · 382

중국명

ㄱ

刚松 · 382
鸡油树 · 44
鸡爪槭 · 50, 60
苦楝 · 342
苦枥白蜡树 · 346
槲皮树 · 460
槲栎 · 452
槲树 · 460
公孙树 · 122
龟甲冬青 · 196
果松 · 386
槐 · 152
槐树 · 152
交让木 · 188
枸骨 · 298
鬼箭羽 · 304
金森女贞 · 174
金松 · 192
金边马褂木 · 142
金银木 · 182
金银忍冬 · 182

ㄴ

南蛇藤 · 208
南天竹 · 204

ㄷ

多花泡花树 · 200
茶条 · 64
茶条槭 · 64
大山樱 · 106
大叶柳 · 78
大叶蜡树 · 346

大叶榉 · 44
大叶青冈 · 452
大叶黄杨 · 260
大罗伞 · 244
冬青卫矛 · 260
杜英 · 494
杜芫 · 542

ㄹ
萝卜丝花 · 132
辽东冷杉 · 430
辽东桦 · 424
连香树 · 22
落羽杉 · 36
落叶松 · 406
楝树 · 342
流苏树 · 132

ㅁ
麻栎 · 446
莽草 · 522
毛叶山桐子 · 128
毛梾 · 338
木姜子 · 32
木蜡树 · 538
蒙古栎 · 456
蚊母树 · 436
美洲黑杨 · 96
美国梧桐 · 146
米槠 · 28
櫁 · 522

ㅂ
白骨松 · 518
白果树 · 122
白椿 · 8

白皮松 · 518
白栎木 · 456
白桦 · 416
北美鹅掌楸 · 142

ㅅ
沙松 · 430
山桐子 · 128
山模欅 · 530
山杨 · 88
山杨梅 · 530
三针松 · 518
橡树 · 452
赛黑桦 · 424
色木槭 · 54
西河柳 · 272
雪松 · 162
細梗絡石 · 226
小叶樟 · 328
小叶青冈 · 314
小叶黄杨 · 308
垂柳 · 74
水蜡树 · 178
水杉 · 40
水青冈 · 324

ㅇ
鹅旒枥 · 360
鹅耳榧 · 360
鹅耳枥 · 360
雅枫 · 50
岳桦 · 420
鱼鳞云杉 · 478
洋槐 · 118
软木栎 · 444

梧桐 · 100
王八骨头 · 182
牛皮杜鹃 · 506
牛荆子 · 132
油树 · 338
卫矛 · 304
圆齿紫金牛 · 244
银桂 · 230
日本女贞 · 174
日本柳杉 · 356
日本榧树 · 352
日本常春藤 · 266
日本紫珠 · 276
日本七叶树 · 138
日本扁柏 · 468
日本厚朴 · 400
日本晚樱 · 112
日本樱花 · 112
日本铁杉 · 392

ㅈ

刺槐 · 118
紫金牛 · 248
紫椴 · 472
紫杉 · 280
柞栎 · 460
樟树 · 328
赤柏松 · 280
赤松 · 368
栓皮栎 · 444
全缘冬青 · 14
粗榧 · 176
朝鲜勾儿茶 · 510
朝鲜蜡瓣花 · 552

朝鲜泡桐 · 396
朝鲜冷杉 · 490
朝鲜柳 · 68
朝鲜白连翘 · 514
朱砂根 · 244
舟山新木姜子 · 462
东北岩高兰 · 534
东北红豆杉 · 280
东北马兜铃 · 502
乌桕 · 538
地橘子 · 248
地锦 · 216

ㅊ

窄葉火棘 · 290
铁冬青 · 18
银杏 · 122
青桐 · 100
青枫 · 50
椿树 · 8
春榆 · 332
臭椿 · 8
侧柏 · 294
齿叶白绢梅 · 482
七里香 · 222

ㅍ

爬山虎 · 216
爬墙虎 · 216
八角金盘 · 286
扁栢 · 294

ㅎ

河柳 · 78
海槿 · 546
海桐 · 222

海松 · 386
海滨 · 546
香樟 · 328
虎皮松 · 518
化香柳 · 320
化香树 · 320
厚皮香 · 550
厚叶石斑木 · 212
黑松 · 374
杨桐 · 526
杨梅 · 530
枫桦 · 412
枹栎 · 450
柃木 · 256
柽柳 · 272
树梅 · 530
桦木 · 416
桦树 · 416
榆 · 332
榉树 · 44
硕桦 · 412
红果钓樟 · 252
红楠 · 158
红淡比 · 526
红松 · 386
黄花柳 · 84
黄阳花 · 541

椵榊木 · 314
梜木 · 178
哥斯木 · 314
哥舒木 · 314
柯樹 · 28, 188
假僧木 · 8
加時木 · 314
剛松 · 378
欅 · 44
見風乾 · 360
犬黃楊 · 196
慶木 · 280
桂 · 22
鷄骨頭 · 182
桂樹 · 22
栲 · 320
苦楝木 · 342
槲 · 444, 446, 460
骨利樹 · 54
公孫樹 · 120
果松 · 386
槐木 · 44, 152
槐花樹 · 152
交讓木 · 188
鬼柳 · 78
鬼目藥木 · 60
鬼剪羽 · 304
槻木 · 44
金剛松 · 378
金松 · 192
金銀木 · 182
金紅樹 · 208

한자명

ㄱ

椵 · 472
椵木 · 472

ㄴ

洛石 · 216
南蛇藤 · 208
南天 · 204
南天竹 · 204
南天燭 · 204

ㄷ

團扇木 · 514
椴樹 · 472
丹楓 · 50
膽八樹 · 494
大眼桐 · 8
大葉櫟 · 460
大葉柞 · 466
桐 · 396
冬靑 · 191, 260
凍靑 · 260

ㄹ

落葉松 · 406
落羽松 · 36
梛楡 · 332
櫟 · 460
櫪 · 444
楝 · 342
龍鱗 · 266
柳松 · 240
陸松 · 368

ㅁ

萬病草 · 188, 506
萬枝松 · 236
莽草 · 522
孟山六條木 · 498
麫櫧 · 314

木姜子 · 32
木犀 · 230
苗兒刺 · 298
蚊母構 · 538
蚊母樹 · 436
美柳 · 96
美扇 · 514
楣 · 522

ㅂ

朴達木 · 424
樸木 · 444
盤松 · 236
栢 · 294, 386
白骨松 · 518
白果木 · 122
百兩金 · 244
白木 · 252
白松 · 518
白樹 · 415
白楊 · 88
白皮松 · 518
百合木 · 142
白樺 · 415
白花藤 · 226
碧梧 · 100
碧梧桐 · 100
枌 · 332
枌楡 · 332
榧 · 352
榧子木 · 352

ㅅ

沙木 · 356
沙松 · 430

山毛欅 · 324
山櫻 · 106
山楊 · 88
山柚子 · 436
山樗 · 320
山椿樹 · 8
杉 · 356
杉松 · 430
橡 · 446
賞春藤 · 266
色木 · 64
西木 · 360
石斑木 · 212
石薜荔 · 226
細葉冬靑 · 14
松 · 368
松廣蠟瓣花 · 552
松木 · 368
水蠟樹 · 178
樹梅 · 530
垂絲柳 · 272
水杉 · 40
垂楊 · 74
垂柳 · 74
水精木 · 346
水蒼木 · 346
水靑木 · 346
新羅松 · 386

ㅇ
岳樺 · 420
鴨脚樹 · 122
櫻 · 106
野茶 · 256

楊柳 · 68, 74
楊海 · 530
魚鱗松 · 478
女貞 · 178
女貞木 · 174
豫樟 · 328
五瓜楠 · 462
烏臼 · 538
梧桐 · 100, 396
烏立 · 534
五鬚松 · 386
五葉松 · 386
烏李 · 534
龍晴 · 530
芫魚毒 · 542
芫花 · 542
衛矛 · 304
渭城柳 · 272
楡 · 332, 360
楢 · 450
柳 · 68
柳櫻 · 482
六道木 · 498
銀杏木 · 122
椅 · 128
伊叱可木 · 406
日本木蓮 · 400

ㅈ
紫金牛 · 248
紫珠 · 276
柞 · 450, 452, 456
柞木 · 128
樟 · 328

571

찾아
보기

樟腦木 · 328
長節藤 · 226
欂樹 · 8
赤徑柳 · 272
赤木 · 280
赤柏松 · 280
全緣冬靑 · 14
楨 · 174
濟州白檀 · 490
朝鮮勾兒茶 · 510
朝鮮松楊 · 338
朝鮮粗榧 · 170
樅木 · 430
朱木 · 280
地綿 · 216
榛皮樹 · 346

ㅊ
車輪梅 · 212
川苦楝 · 342
鐵冬靑 · 18
靑剛木 · 456
靑剛樹 · 446
楚楡 · 424
臭椿樹 · 8
側栢 · 294
七葉樹 · 138

ㅌ
塔檜 · 478
土鼓藤 · 216
通草 · 502

ㅍ
爬山虎 · 266
八角金盤 · 286

八金盤 · 286
扁柏 · 468
平仲木 · 122
泡吹 · 200
楓 · 50
楓樹 · 64

ㅎ
河柳 · 78
陝西槭 · 60
海桐花 · 222
海松 · 374
海鐵杉 · 392
香樟木 · 328
虎狼柳 · 84
虎目樹 · 8
紅淡比 · 526
紅松 · 386
樺 · 416
樺木 · 106
化香樹 · 320
換香樹 · 320
黃槿 · 546
黃檀木 · 412
黃楊 · 308
黃楡 · 44
黃樺樹 · 412
檜 · 430
厚朴 · 158
厚皮香 · 550
黑金橘 · 18
黑松 · 374
栩 · 450, 452, 456
榊 · 526